移民・ディアスポラ研究

Migrants and Diasporas Studies

1

移住労働と世界的経済危機

駒井　洋 監修
明石純一 編著

明石書店

「移民・ディアスポラ研究」の刊行開始にあたって

移民やディアスポラの流入と定着にともなう諸問題は、重要な研究課題として日本でも近年急浮上してきた。第二次大戦後の日本社会においては、移民ないしディアスポラにあたる人々は在日韓国・朝鮮人および在日中国人以外にはほとんどおらず、しかもこの人々は、単一民族主義のイデオロギーのもとで、できれば日本社会から排除すべき存在として、厳重な管理統制のもとにおかれていた。したがって、この人々が移民・ディアスポラとして日本社会を構成する、欠くことのできない一員であるという認識は政策的にはまったく欠如していた。

1970年代から、外国人労働者をはじめとして、さまざまな背景をもつ外国人の流入が本格化したが、この人々はあくまでも一時的滞在者にすぎず、いつかは本国へ帰国することあるいは帰国させることが政策の前提とされていた。このような状況にもかかわらず、移民ないしディアスポラとしての日本社会への定着は、まず在日韓国・朝鮮人や在日中国人からはじまった。この人々のなかで外国籍を保持する者には特別永住者という日本での永住を予定する在留資格があたえられるとともに、日本国籍を取得して外国系日本人となる者が増加していった。また、非正規滞在者であっても、帰国する意思をもたない者には限られた条件をみたせば在留特別許可が付与されるようになり、その数は相当規模にたっしている。さらに日本人と結婚するなどの条件をみたした者には永住者という在留資格があたえられ、永住者は激増傾向にある。また主として日本人の配偶者等あるいは定住者という在留資格で流入したラテンアメリカ日系人やその他の在留資格をもつ外国人の相当部分も日本社会に定着し、難しい条件をクリアして日本国籍を取得する者も増大している。つまり、日本に永住する意思のある外国籍者と日本国籍取得者とからなる、無視できない人口規模の外国系移民・ディアスポラは、日本社会にすでに確固とした地歩を確立したのである。

日本での従来の「移民」研究の主要な対象は、日本から主として北アメリカやラテンアメリカに渡った人々であり、日本にやってくる人々ではなかった。そのため、「移民」研究にはこれまでとは異なる新しいアプローチが要求されている。ディアスポラは、「分散する」「拡散する」「まき散らす」などの意味をもつギリシア語の動詞を起源とするものであり、近年、ユダヤ人ばかりでなく、国境をこえて定住する人々をさす概念として広くつかわれるようになってきた。ディアスポラは、出身国と移住先国に二重に帰属しているから、その異種混淆性から従来の国民文化をこえる新しい文化的創造をなしとげる可能性をもつ。また、ある出身国から離れてグローバルに離散したディアスポラは、いわばディアスポラ公共圏ともよばれるべきネットワークをグローバルに形成しつつあり、グローバル・ガバナンスの重要な担い手になりつつある。

このような状況に鑑み、われわれは「移民・ディアスポラ研究会」を結成することとした。その目的は、移民・ディアスポラ問題の理論的実践的解明とそれに基づく政策提言にある。この研究会は特定の学問分野に偏らず学際的に組織され、この趣旨に賛同する者であれば、誰でも参加できる。日本にはすでに「移民政策学会」が存在し、活発に活動している。「移民・ディアスポラ研究会」の現在の会員も全員「移民政策学会」の会員でもある。それにもかかわらず、「移民・ディアスポラ研究会」を立ちあげる主な理由は、日本を中心としながらもグローバルな広がりをもつ、もっとも緊急に解明を要する課題をとりあげ、それに関する研究および実践の成果を体系的に整理しながら政策提言をおこなう「移民・ディアスポラ研究」のシリーズを刊行することにある。シリーズの各号には編者をおくが、編集には会員全員があたる。また、このシリーズはおおむね毎年1冊ずつの刊行をめざす。

第1号は、タイトルに「世界的経済危機」という語を使用している。２００８年以降の世界全体を巻きこんだ経済危機は、日本で就労し生活する移住労働者たちにもこれまでに例をみないきわめて甚大な影響をあたえているにもかかわらず、それを体系的・網羅的に俯瞰する研究はいまだ現れていない。本号を刊行する趣旨は、不十分であることを覚悟のうえで、世界的経済危機が移住労働者にすでにあたえ、あるいはあたえつつある影響を、日本を中心として検討することにある。

なお、２０１１年3月11日に東北および関東地方の広い範囲を未曾有の大震災と大津波が襲ったばかりでなく、深刻きわまりない原発事故が発生した。これらによる経済的社会的活動全般への大きな打撃は、労働者として働く外国人のみならず、外国系移民・ディアスポラ社会にも多大な影響をあたえていることは確実である。本シリーズで、この問題をテーマとする号を近い将来に刊行することを検討中であることを付記しておく。

２０１１年4月1日

移民・ディアスポラ研究会代表　駒井 洋

[こまい　ひろし]
筑波大学名誉教授。東京大学大学院社会学研究科博士課程修了。近著に『グローバル化時代の日本型多文化共生社会』（単著、明石書店、2006）、『ヨーロッパ・ロシア・アメリカのディアスポラ』（共編著・監修、明石書店、2009）、『貪欲に抗する社会の構築――近代合理主義をこえる仏教の叡知』（単著、明石書店、2010）、『ブラック・ディアスポラ』（共編著・監修、明石書店、2011）。

移住労働と世界的経済危機　目次

移住労働と世界的経済危機

明石純一

はじめに

２００８年秋に発生し、「１００年に一度」とも「未曾有」とも形容された金融危機と、この危機に始まった世界的な景気後退は、各国各地域で消費を減らし、企業を倒産させ、労働者から職を奪った。世界中のメディアが、国際貿易の低迷と製品の減産、工場の縮小と労働者の大規模な解雇をこぞって報じていたことは、わたしたちの記憶に今も新しい。日本では、それから3年を経ずして発生した東日本大震災によるあまりに痛ましい被害のために「危機」そのものの記憶が塗り替えられているが、この社会が、経済危機という時代の延長に現在もあることには変わりがない。経済危機により露呈した雇用の構造的な不安定さは、日本で働く多くのものたちに、また政策当事者にさえ意識されつつも、未解決のままに残されている。

国際労働機関（ＩＬＯ）の推計によれば、全世界での失業者は、２００７年の1億７７７０万人から２００８年には1億８４９０万人へ増え、２００９年にはさらに２０００万人以上が上乗せされ、総計で2億人を超えた。２０１０年の雇用情勢は２００９年のそれと変化がほとんどなく、失業率は前年から若干改善して６・３％、失業者は2億５００万人を数えた。[1]とはいえ２０１１年現在、世界的不況をもたらしたリーマンショックは、その契機であり予兆であった前年のサブプライムローン問題とともに、もはや過去の事件として消化されつつあるようにもみえる。むろん今日でも、ショックの後遺症はここかしこに残り、市場の先行きは必ずしも楽観視されていないが、各国の生産と消費はおおむね復調し、ショック以前の水準へと次第に持ち直していることも確かであろう。

市場の回復の気配ゆえにか、あるいは単なる時の経過のせいか、経済危機下の雇用情勢の悪化のなかで、見過ごされがちな労働者たちがいる。国境を越えて異国で働く、すなわち移住労働者たちである。ここでいう移住労働者とは、その多くが労働集約型のくり返し作業に従事するものたちであり、専門的な知識や技術や技能をもったいわゆる「高度人材」は含まない。日本においては、おもに研修・技能実習生と南米系日系人労働者を中心とする有期雇用の外国籍ブルーカラー層が念頭におかれ、「外国人労働者」や語頭に「いわゆる」をつけて「単純労働者」と呼ばれることが多い[2]。

移住労働者の多くが、この経済危機とそれに続く世界同時不況のなかで雇用不安を抱え、あるいは実際に職を失ったにもかかわらず、各国政府は、経済危機がもたらした失業問題を国民の失業問題として、その深刻さを国民経済にとっての深刻さとしてとらえる傾向があった。しかし現実をみれば、移住労働は、それを実践する人間個々の生存を支えているのみならず、ホスト国の経済社会を維持し、多岐に渡って機能させている。人々が移住し働く姿を、現代に生きるわたしたちはごく日常的にまのあたりにしているのであり、労働市場の国際化と地域コミュニティの多文化化が今後も不可逆的に進んでいくであろうことに、そして、それに対する公的な認知と政策的な対応が希求されるであろうことに、疑いの余地はない。

経済危機や雇用不安との関連においては、移住労働に対する政策的関心の薄さに加えて、学術的な面でも、移住労働への理解が十分になされてきたとは言い難い[3]。先述のとおり、移住労働(=労働力・ヒトの国際移動)は現代の経済社会に深く組み込まれているにもかかわらず、海外直接投資(=資本・カネの国際移動)や国際貿易(=商品・モノの国際移動)の動向が考察されるほどの頻度をもって分析されることはないのである。しかし国境を越える労働者の移動は、経済的側面に限定されることなく、現代社会に広範な課題を突きつけている。労働者の越境は、各国の雇用環境に影響を及ぼすとともに、地域社会に刺激を与え、時にそこで軋轢を生じさせる。移住労働者は、政治空間そのものにも作用し、あるいは反作用を受けながら、移住した人間とホスト社会がともに好むと好まざるにかかわらず、両者の相互依存を深めていく。ホスト国に自ら適応し、統合され、あるいは排除され、抜き差しならぬ関係を築いていく。移住労働者は、その労働者性としての性格よりも生活者としての実態を重視すれば移民と定義できようが、移民は疑いようもなく、ホスト国の既存のメンバーシップのあり方を幾重にも問う存在である。

本書『移住労働と世界的経済危機』では、これまでくり返し論じられてきた移住労働という現象を、２００８年秋に発生した金融危機とそれに続く深刻な雇用情勢の悪化、すなわち経済危機という時代的文脈のなかで、あらためて取り上げてみたい。とりわけホスト社会としての日本の事例を中心に、このような「危機」を経て浮かび上がる移住労働者の姿と、彼ら彼女らを取り巻く環境の再検討を試みる。戦後最大の経済危機は、移住労働者になにをもたらしたのか。その後の景気後退のなかで、移住労働者の経済社会的位置づけはいかに変化しているのか。そのような問いを立て、答えを模索することで、わたしたちはなにを知りうるのだろうか。

本書の目的は、経済危機という外的ショックのなかで顕在化する、現代の経済社会における移住労働の不可避性と、その構造的特質を明らかにすることである。この作業は単に、不況期ゆえの移住労働者の脆弱さを確かめ、証明することではけっしてない。そうではなく、国境の外に飛び出し働くものの弱さとともにその強さを、受動性とともにその能動性を探りながら越境労働の実相を描き出すことが、本書のねらいである。本書に収録された論文は、右に述べた目的にそって、移住労働者の現状やそれを取り巻く環境の変化をさまざまな角度から論じている。これらの論考は、移住労働者の雇用に関する実例の検証や、越境労働をめぐる社会運動と法制度の分析、地域社会におけるエスニックビジネスの趨勢の考証などを含む。また本書は、国際的な情勢のなかで日本の事例を把握すべく、越境労働をめぐる他国の状況変化にも目を向けている。

世界同時不況をもたらした経済危機は、一般には忌むものであったかもしれない。しかし本書においては、その「危機」を、移住労働者とホスト社会の関係を見直し、それを刷新する「契機」として、あえてとらえてみたいのである。

1 経済危機と越境労働
――移住労働者をめぐるステレオタイプ

経済危機との関連において、移住労働の理解が十分に進んでいないとさきに述べた。とはいえ移民問題に携わる専門機関や研究者は、この危機により移住労働者が陥った事態を一切看過してきたわけではない。たとえばＩＬＯは、先述のとおり、経済危機が及ぼした雇用環境への影響を計ろうと試みており、移住労働に関しても、２００９年に国際移民プログラム（International Migration Programme）という取り組みのなかで、『グローバル経済危機と移住労働者――インパクトと対応』（*The Global Economic Crisis and Migrant Workers: Impact and Response*）という報告書をまとめている。[4] この報告書は、移住労働者の雇用環境や関連する政策的対応などを、経済危機とリンクさせながら整理したものである。ＯＥＣＤが毎年出している『国際移民アウトルック』（*International Migration Outlook*）の２００９年版は、経済危機時における国際移住者の動向に多くの紙面を割いている。その翌年版は、経済危機を経た国際移住者や各国の政策を取り上げている。国際移住機関（ＩＯＭ）の『世界移民レポート』（*World Migration Report*）といった関係諸機関の年次報告書や、同『ＥＵにおける移住と経済危機』（*Migration and the Economic Crisis in the European Union*）などでも、経済危機の移住労働への影響が多方面で述べられている。

ここには、２００６年に国連に設けられ、ＩＬＯ、ＩＯＭ、国連難民高等弁務官事務所（ＵＮＨＣＲ）など14の国際機関の連携によって運営されているグローバル移民グループ（Global Migration Group）を加えることができる。このグループは、それを構成する個々の機関の主導により、移住労働者が直面している苦境への対応を模索してきた。[5] 具体的には、地理的差異、移住者の帰還、海外送金、移民の子供、外国人への差別、人身取引や密入国といったさまざまな側面から、経済危機の移住労働への作用を検討している。[6] なお筆者がかかわったものとしては、フィリピンのマニラにある移民研究専門のシンクタンクであるスカラブリニ移民センター（Scalabrini Migration Center）の取り組みがある。同センターは、その事業の一つとして、ＩＬＯアジア太平洋地域事務所の支援のもと、アジア移民情報システム（Migration Information System in Asia：ＭＩＳＡ）の構築を試みている。その情報システムの範囲には、アジア全域の移住労働に対する経済危機のインパクトへの分析も含まれる。[7]

もっとも、前述の国連・国際機関を中心とした一連の活動は、総じて移住労働の定量的な動向や政策の展開についての把握をめざしたものである。[8] 次節以降ではその内容を部分的に取り上げるが、事実関係の整理やデータの体系化により経済危機と移住労働に関する全体の傾向が報告され、政策課題が析出されている点で有用ではある。一方で、経済危機とそれに続く不況のなかでこそ浮かび上がる移住労働者の存在性や、移住労働とホスト社会の流動的な関係性を読み解くという目的はない。

別に指摘しておきたいのは、経済危機下での移住労働を扱った既存の報告のなかに、日本の事例がさほど言及されることがないという点である。日本では、移民や移住労働者が法制度的に明確に位置づけられておらず、この分野の政策のプライオリティも低いという理由もあろう。また、他の先進国と比較すれば、国内労働市場に占める移住労働者の割合は過少ともいえるほどである。ただし、その定量的事実でもって問題の所在を覆い隠すことはできない。しかも前述の事情は、日本の移住労働者が地域社会からは無関心をもって、政策当局からは不作為をもって迎えられるという、別の問題をも惹起しているのである。すなわちホスト社会である日本において、移住労働者の受け入れに端を発する課題それ自体が封じ込められてしまうか、それがさも些細なことであるかのように矮小化されてしまうことがある。もちろん実態として、越境労働者に依存している日本の業界や職場は少なくないのであり、活性化している労働者の越境の行方の一端に、この国はたしかに位置している。日本に移り住み働くものたち、あるいは経済危機により仕事を失うも生活の糧を探し続けるものたち、こうした外国籍住民を無視したホスト社会の秩序や安定というものが成立しないことを、多くの人は感じとっている。[6]

ここで留意したいのは、日本社会における移住労働者をいかに捉えようとも、その脆弱性という一面にとらわれ、ゆえに支援と救済の対象として客体視してしまうという、一種の心的傾向についてである。雇用情勢が悪化するなかで、この傾向は顕著にみられる。つまり、日本で働く移住労働者を見て見ぬふりをするとしても、その存在の不可避性を認めるにしても、移住労働者の脆弱さは半ば既成事実化されている。むろん、移住労働者の多くが現在置かれている経済社会的境遇はいくぶんであっても向上したほうがいい。労働市場の低層に固定化されてしまうことは回避すべきであろう。悪質な運用により制度の被害者に転落することを防止しなければならない。そしてそのために政府、自治体、企業、大学、またＮＰＯを中心とする市民社会組織による取り組みが求められているという見解を、筆者は、妥当な事実認識にもとづいていると考えている。国民というメンバーシップを持たないがゆえに社会保障から漏れやすく、移住先の公用言語を必ずしも十分に習得していないというハンディキャップを背負っている移住労働者の多くは、公的認知と政策的支援・救済をたしかに要する。

このような注目の仕方には、しかしながら、現代社会における移住労働の実相を理解するうえでの制約がなくもない。政策当事者であれ、研究者であれ、移住労働者のマイノリティ性やそれに起因する脆弱性にのみ過度に意識を向けてしまっては、越境労働ゆえの特性が看過されるおそれがある。実際には、移住労働者はすなわち脆弱であるというステレオタイプに、すべてのものが陥っているわけではなかろう。むしろそのステレオタイプが発現し、強化されやすいのは、市場原理が優先される文脈において、あるいは特定の政策意図のなかで、移住労働者が語られるときである。

一般に、財とサービスの生産と流通が活発であり労働需要が高まっている国には、他国からの労働者の流入圧力が強まる。こうした状況にあっては、移住労働者はホスト国の産業の担い手として歓迎される。移住労働者の役割や位置づけは好況時においてはわかりやすく、肯定もされやすい。政策当局も、市場が上り調子で生産を担う人手が足りないとき、移住労働者の受け入れを是としやすく、すでに受け入れている場合には拡大を志向できる。つまり経済が良好でさえあれば、移住労働者のプレゼンスは市場原理と政治的思惑の双方に合致するため、それを論理的に説明することはたやすい。

しかしホスト社会の市場が低迷し、雇用情勢が悪化しているときにも、移住労働者は右に述べたような経済合理性や政策意図に準ずる存在なのだろうか。移住労働者の多くは、不況によって職を失うだろうし、失職したのちには、職を新たに得る機会が限定されているかもしれない。所得を確保できなくなった移住労働者は、自主的な帰国を余儀なくされるかもしれない。仮に経済学のオーソドックスな理説に従うとすれば、労働市場の均衡はこのように自動的にはかられる。であるとすれば国境を越えて異国で働くものたちは、たえず疎外化の縁に存在している。

政策当局にとっても、多くの自国民が職を求めている状況で、外国人労働者の受け入れをあえて優先的に進めることはない。政権与党にしてみれば、新たな受け入れどころか、失職した移住労働者に対して社会保障関連予算を注ぎ込むこともまた、国民からの支持を失う行為とみなしうるだろう。ゆえに経済危機がひき起こした景気の低迷は、政策合理性という観点からいえば、移住労働者は不必要であるという合意の形成を為政者側にうながす。また、すでに受け入れていた移住労働者については、人道的な配慮から公的な支援と救済の手を差し伸べつつも、前述のとおり、それに発する財政負担の増加への懸念から、ひいては国民感情への配慮から、排除の対象にもしてしまう。たとえば、経済危機のもとでの移住労働者をめぐる日本政府の対応に、右に述べたある種の二律背反的な態度が見え隠れすることを多くの識者は気づいているに違いない。

しかしくり返すが、移住労働者をこのように周縁化された存在として認識するだけであれば、現代社会における越境労働の実態はもちろん、その象徴的意味についての理解を損なうであろう。その後に雇用情勢の著しい悪化をもたらした２００８年の経済危機は、奇しくもこの点をあらためて明らかにしたのではないか。本書の問題意識に立ち戻り問いを言い換えれば、経済危機は、移住労働者の存在性についての再検討を余儀なくし、彼ら彼女らとホスト社会の関係性の再考を双方に促しているのではないだろうか。

2 移住労働をめぐる国際状況

リーマンショックが起きた2008年秋から翌年にかけて、金融取引の落ち込みは飛び火し、国際貿易の縮小と生産活動の低迷へと連鎖し、世界全体の労働需要は急速に減じた。労働需要の動向は地域や産業や職種ごとに異なるため、個々人の実感には差があるとしても、とりわけ経済危機の影響が本格化する2009年以降長らく、多くの国は共時的に深刻な雇用不安を抱え込むようになったのである。

この雇用難は、前節で述べたように、市場原理と受け入れ国の政策合理性に従うならば、移住労働者の受け入れ動向に反映されるであろう。たとえばシンガポールでは、景気の波と外国人労働者の受け入れ数が政策的に連動されている。自国労働者の雇用を守るために、永住権を有さない移住労働者が調整弁の役を担っており、政策によりその調整弁の操作が可能となっているのである。[10] また韓国政府は、経済危機を受け、移住労働者の受け入れ上限を下げた。このように移住労働者の数を政策的に減らすことを試みた国としては、前述のシンガポールや韓国のほか、スペインやイタリアやロシア、またマレーシアなどが報告されている。

新規受け入れの凍結や受け入れ規模の縮小といった措置とは別の政府レベルでの取り組みとしては、外国人労働者の帰国促進策がある。オイルショックが起きた1970年代初頭にドイツが実施したガストアルバイターへの帰国奨励が思い出されるであろう。それから約40年後、リーマンショックの際には、スペインやチリ、そして本書で扱っている日本において、政府は特別予算を組み、移住労働者に対して帰郷を促すための措置を実施した。ただしほとんどの場合において、こうした方策は期待どおりの結果を生み出していないという。

とはいえ受け入れ国政府は受け入れを抑制し、ホスト国での企業の求人自体も減少したため、国際労働力移動のフロー面での水準は経済危機後に低下した。一般に、移住労働者の雇用は、労働需要が膨張しているときには自国労働者以上の増加率で増えるが、その逆もまた然りである。[11] つまり移住労働者は、概して景気に対する順応性が強いため、2008年秋以降にはその多くが雇用危機に直面したといったんは仮定することができるだろう。経済危機による越境労働へのこうした負の影響については、前節で言及した国際機関による数々のレポートでも述べられている。その個別の内容をすべてここに整理し吟味することはできないが、移住労働者の新規受け入れ数の減少に疑いの余地はなく、たとえば、オーストラリア、フィンランド、スペインでは、30％以上の落ち込みが観察された。

また、アメリカのような移民国では、諸外国からの人口流入パターンに対する経済危機の影響はやや複雑である。非移民カテゴリーでかつ雇用ベースの場合は、他国の場合と同様に、経済危機を受けて翌年度の受け入れ規模は縮小した。しかし年度ごとに受け入れ数を規定している移民カテゴリーでは、以前からの操り越し分もあり、受け入れ枠の上限にまで申請数が達したために、経済危機の前後において受け入れ総数に目立った変化は生じていない。より正確にいえば、移民カテゴリーであっても雇用ベースの受け入れは減ったが、２００９年度の受け入れ総数は前年度のそれよりも微小ながら増えているほどである。つまり不況が続くなかでも、前述のアメリカ、そしてカナダやニュージーランドといった移民国では、家族移民を中心として例年の受け入れ規模が維持されている。なおオーストラリアにおいても家族移民の数は経済危機後にむしろ増えたが、雇用ベースの受け入れ数はそれを上回る水準で減少した。その結果、受け入れ総数では前年度比でマイナスを記録した。

総じて、２００８年の秋に始まる世界的な景気後退は、国際人口移動のフローの側面で越境労働を部分的に停滞させはしたが、そのストックの側面では移住労働者の数を減らしていない。また、リーマンショック以降の労働市場の縮小にもかかわらず、多くの移住労働者は母国に戻っているわけではない。ホスト国で失職した移住労働者が帰国しない理由としては、母国もまた経済危機の影響を免れていないという事情があげられよう。各国市場の相互依存関係が密なグローバル経済のもとでは、帰国という選択が自身の状況を改善するとは限らない。それに加えて、一時帰国にも再渡航にも移動費用が発生する。こうした金銭的負担は移住労働者に帰国を躊躇させる。また、移住先の雇用機会が潜在的に多く、その賃金水準も母国に比べて高いのであれば、その地に残り再就職の契機を待つことは失職した移住者やその家族にとって非合理的な選択ではない。こうしたこともまた、新規の越境労働（フロー）が増えなくとも、既存の移住労働者（ストック）の規模が経済危機の前後で変わらないことの一背景であろう。経済危機下の移住労働の動向は一律に論じえない。

本節にまとめた概況から再確認したいのは、移民や外国人労働者の受け入れをめぐる各国の理念や法制度の差異が、要因の一つとして、国境を越える人の移動に対する経済危機の影響を地域ごとに違わせているという点である。そしてこのような違いの内実は、本書で主に扱っている日本の事例を理解するうえでも参照材料となろう。すなわち日本は、経済危機下の移住労働をめぐる各国の経験を、どの程度共有しているのであろうか。言い換えれば、日本における移住労働者の現実には、いかなる特徴が見出せるのか。次節では、日本の事例を中心に据え、本書各章の知見に頼りながら、金融危機とそれに続く景気後退のもとでの移住労働と、それを取り巻く状況の変化について検討していきたい。

3 日本における移住労働者をめぐる状況

鈴木論文（第1章）は、外国人労働者の受け入れをめぐる日本政府の基本的認識と制度的仕組みを整理したうえで、危機前後の移住労働者の様相を定量的かつ定性的に考察したものである。定量的な面では、経済危機を受けて、就労目的で来日する外国人の新規入国者は減少した[12]。その結果、2009年のネットマイグレーション（入国者数－出国者数）や外国人登録者数はマイナスへと振れた。とりわけ南米系日系人の日本からの出国超過は、リーマンショック以降の数カ月に顕著であった。愛知や静岡などで、自動車や電機製品といった輸出製品の生産工場で解雇が続き、就労を一義的な目的として日本に滞在していた日系人労働者の多くが母国に戻ったのであった。

定性的な面では、深刻な不況のなかで仕事を失い長期的な雇用難にあえぐ移住労働者の姿が浮かび上がる。この逆境は、外国人「単純労働者」が参入できる労働市場が限定されており、この種の労働市場では労働力が常に「取替え可能」であるという雇用環境の性質に帰することができる。もちろんこの性質は、国籍を問わず、つまり日本人を含め、景気の調整弁になっている請負の期間工や派遣労働者など「非正規雇用」にある労働者すべてに該当する。とはいえ鈴木の調査は、不安定で先が見えない仕事がみつからないこと、そしていまだに残る外国人への就職差別に、移住労働者が置かれた状況の厳しさをみる。

不況のなかでも、移住労働者は常に解雇の対象となっているわけではないという点も指摘されている[13]。ただしこの事実は、移住労働者の雇用が守られていることを意味しておらず、「簡単に切れる労働力への需要」や「便利で安価な労働力への需要」が以前よりも求められている現実を示している。多くの日本人が過酷な労働環境と安定さを欠く雇用形態を忌避し失業を選んでいる一方で、移住労働者が「差別的な状況を甘受しているがゆえに」その職を得ることができるという事態を、重く受け止める必要があろう。

脆弱さというのは、移住労働者の特性のすべてではないにせよ、移住労働者の現実をよく形容している。不況による失職は、仕事を目的として海外に渡航している労働者にとってもっとも味わいたくない経験であるが、雇用主が人件費削減のために解雇しやすいのは移住労働者である[14]。さらに移住労働者は、家族・親族、知人、民間の派遣業者、時にはブローカーに対して数カ月分の賃金に匹敵する額の借金を負っていることが少なくない。借金を返済したうえで、あるいは返済しながら、稼ぎの一部を本来の目的である母国の家族への送金や貯蓄に充当できるのであるが、債務を解消する前に仕事を失ってしまっては、移住労働者の生活それ自体が危ぶまれる。さらに、「搾取労働」ともいうべき状況に置かれている移住労働者の姿が途絶えないことも留意すべきであろう。日本では研修・技能実習制度という外国人労働者受け入れの「隠れ蓑」的なルートが存在し、事業主や仲介業者によるその不適切な運用が後を絶たないことは、これまで幾度も指摘されてきたとおりである[15]。

この問題に実践的な立場から取り組んできた鳥井（本書Column1）により、これまでの経緯と近年の動向が論じられているが、国際社会から時に「現代の労働奴隷」とさえ非難を受けてきたこの制度は、国内においてもたえず問題視されてきた。一方で国際技術移転による国際貢献という理念があり、他方でこうした理念のもとに招き入れた途上国出身の外国人が低賃金で労働に従事している現実があるという、はなはだしい乖離があるためである。それだけではなく、月100時間以上の残業による実習生の過労死、死亡事故にまで至る労災、過酷な労働条件に対する「立てこもり」といった事件についての報道は珍しくない。2009年の入管法改正（2010年7月より施行）により「技能実習」が独立した在留資格になったとはいえ、不況のなかでも依然として技能実習生に対する需要は根強い。そして現状は、この制度の表向きの方針と実態の乖離の解消が容易ではなく、その労働環境が大幅に改善されたというにはほど遠いことを示している。

日本における外国人労働者を受け入れにおいて、研修・技能実習生と並び車の両輪を担ってきたのは、先に述べたとおり、南米系の日系人労働者である。青木論文（第2章）では、日系人労働者の脆弱性を経済危機以前に求めている。つまり日系人労働者は、リーマンショックにより仕事を失う前から、その雇用条件の悪化を経験し始めていたのである。その一つの要因は、アジア系の研修・技能実習生との競合であり、この競合は経済危機以前に始まり、現在に至る。とりわけデフレ経済下で賃金の下落圧力が高まっている日本では、先述のとおり、移住労働者が国内労働者を代替することは大いにありうるのであって、その延長線上では、外国から新たに迎え入れられた労働者が既存の外国人労働者に取って代わる。

日系人労働者に対する複数のインタビュー調査を行った青木は、たとえば食品加工を中心とする「オベントー業界」の調査を通じて、移住労働者間の職をめぐる競合の実像に迫っている。南米系日系人は、アジア系の研修・技能実習生が同一の労働市場のその下層に繰り込まれることで経済的上昇をはたすことなく、同じ層のなかで比較され、やがてもといた職場から退出を余儀なくされることがある。同論文は、このような状況の裏付けのうえで、日系人労働者が置かれた雇用環境の悪化の要因を経済危機にのみ求めることは問題の本質を覆い隠してしまうと述べる。経済危機の前後に複数の実地調査をおこなってきたウラノ（本書Column 2）もまた、南米系日系人が「社会と労働市場の底辺に固定化」してしまう制度的な問題点について認識を同じくしている。アウトソーシング市場の拡大をともなう労働力の低価格競争の激化が、経済危機に先だって移住労働者の「雇用融解」を推し進め、その生活基盤をいっそう危うくしていたのである。

このような脆弱性と裏腹に、移住労働者が生来的にもちうる柔軟性に目を向けておきたい。「前出の鈴木論文では「労働市場から退出する自由」という言葉を用いて、また、在日フィリピン人を取り上げた高畑論文（第3章）では「トランスナショナルな生活様式」という言葉を用いて、これを説明している。ならば移住者たちは、越境する気質と帰国という選択肢があるがゆえに、経済危機の悪影響を吸収できているのだろうか。高畑はしかし、越境労働者が備え持つ上の性質を指摘しつつも、経済危機の影響による移住労働者の受難を過少にはみない。たとえば、在日フィリピン人女性は日本人男性と結婚していることが多々あるが、経済危機は日本人配偶者の雇用を脅かし、非正規雇用であることも多い当人の収入をも減らし、家計を逼迫する。また離婚した母子家庭も多く、生活するための経済力を失った在日フィリピン人による生活保護件数も伸びている。

とはいえフィリピン出身の移住者は、たとえば南米系日系人と比べて「地の利」を持っている。研修・技能実習生と比べると、職業上の自由度も高い。国境を越えるフットワークの軽さとコミュニティの機能を活用することが、今もなお在外フィリピン人の生存戦略である。移住労働者あるいは移民の脆弱性と柔軟性という両義的性格を、海外で働くフィリピン人ほど体現している存在もいないかもしれない。

　このような両義性は、富山県にあるパキスタン人中古車業者の盛衰に迫った小林論文（第4章）に読み取れなくもない。経済危機は、それに派生して生じたロシアの関税措置なども一因として、当該ビジネスの売り上げを前年度から9割減にまで落ちこませるほどの事業後退をひき起こしたが、在日パキスタン人を同地域から撤退させるまでには至らなかった。この点は、エスニックコミュニティの存続が、短期的な利益の見込みに依存するのではなく、長期的な事業基盤や移住者の生活があって可能となる点を示している。小林は、経済危機が、即物的で予見可能な儲けを念頭にこの土地に進出していた前者を払拭した一方、土地への愛着をもち、地元民と主体的に関わり、定住を志向する後者を残したことで、ホスト社会と移住者の関係を改善したという過程を論じている。過疎化とともに衰退する日本の多くの地域社会のなかで、エスニックビジネスの発展やエスニックコミュニティの深化はいかなる作用をもちうるのか、本論文の議論は示唆に富む。

　ホスト社会では、移住労働者の脆弱性が自明視されやすいのと同じく、その均質性が前提とされやすい。移民をめぐる課題の解決に携わる研究者や現場に通じている専門家・実務家は、このような傾向に敏感であるはずだが、経済危機が移住労働者に甚大な負の影響を与えたという言説のなかにはしかし、越境労働の特性を十分に理解していないものも珍しくない。すなわち移住労働者の雇用環境は、ホスト国の景気の良し悪しによって一様に規定されるわけではない。移住労働者への景気後退の影響は、同テーマを扱った前述の国際機関の報告書にも述べられているように、業種や職種ごとに異なる形で現れるのである。

　2008年秋に生じた金融危機は、各国の生産規模を減退させ、工場の閉鎖ないしは縮小を余儀なくした。それに続く世界的な景気後退は、製造業に従事する移住労働者から多くの職を奪った。製造業のほか、建設業や鉱業（採掘業）もまた不況のあおりを強く受けた産業であり、こうした産業に従事する移住労働者も少なからず失職の憂き目にあった[16]。その一方で、看護や介護など医療・福祉分野に就いていた外国人の雇用情勢には経済危機の影響は少ない。再生産労働分野での対人サービスへの需要は、とりわけ高齢化が進む先進国においては景気変動にさほど関係がなく、供給が恒常的に追いついていないからである。

　こうした事情は、必然的に、ジェンダーによる経済危機の影響の差異となって表れる。比較的若い層に属する男性の移住労働者は、その多くが建設業や製造業に就くために不況の影響を受けやすく、一方の女性の移住労働者は、看護・介護分野に職を得る機会が相対的に多いために景気に左右されにくい。[17] 日本の場合では、技能実習生の分野ごとの受け入れ傾向が経済危機後に顕著に違う。これは不況の影響が業種別に異なることの証左に他ならない。国際研修協力機構（ＪＩＴＣＯ）が公表している業務統計によれば、２００８年度から２００９年度にかけて減っている業種は、建設業界（マイナス17・９％）、機械・金属製造関係（マイナス26・０％）、繊維・衣服製造関係（マイナス３・１％）であり、増えている業種は、農業関係（23・３％）、漁業関係（26・９％）、食料品製造関係（９・１％）である。経済危機を経て、「就労」に従事する技能実習生の全体数はたしかに落ち込んだが、日本人労働者が集まらない農業や漁業分野では減っておらず、技能実習生への依存はむしろ強まっている。

移住労働者への経済危機の影響の職業別違いは、受け入れ国ごとの違いにも反映される。どの産業や職種を移住労働者に対して開放しているかは、各国政府の政策判断により異なるからである。だとすれば、労働需要が景気循環の影響を受けやすい職種を国外の労働者に部分的に開放し、一方で、経済連携協定（ＥＰＡ）のもとでの受け入れという例外を別とすれば医療・福祉分野において諸外国からの労働者の参入を制度的に妨げている日本においては、必然的に、市場の趨勢が移住労働者のプレゼンスを強く規定しやすいと判断できるだろう。

とはいえ、日本において久しく一時的な滞在を前提とした「デカセギ」労働者とみなされていた南米系日系人でさえも、日本に留まり経済回復を待つもの、あるいはいったん帰国して再来日をはたすものが少なくない。経済危機が発生した当時に日本で就労していた多くの南米系日系人にとって、「一時的」であったのは就労のための来日ではなく、失職中の母国への帰国であったのかもしれない。日本政府の帰国支援事業で、２万人あまりが帰国したが、３年間は仕事を目的とした来日ができないという条件が課されたため、この支援を受けることなく母国に戻った南米系日系人の数のほうが圧倒的に多い。[18]

経済危機の影響が業種や職種ごとに異なることは本節において述べたとおりであるが、影響の程度は、当然ながら労働者の雇用形態にも大きく依存する。その多くが派遣・請負業者に頼らざるをえず、有期任用を原則として労働市場に組み込まれていることは、南米系日系人労働者の不安定さの主要因としてかつてから指摘されてきたことであり、本書でもくり返し論及されている。これに関連して、下平論文（第5章）も、移住労働者の大多数が非正規雇用や間接雇用の形態でしか働けないという制約に、「労働者として当然享受すべき権利」が保障されていない要因をみる。そして2008年秋の経済危機は、移住労働者の生活基盤の安定を保障するはずの制度の機能不全を明るみにした。あるいは、制度に期待されている効果と実態の差を際立たせた。そしてこのようなセーフティネットの欠落が、労働市場の底辺にいる少なくない数の日系人労働者の「社会保護制度への転落」を生み、社会的費用を押し上げている。下平は、「目先の賃金の多寡に目を奪われる」傾向がある南米系日系人の性質にも言及し、政府の役割と企業の責任を問い直しながら、日本が移住労働者を「人的資産」として引き受けることの必要性を説く。

経済危機とそれに続く長期不況のもとで、他の移民グループに比べて南米系日系人がより厳しい環境に暮らしているとすれば、本書では前出の高畑が在日フィリピン人の事例調査のなかで取り上げているように、「地の利」を持たないほか、国境を超える紐帯が支える「トランスナショナルな生活様式」を効果的に採用できないことが理由の一つであろう。また後述するアシス論文の議論に結びつけると、母国の政府が講じる自国労働者への支援スキームの恩恵に十分浴することもない。そして実収入で生活を成り立たせている南米系日系人は、失職時に社会保障を受けることが困難な場合が多々あり、その一部が社会運動へと向かっている。

日本における移住労働者をめぐる社会運動の変遷や労働組合の発展について整理しているのは、山本論文（第6章）である。山本は、経済危機以降に移住労働者がこうした一連の運動に関与していった経緯を考察している。とくに現代の社会運動には、移民や移住労働者が抱える問題の多様化に即した「支援団体の専門化」という特徴がみられ、支援体制もかつてに比べて整いつつあるという。リーマンショックによる大量解雇の影響として山本が述べるのは、南米系日系人が「労働問題とつながりを持った」という点である。収入の有無と手取り額の程度を重んじ、時間を割いての自助活動やそのための費用負担を回避しがちであるといわれる南米系日系人は、派遣会社や雇用主の思惑もあって「情報弱者」にさせられている。情報資源へのアクセスを欠いたこうした脆さは、雇用が確保されているうちは露呈しないが、稼ぎが途絶えた途端に浮き彫りになる。逆にいえば、この脆弱性が自明化した現在こそが、日本に渡り住み働くものたちが自助活動へと意識を向け始めた出発点といえるのであろう。

なお山本の議論は、日本における移住労働者を取り囲む現在の厳しい雇用環境の原因を世界同時不況に求めすぎることに慎重である点で、本書における複数の論考と共通している。つまり2008年秋のリーマンショックは、とりわけ南米系日系人の大量解雇を招いた一つのきっかけではあったが、その影響を語る際には、こうした移住労働者の雇用形態の不安定さという前提を失念してはならない。もちろんこの種の不安定さは、先述のとおり、働く人間の国籍だけに起因しないし、過度に一般化すべきではないが、今日の日本社会では移住労働者の多くが宿命的に陥っている苦境の根本要因に他ならない。

4 移住労働者とポリティクス

本書では、経済危機下の移住労働をめぐる海外の事例を含めることにより、日本の経験を国際状況に照らし合わせて理解することも試みている。本節で触れるように、隣国の韓国、伝統的な送出国のフィリピン、巨大な労働力人口を抱える中国、世界最大の移民国であるアメリカを本書では取り上げている。現在の国際社会を見渡して、国境を越える人の移動から無縁でいられる国は少ないのであり、その意味では事例の選択に唯一の正解はないが、たとえば、韓国の経験を一つとっても示唆に富んでいる。日本に次いで外国人研修生の事実上の就労を認めていたことから日本の類似事例と長年みなされ、しかし2004年に雇用許可制を導入しいわば「日本モデル」から決別した韓国も、もちろん経済危機の影響を免れえなかった。なお、同国の労働力人口に外国人が占める割合は約3％であり、その水準は日本を超える。

李論文（第7章）によれば、韓国国内の事業主の移住労働者に対する依存は、リーマンショック後にも大きく変化することはなかった。とくに零細企業であるほど、移住労働者に頼る割合が高いことが明らかにされている。すなわち好況不況の次第によらず、労働環境の過酷さや雇用条件の低劣さのために国内労働者が集まらない職場には、景気の動向に合わせて人件費を変動することが比較的容易な移住労働者への需要が恒常的に存在しているのである。こうした状況は日本でも同様にみられるが、韓国と日本の現在における違いは、海外から労働者を受け入れるための仕組みにある。一例をあげれば、韓国政府は移住労働者の受け入れ規模を政策的に調整することができるのである。実際にも、リーマンショック後の2009年、そして2010年と、受け入れの上限は引き下げられている。一方で日本の在留資格制度では、入国・滞在の要件が一定である限り、受け入れの規模は市場のニーズに基づく。

補足するならば、韓国では、同国に住む外国人の社会適応のための環境構築を目的として、２００７年に「在韓外国人処遇基本法」が制定、施行されていた。その翌年には、「多文化家族支援法」が成立している。韓国への結婚移民者の増加を受けて、その定着と生活の安定の実現をめざすべく、政府は「多文化家族」へのエンパワーメントに積極的に取り組み、多大な予算をつぎ込んでいる。他にも近年の韓国ではさまざまな外国人関連施策が矢継ぎ早に策定されており、こうした一連の政策展開が示す「外国人政策のパラダイム転換」は日本でも周知のとおりであろう。総じて、国境を越える人の移動の帰結に対する政府の関心が、その政治的責任を伴って高まっているのが韓国の事例といえよう。しかし李が論じるように、外国人労働者に対する経済危機後の政府の対応に保護主義的な性格があったことは否めない。移住労働者をあくまでも一時的な労働力の提供者とみなし、「多文化家族」を構成する移住者には手厚い支援を実施する同国の政策的選別がもたらしうる帰結については、さらなる検討が求められよう。

韓国の事例からも確認できるが、経済危機を受けても移住労働者への需要が縮小していない点は、アシス論文（第8章）にも示されている。アジアにおける伝統的な送出国であるフィリピンの労働者にとって、日本もまた、主要とはいえないまでも有力な目的地の一つである。経済危機の影響は、国際金融市場との結びつきが欧米先進国のように密ではないフィリピンの国民経済にとって、さほど甚大なものではなかった。同国が関心を向ける自国労働者の海外就労については、不況がいっそう本格化する２００９年においてさえも前年比で増えている。その理由としてアシスが指摘するのは、看護、介護、家事といった対人サービス労働の世界的需要が落ち込んでいないこと、フィリピンと同じく経済危機の打撃が欧米諸国に比べて相対的に小さかったアジア諸国において自国労働者が多く就労していたことの二点をあげる。フィリピン人海外就労者の内訳をみても、対人サービスを担う移住労働者の数の増加が製造業での減少分を埋め合わせていることがわかる。その結果、移住労働者からの国内への送金も減っていない。

もちろん経済危機は、海外で就労するフィリピン人に一切の影響を及ぼさなかったわけではない。アラブ首長国連邦（ＵＡＥ）や台湾では、フィリピン人移住労働者の多くが職を失い、帰国の途に着いた。雇用契約の非更新や期間中の契約打ち切りにより本人の希望とは無関係に母国に戻ることを余儀なくされたケースも珍しくない。さらに雇用状況の悪化は、移住労働者の雇用主に対する交渉力を損なうため、たとえば家事労働者への権利侵害の可能性を高めうる。このような危惧がある一方で、自国民の海外移住を自国経済の維持のうえで重要視している同国政府は、経済危機後にはより主体的に、同国の海外就労者を支援、擁護する政策を講じている。海外での市場開拓、訓練や資金援助、帰国後の社会再統合プログラムの構築、移住労働者向けの生活支援基金といった取り組みがここに含まれる。

フィリピンの事例は、国境を越える労働力の移動が経済危機により失速するであろうという市場原理に基づく予測に反して、現在の経済社会における移住労働の構造的な不可避性を示している。そして同時に、金融危機やそれに続く深刻な雇用情勢は移住労働者の苦難を少なくとも一時的には増やすことから、海外で働く自国民に対する政府の義務と責任を問う。そして移住労働者は、単なる一経済主体やその集合であることを超えて、政治的なプレゼンスとしての性格を強めることになる。[19]

岡室論文（第9章）は、巨大な労働力人口のプールをもち、自国への送金額においてはインドに次いで世界2位にあり、アジアにおける越境労働の今後の行方を左右するであろう中国の動向を取り上げている。中国からの労働力輸出は、とりわけ冷戦時代においては社会主義国家間の協力関係強化という文脈のもとで、政府主導により行われてきた。1980年代以降には、そうした外交目的が失われたわけではないが、改革開放路線を進めるために必要な外貨を獲得する手段としても労働力の派遣が推進された。[20]その間には、国家事業から民営企業による主導業務へと中国からの労働者の派遣は形態の変化もみせ、現在に至るまで続いている。労働力輸出の先には日本も含まれ、製造業や農業など、さまざまな業種に就いている研修・技能実習生の数は中国出身者が突出して多い。

経済危機との関連では、労働需要の下降により、ヨーロッパ、ロシア、アメリカやカナダといった国への労働者の派遣が大幅に落ち込んだ。来日する中国人研修生の数も、２００９年には減少した。その一方で、危機の影響が少なかったアフリカに対しての送り出しは堅調であるという。ただし中国からの労働力の派遣は、中国企業が受注したインフラ建設事業に織り込んで実施されることが多いためにホスト国の雇用創出にはつながらず、「中国バッシング」を招くことが少なくない。また不況により、中国本土からの移住労働者の解雇や賃金水準をめぐる労使紛争が増えたという。労使紛争を機に生じうる中国出身の労働者集団による示威的な活動は本国のイメージダウンにつながり、「国内治安の維持とも直結する」ため、中国政府はこうした動向を注視し、対策を講じている。移住労働者が出身国にとっての外交と内政の一要素として意識化されていることを、フィリピンと同じく、中国の事例はよく物語っているのである。

他国に移り住み働くものたちの政治的存在性に関していえば、アメリカ合衆国ほど当てはまる事例もあるまい。「(移民が)じつは、キャスティング・ボートを握っている」という示唆で締めくくる大井論文(第10章)は、同国の移民をめぐる政治の現状と行方を論じている。経済危機の影響に限れば、それはたしかに、特定の産業・職種に集まりやすいヒスパニック系移民の失業率の上昇というかたちで現れた。フィリピンの事例とは対照的に、ラテンアメリカへの海外送金が減少したという事実もある。しかし2008年秋に発生したリーマンショックは、定量的な指標で測りうるその影響とともに、移民の受け入れをめぐる政治的言説への作用という点でも重要な契機であった。

アメリカ合衆国において移民の受け入れは常に中心的な政策争点であり続けているが、2010年は、その動向に対する注目がいっそう高まった年である。大井の指摘によれば、経済危機が背景の一つであるアリゾナ州で提出された移民法案は、同州に移り住んでいる外国人の身分調査の取締りと管理の強化をめざしたものであり、移民の人間性を主張する大規模な抗議運動を引き起こすほどに、人種差別が危惧される内容であった。移民をめぐる別の動向に目を向けると、アメリカでは、民間団体による反移民運動は脈々と存在する。こうしたグループは、自国民の雇用を奪い賃金を下げ社会不安を増大するものとして不法移民をスケープゴート化し、とりわけ景気低迷のなかでは、ブルーカラー層を中心とする失業者の支持を取り込み、組織的な影響力を行使しようとする。

日本の事例や本書の李論文において言及されている韓国の事例においても、「外国人嫌悪」の表出がないわけではないが、経済危機それ自体が移民排斥運動を助長しているとは今のところ言い切れない。[21] ただしこうした証左がないとはいえ、経済危機に続く不況と国内の雇用環境の悪化が、労働者を海外から新たに受け入れることは慎むべきという世論を形成し、それを支持するサイレントマジョリティの裾野を広げているという印象は、筆者だけのものではないだろう。少なくとも国内の失業者の雇用確保と非正規労働者の安定を待たずに他国から労働力を導入するべきでないという見解は、一定程度には浸透しているようにみえる。[22] 移民が国民を形成する世界最大の移民国家であり、連邦制度であるアメリカの経験は、その姿と似ても似つかない日本を主な対象とする本書においてはあくまでも例外的な事例として扱うべきかもしれないが、移民の受け入れをめぐる同国のポリティクスから得る示唆は少なくないのである。

多くの人間の越境と移住がもたらすこの種類の政治的緊張は、本書では取り上げていないヨーロッパ諸国でも同様にみられる。たとえばオランダでは２０１０年の選挙で極右政党が第三党に急伸した。同年のスウェーデンでも、その選挙結果により、反移民を掲げる政党の国政参加が決まった。同じく北欧のデンマークなどでも反移民政党の台頭が顕著である。ハンガリーやブルガリアなど東欧においても極右政党が議席を獲得し始めている。欧州議会をみれば、直近の２００９年の選挙では保守政党・会派が依然として勢いを振っていた。スイスでさえ外国人排斥に動きが近年強まっている。同国では２０１０年、重犯を犯した、あるいは社会保障を悪用した外国人の国外追放強化策が国民投票によって承認されたが、やはり同年の夏にフランスのサルコジ政権が方針として打ち出した移民の国籍剥奪や国外追放要件の強化と、その方向性において通底するものがある。今日では、ドイツやイギリスといった欧州の主要国の政治リーダーが、移民に対してこれまで実施してきた多文化主義的な政策を「失敗」と顧みているほどである。

移民への政治的反応は状況により揺れ動くものであり、周知のとおり、反移民を掲げる極右政党にしても、今回の経済危機を契機にはじめて現出したのではない。移民をスケープゴートにして勢力の拡大をはかるグループは欧州においてくり返し現れるし、すでに複数の政党は、先述のとおり、景気後退のなかで職を失う国内労働者の心情に訴え、支持層を増やしている。そしてこうした動向は、移民や外国人労働者の受け入れをめぐる政権党の舵取りにも影響をおよぼす。ゆえに経済危機とそれに続く不況は、仕事の有無や賃金の多寡といった移住労働者の経済的境遇に対してだけではなく、移住労働者の政治的かつ社会的位置づけにも有形無形に作用しているのである。

5 転換期にある日本？

前節で言及した移民とホスト社会の政治的緊張から、在日コリアン、いわゆるオールドカマーという例外を除けば、日本は戦後長らくほぼ無縁の社会であった。日本において諸外国からの労働力の受け入れの是非が本格的に議論され始めたのは、今から20年前、１９８０年代後半のことである。オールドカマーとニューカマーの双方が、同じテーブルの上で交差していた最後の時代であったかもしれない。その以降も在日コリアンの世代交代は進み、「外国人」というよりも日本に生きる非日本国籍の住民としての性格を強めていく。２００９年の改正入管法の定めるところによれば、在日コリアンの法的地位である特別永住者は本改正により導入される在留管理の対象には入らない。改正入管法における当該事項の施行は２０１２年に予定されており、その際には在日コリアンの法的地位を書面にあらわす証明書が別に交付されるが、改正法はその証明書の携帯義務を課していない。再入国許可要件についても緩和され、オールドカマーの法的地位問題は新たな到達点を迎えている。

一方で南米系日系人労働者を中心としたニューカマーについては、就労、教育、医療といった分野で課題が噴出し、今も解決をみない。こうした事情もあって、南米系日系人に対する公的関心は新世紀を迎えた後、高まりの一途である。「在日」から「日系人」へと、日本社会の「マイノリティ」問題はその重心を徐々に変えてきたのであり、たとえば２００１年に設立された外国人集住都市会議はその一つのメルクマールであった。政府レベルでの動きをみると、内閣府は、２００９年に「定住外国人支援推進室」を設置していた。主に南米系日系人に対する日本語教育や雇用支援、また賛否両論をひき起こした帰国支援事業など複数の関連施策を実施し、翌２０１０年には基本指針を、２０１１年には行動計画を策定している。

日本における移民や外国人労働者の受け入れをめぐる現在の論点は、南米系日系人に関するものだけではない。２０００年代の後半以降の動向だけでみても、インドネシアやフィリピンとの経済連携協定（ＥＰＡ）に基づく看護師・介護福祉士候補生の来日（２００８年〜）、「新日系人」と国籍法の改正（２００８年〜）、留学生30万人計画（２００９年〜）、「第三国定住」プログラムに基づく難民の受け入れ（２０１０年〜）、いわゆる「高度人材」の受け入れ促進のためのポイント制の検討（２０１０年〜）、また先に述べた２００９年の入管法改正と「新しい在留管理制度」の導入、上の改正においては在留資格「技能実習」の新設および「留学」と「就学」の一元化など、近年の政策の展開はかつてよりめまぐるしい。

この間に、今までとはトーンが異なる政策提言が提示されていることにも留意したい。当時政権党であり総裁派閥の議員が主なメンバーを構成した自民党議連により提出された移民１０００万人計画（２００８年）、法務省入管ＯＢが代表を務める移民政策研究所の提言（２００９年）、そして２０１０年には、人口問題協議会や日本国際フォーラムからの政策提言も続いた。なお２００８年の経済危機以前には、日本経団連や商工会議所などから、定住を前提にした外国人労働者の受け入れを前向きに検討すべきとする要望が続いていた。実業界においては、景気動向と移民の受け入れがより情緒的に結びついている。

日本における外国人労働者をめぐる政策の変遷や政策提言などの分析については、これまでも複数の論考が示されているため、本書では鈴木論文のなかで部分的に言及されているほかは詳しく論じていない。[23] とはいえ日本社会と移住労働者の関係を問い直すとき、とかく悪評がつきまとっていた外国人研修・技能実習制度や包摂的な「社会統合」を欠いたままの南米系日系人の受け入れ方法は、1980年代後半という、日本経済の好調さと深刻な人手不足が疑いなく認識されていた時代の産物であるという事実を、ここでは確認しておきたい。換言すれば、労働需要が急速に高まっていた一時代に、「その場しのぎ」の発想から受け入れの是非が論じられ、対症療法的であっても即物的効果を想定できる手段が講じられたとしても不思議ではなかった。すなわち人手不足を解消すべきという意図のなかで政策の妥当性が問われていた当時の経済社会状況と現状のそれは、あまりに異なる。であるとすれば、日本に暮らし働く諸外国出身の移住者が置かれた境遇やそれを幾ばくとも改善しようとするホスト社会の諸々の取り組みについて今日のわたしたちが見聞することは、「未曾有」の経済危機を経験したがために例外的な出来事や一時的な非常事態への対処として映りもしようが、越境労働が恒常化している今日の国際社会においてはおよそ不可避である本来的な課題として認識するべきではないのか。

なおいかなる場合であっても、受け入れの是非や方法論について第三者的立場から適正な判断を導き出すことが、またそのような判断に必要な材料を集めることが、本書の一義的な意図ではないことをここで付言しておきたい。上の難しさの理由は、言うまでもなく、国境を越える人の移動がもたらす帰結の複雑さに求められる。労働市場の国際化を促すことにより生産要素の効率的配分を進めることが、移住労働者を引き受ける地域社会の厚生の改善に資するとは限らない。諸外国から人を招き入れその異文化を受容することの「正しさ」を仮に経験的かつ理論的に説明できるとしても、その過程のなかでホスト住民が決して望まない軋轢が生じ、願わない結果がもたらされうるとすれば、はたしてどのような政策がその判断の正当性を担保するのであろうか。そして、現実の移民政策をよく観察すれば、移住労働者を包摂しつつ排除する、同化の論理を多文化主義のディスコースで包みこむ、矛盾を孕んだ方針が採用されていることがわかる。これは右に述べた問いに対してホスト国の為政者が抱く迷いの反映であり、政治的リスクをあらかじめ抑制するための方便である。

結局のところ、個々人のレベルで受け入れへの態度をわかつのは、移民や外国人労働者のプレゼンスが将来的に当の自身の生活圏内において高まることから想起されるイメージである。ならばそれは正誤の判断ではなく直観への信憑であろう。この種の問題に対して求められるのは、正解ではなく、討議を通じた選択であり、その選択の結果を引き受ける覚悟ではあるまいか。

おわりに

本書は、日本の事例を中心に取り上げ、2008年秋に発生した金融危機とそれに続く世界的な景気後退のなかで顕在化した移住労働者の実態やホスト社会の対応を、複数の角度から検討したものである。リーマンショックに端を発する深刻な不況は、越境労働を部分的には抑制したが、抑止することはなかった。回復と同時に、日本の労働市場における移住労働者への依存はいっそうの高まりをみせている。そしてこの傾向は将来にわたって続くのであろう。経済危機は、多くの移住労働者の解雇というかたちでその脆弱性を確認させ、その存在基盤の危うくしたが、一方で、国境を越え働くものたちの存在性を逆説的に浮かび上がらせたのである。

したがって、好況時には人手不足ゆえに移住労働者は経済的な貢献者として歓迎され、不況時には人手過剰ゆえに移住労働者は社会的な負担となり忌避されるという二分法によっては、活発化して止む気配をみせない越境労働という現象を不完全にしか理解しえない。筆者もまた、日本の事例に関していえば、移住労働者は脆弱であり受動的な存在であるというステレオタイプから完全に自由であったためしはない。もちろん、困窮している移住労働者は公的な支援と救済の対象であるべきだという考えは、政策を立案し実施するうえでの基本的立脚点として重要ではある。と同時にそのような見方への偏りは、移住労働のダイナミズムをおおいに見誤らせる。筆者は、この見方にことさらの先見性を主張するものではないが、本書に収められた論考には、現在の日本社会に移民や外国人労働者がいかに組み込まれているかを知るための実証的な知見や、現行の政策・法制度の矛盾点を突いた意見が数多く提示されていると考えている。

また本書は、経済危機下の移住労働をめぐる諸課題に対して、即効的な処方箋を準備するものではない。そうではなく、冒頭に述べたように、グローバリゼーションをもっとも鮮明に体現している移住労働者の実相を、その弱さと強さの両面において、そしてその受動性と能動性の両軸において、描き出すことを意図している。このような意図のもとで編まれた本書が、国境を越えて異国で働く営みの今日的意味を再考する一つの足がかりとなることを望んでやまない。

注

1　以上の数値は、国際労働機関（ＩＬＯ）『グローバル雇用傾向』（*Global Employment Trends*）に基づく。

2　このような呼称の違いは立場や文脈によって変わるため、本書においては各執筆者の判断に委ねている。受け入れ国においては外国籍であるという法的属性をもって「外国人労働者（foreign workers）」と呼ぶのが一般的であるが、その一方で、送出国政府は「海外労働者（oversea workers）」とみなすであろう。本章では、移住という現象的事実に重きを置くため、主に「移住労働者（migrant workers）」という言葉を用いている。

3　たとえば五十嵐（2010, p.12）が、「労働研究の分野では、外国人労働はあまりにも周縁的かつ特殊な問題領域として扱われてきた」と述べている。

4　Awad, 2009.

5　移住労働と経済危機に関する各種レポートについては、同グループＵＲＬ（http://www.globalmigrationgroup.org/）から入手できる。

6　ＩＯＭ（2009）のポリシーブリーフ、および国連訓練調査研究所（ＵＮＩＴＡＲ）が実施したセミナーに提出された移住労働と経済危機についてのレポートも参照。後者については、同研究所ＵＲＬ（http://www.unitar.org/）から入手できる。

7　２０１０年5月には経済危機と国際移民に関する会議がマニラで開催され、各国からの報告が行われた。報告要約については、同センターＵＲＬ（http://smc.org.ph/misa/）から入手できる。日本の事例については、筆者と本書第4章を担当した小林による共著ペーパー（"Impacts of the Global Economic Crisis on Migrant Workers in Japan"）が同サイトからダウンロードできる。

8　決して多くはないが、一般の研究者やシンクタンクも経済危機との関連において移住労働の動向に目を向けていた。たとえば、Papademetrious and Terrazas（2009）およびMartin（2009）を参照。なお、景気後退との関連で在日ブラジル人の動向を扱った代表的なものとしては、樋口（2010）による実証分析があげられる。同論文では、「暫定的な研究にすぎない」として個々の先行的な研究の内容には深く立ち入っていないが、経済危機の影響を取り上げた複数の文献に触れている。

9　たとえば日本では、移民政策学会が２０１０年5月の年次大会において、経済危機という要因を正面から取り上げていた。移住労働者や地域コミュニティへと及ぼした経済危機の影響がそこで議論されたテーマであった。

10　明石（2011）。

11　海外出身者の失業率が自国労働者のそれに比べ通常においても高いことはよく指摘されている。各国の労働力調査等に基づき、ＯＥＣＤ諸国における15～64歳人口の雇用状況を自国生まれと外国生まれ別に比較し、総じて後者の失業率が高いことを示しているものとしてはＯＥＣＤ（2010, p.107）に検討がある。

12　日本で働く外国人の数については、「外国人労働者」の定義上の曖昧さもあり、それに限定するかたちで厳密に計られた公的統計は存在しない。したがって、出入国・外国人登録データや外国人雇用状況報告や国勢調査に基づく関連省庁や研究者個人の推計に基づくのが通常である。たとえば本書においても、外国人労働者数の推移を扱った鈴木論文と下平論文では部分的に異なる指標が用いられている。

13　非正規雇用にある日本人労働者と外国人労働者を比べ、雇用主は必ずしも後者を「意図的に選択」して解雇しているわけではないという点については、丹野（2009）を参照。

14　移住労働者が直面する経済危機後の雇用情勢の悪化を、具体的な数値で表すのは困難であるが、とりわけ日系人労働者の失業率は40%以上に達していることが、樋口（2010, p.53）ほかさまざまな調査により明らかにされている。

15　こうした実態はさまざまな調査で明るみになっているが、最近では、ジャーナリストの安田（2010）が、「人間扱いされていない」研修生らの現場を描いている。

16　不況の影響は、本書で取り上げている労働力集約型の業種に留まらない。ファイナンスやIT部門など、ホワイトカラーの外国人もまた、経済危機による雇用難を経験した。たとえばアメリカでは、２００９年度における雇用ベースの移民の受け入れは、数にして前年度から約２・２万人（約16・６万人→約14・４万人）、割合にして２・３％減っている。そのなかでももっとも多く、２００７年度には２・９万人に届こうとしていたインド出身者は、２００９年度には2万人弱にまで数を減らした（明石 2010d, pp.165-166）。日本における専門職・技術職の受け入れに関する経済危機の定量的な影響については、明石（2010c, pp.60-61）を参照。

17　リーマンショック後に、日系人労働者が介護現場に職を求め、ＮＰＯ法人がそれを推進しているという事例もみられる。日本経済新聞、２００９年10月19日（夕刊）「日系ブラジル人介護現場へ」。

18　樋口（2010）は、この帰国の規模とペースを証左のひとつとして、「定住化言説」の非妥当性を指摘する。また、この「定住化言説」と、「国際化」から経路依存的に引き継がれた「多文化共生」という政策規範的概念の普及によって、日系人の労働者性に対する政策当事者の十分な理解が損なわれていると述べる。「共生」概念やそれをモットーとする政策の方向性に懐疑的であった樋口や、労働市場のフレキシビリティを担う限界的存在として南米系日系人労働者の構造的位置づけと制度的欠陥を検証してきた丹野（2009）がこれまで論じてきたとおり、安定した収入源が確保されることで移住労働者ははじめて「生活者」としてホスト社会に参加できる条件が整うのであり、その逆ではないことを、２００８年の経済危機とその後の景気後退はあらためて浮き彫りにしたといえる。

19　小ヶ谷（2010）は、フィリピンの「在外国民政策」の検討のなかで、このような性質を浮き彫りにしている。

20　陳（2010）。

21　移民や外国人の受け入れが政治化せず、経済危機後にも排斥の対象になっていない事情について、麻野（2010）は、「日本における外国人が、民衆の敵意を煽るほどの既得権者でなかった」ことや外国人に対する「社会的ネグレクト」を、その背景として指摘している。

22　移住労働者の増加が仕事の奪い合いを発生させるという懸念の形成については、ナショナリズムを「愛国主義」「排外主義」「純化主義」という構成概念に分けて捉え、社会調査データに基づき日本における対外国人意識を分析した田辺ら（2010）の近年の研究成果を参照。

23　近年の政策動向については、拙稿（2009 および 2010b 特に第7章）にて論及している。

参考文献

明石純一（2009）「『入管行政』から『移民政策』への転換――現代日本における外国人労働者政策の分析」日本比較政治学会編『国際移動の政治社会学』（日本比較政治学会年報No.11）ミネルヴァ書房

――（2010a）「入国管理の『再編』とグローバルガバナンス――国境を越える人の移動をめぐる国家・市場・市民社会」『国際日本研究』No.2

――（2010b）『入国管理政策――「１９９０年体制」の成立と展開』ナカニシヤ出版

――（2010c）「外国人『高度人材』の誘致をめぐる期待と現実――日本の事例」五十嵐泰正編著『労働再審２――越境する労働と〈移民〉』大月書店

――― (2010d)「インド人ITワーカーの越境」首藤もと子編著・駒井洋監修『東南・南アジアのディアスポラ』明石書店
――― (2011)「シンガポールの移民『マネジメント』」安里和晃編著『労働鎖国ニッポンの崩壊――人口減少社会の担い手は誰か』ダイヤモンド社
麻野雅子 (2011)「日本におけるポピュリズムと『外国人問題』」河原祐馬・島田幸典・玉田芳史編著『移民と政治――ナショナル・ポピュリズムの国際比較』昭和堂
阿部太郎 (2011)「世界同時不況と東海地域の日系外国人」佐竹眞明編著『在日外国人と多文化共生――地域コミュニティの視点から』明石書店
五十嵐泰正編著(2010)『労働再審2――越境する労働と〈移民〉』大月書店
小ヶ谷千穂 (2010)「フィリピン人ディアスポラ――曖昧な〝ニュー・ヒーロー／ヒロイン〟たちと国家」首藤もと子編著・駒井洋監修『東南・南アジアのディアスポラ』明石書店
がんばれ!ブラジル人会議編 (2009)『経済状況の悪化におけるブラジル人実態調査集計結果』
田辺俊介編著 (2011)『外国人へのまなざしと政治意識――社会調査で読み解く日本のナショナリズム』勁草書房
丹野清人 (2009)「外国人労働者問題の根源はどこにあるのか」『日本労働研究雑誌』No.587
陳立行 (2010)「中国の労働輸出」首藤もと子・明石純一編著『東アジアの越境労働と地域秩序――政策の転換と市民社会の形成』(平成18~20年度科学研究費補助金研究成果報告書)
樋口直人 (2010)「経済危機と在日ブラジル人――何が大量失業・帰国をもたらしたのか」『大原社会問題研究所雑誌』No. 622
――― (2011)「経済危機と在日南米系コミュニティ――何をなすべきか」労働政策研究・研修機構『ビジネス・レーバートレンド』2月号
ブラジル人就労者研究会編 (2009)『ブラジル人就労調査報告書』
安田浩一 (2010)『ルポ　差別と貧困の外国人労働者』光文社
渡辺博顕 (2009)『外国人労働者の雇用実態と就業・生活支援に関する調査』(JILPT調査シリーズNo.61) 労働政策研究・研修機構
Akashi, Junichi (2011), "Japanese Immigration Policy in a Transition", *Asian Review*, 24.
Awad, Ibrahim (2009), *The Global Economic Crisis and Migrant Workers: Impact and Response*, International Labour Office, Geneva.
ILO, various years, *Global Employment Trends*.
IOM (2009), "The Impact of the Global Economic Crisis on Migrants and Migration" *IOM Policy Brief*.
Martin, Philip (2009), "Recession and Migration: A New Era for Labor Migration?" *International Migration Review*, 43 (3).
OECD (2010), *International Migration Outlook*, SOPEMI.
Papademetrious, Demetrious G. and Aaron Terrazas (2009), *Immigrants and the Current Economic Crisis: Research Evidence, Policy Challenges, and Implications*, Washington, DC: Migration Policy Institute.
Tanno, Kiyoto (2010), "The Economic Crisis and Foreign Workers in Japan: Why Does Japan Treat Migrant Workers as Second Class Citizens?", *Japan Labor Review*, 7 (3).

[あかし　じゅんいち]
筑波大学大学院人文社会科学研究科助教。筑波大学大学院国際政治経済学研究科修了。博士：国際政治経済学。主な著作に『入国管理政策――「1990年体制」の成立と展開』(単著、ナカニシヤ出版、2010)。『国際移動の比較政治学』(共著、日本比較政治学会編、ミネルヴァ書房、2009)、『労働再審2――越境する労働と〈移民〉』(共著、五十嵐泰正編著、大月書店、2010)、『東南・南アジアのディアスポラ』(共著、首藤もと子編著・駒井洋監修、明石書店、2010) など。

I

危機の実態

◎第1章

経済危機下の外国人「単純労働者」たち

彼／彼女らの制約的な就労状況、そして可能性

鈴木江理子

はじめに

2008年の金融危機に端を発した経済危機は、日本で働く外国人労働者にも大きな影響を与えた。とりわけ、派遣や業務請負といった雇用形態で製造業に従事する者が多い日系南米人[1]の雇用環境の悪化が、NPO／NGO関係者や研究者、メディアや政策担当者によって指摘されている。また、受入れ企業の業績不振や倒産などによる研修生・技能実習生の契約打ち切りも報道されている。政府の経済危機対策においても、日系人と研修生・技能実習生を対象とした外国人労働者支援が行われている。彼／彼女らはいずれも、日本政府が積極的な受入れを表明している「専門的・技術的労働者」ではない。その多くが、政策上、いわゆる「単純労働」に分類される仕事に従事している外国人労働者である。[2]

未曾有の不況下において、外国人、とりわけ、いわゆる「単純労働者」をめぐる雇用環境は、日本人以上に厳しいのではないかと推測される。しかしながら、実のところ今回の経済危機が外国人労働者一般にどの程度の影響を与えているのか、日系南米人や研修生・技能実習生以外の外国人労働者の状況はどうであるのか、といったことはほとんど明らかにされていない。

本章では、まず「単純労働者」の受入れという視点から日本の外国人労働者政策を整理し、利用可能な統計資料を活用して、2008年秋以降の経済危機下の外国人労働者の就労状況を定量的に概観する。そのうえで、日系南米人や研修生・技能実習生以外の「単純労働者」に注目し、聞

取り調査によって彼／彼女らの就労状況を定性的に把握することで、外国人「単純労働者」が置かれている制約的状況を明らかにするとともに、その可能性を考察する。

1 外国人労働者政策のなかの「単純労働者」

(1)「外国人労働者問題」の浮上

戦後日本における最初の外国人労働者は朝鮮半島などの旧植民地出身者であるが、彼／彼女らが政策上「外国人労働者」として捉えられることはなかった。[3]「外国人労働者」という言葉が法務省入国管理局の『出入国管理』に初めて登場するのは１９８７年に刊行された昭和61年度版においてであり、今後の課題の一つとして「外国人労働者の入国問題」が取り上げられている。プラザ合意を契機とした円高が進行するなかで、近隣アジア諸国との賃金格差が拡大し、男性「不法」就労の検挙者数が急増しはじめた時期である。法務省入国管理局が予想したとおり、その後、合法的な就労資格をもたない男性外国人労働者は激増し（表1）、かつて移民送出し国であった日本は受入れ国となり、「外国人労働者問題」に直面することになった。

後述するように、外国人労働者の受入れが政府内で検討され、１９８９年に出入国管理及び難民認定法（以下「入管法」と表記する）が改定されることになるが、入管法改定前の日本は、大学の教員、芸術家や報道関係者、外国料理の調理人、語学学校教師など「日本人で代替することが難しい特殊な技能、技術または専門的な知識等を有する外国人については、その必要性を個々に検討して入国の許否を決定」[4]していた。これに対して、「不法」就労者が従事している建設業や製造業などでの現業職は日本人による代替が可能な職種とみなされ、合法的な労働者として入国することが認められていなかった。しかしながら、バブル景気による国内労働力の量的供給不足、政府や大企業を中心として推進される「時短」、「豊かさ」を背景に変

表1　「不法」就労事犯の推移　（単位：人）

	1981年	1985年	1986年	1987年	1988年	1989年	1990年	1991年
男性	208	687	2,186	4,289	8,929	11,791	24,176	25,350
女性	1,226	4,942	5,945	7,018	5,385	4,817	5,708	7,558
総数	1,434	5,629	8,131	11,307	14,314	16,608	29,884	32,908

注：1981年から90年までは、資格外活動と資格外活動がらみの「不法」残留事犯であり、1991年は、「不法」入国・上陸者や刑罰法令違反者等で「不法」就労に従事していた者も加えた数値である。
出所：法務省入国管理局『出入国管理』（1987、昭和61年度版）、同（1993、平成４年版）。

化する日本人労働者の職業意識といった状況のなかで、日本人労働者による代替が不可能な仕事が増えていった。当時の新聞や雑誌は、建設・解体現場、メッキや鋳物、印刷製本、水産加工や食肉関係などの工場、飲食店、養鶏場やハウス農業などを取材し、「不法」であっても外国人に頼らざるをえない事業主の声を伝えている。[5]

ところで、日本人労働者が忌避する仕事を引き受ける外国人労働者は、当然ながら、日本人より経済的に貧しい国の出身者である。合法的な就労資格をもたない労働者は、「外国人」に対する差別に加え、時に、極端な低賃金、安全衛生規則に違反するような劣悪な環境、賃金未払いや労災、悪質ブローカーによる搾取といった「問題」の被害者にもなった。

(2) つくりだされた「単純労働者」

1980年代後半のバブル景気のなかで、男性「不法」就労者の急増、製造業や建設業を中心とした人手不足の深刻化を背景に、政策担当者や労使団体、研究者や評論家等の間で、外国人労働者受入れをめぐる議論が活発化した。[6]受入れの争点となったのは、男性「不法」就労者が従事している職種の労働者であり、いわゆる「単純労働者」と範疇化された。受入れ議論が本格化する前に刊行された昭和61年度版『出入国管理』において、早くも、受入れの是非が検討されるべき外国人労働者とは、いわゆる「単純労働者」であり、「我が国の労働市場に参入すると賃金水準、労働条件や高年齢層の安定した雇用の確保に悪影響」を与える低賃金労働者であるという問題設定がなされている。[7]

そして、1988年の第六次雇用対策基本計画において、専門的・技術的労働者は積極的に受け入れ、いわゆる「単純労働者」は受け入れないことが閣議決定され、翌89年に入管法が改定された（1990年施行）。以後、専門的・技術的労働者といわゆる「単純労働者」という二分類が、長く、外国人労働者受入れを検討する際の枠組みとして用いられることとなる。

ところで、「単純労働」という職業分類は「日本標準職業分類」（総務省統計局）にも「労働省編職業分類」（厚生労働省）にも存在せず、「単純労働者」とはいかなる労働者であるかの明確な定義はない。[8]先の二分類を入管法に当てはめれば、就労を目的とする14の在留資格に該当する外国人労働者が専門的・技術的労働者で、それ以外の職種に従事する外国人労働者はすべて「単純労働者」ということになる。けれども、後者には、塗装、建設大工、金属プレス加工、石材施工、印刷など厚生労働省が技能検定の対象と定めている職種もあり、高度な技能等を要するものもある。

また、どのような職種であっても、経験を通じて技能等を身につけていく可能性もある。

　しかしながら、一般的に「単純労働者」いう言葉は、技能・技術・知識をまったく必要としない労働者を想起しやすく、受入れに伴うデメリットが大きいという印象を与えがちである。そして、このことが専門的・技術的労働者以外の外国人労働者の受入れを建設的に論議する妨げとなってきたといえよう。

(3) 放置されるタテマエと実態の乖離

　政策上、外国人「単純労働者」を受け入れていない日本であるが、実際には多くの外国人「単純労働者」が働いている。図1は、特別永住者（旧植民地出身者とその子孫）を除いた外国人労働者数の推移であるが、「専門的・技術的労働者」（図1の凡例「就労を目的とした14の在留資格」）以外にも、就労に制限のない身分または地位に基づく在留資格をもつ外国人（「一般永住者」と「日系人等」）、アルバイトする留学生等[9]（「アルバイト（資格外活動）」）、国際貢献を本来の目的とする研修生・技能実習生（「研修生」と「特定活動（主に技能実習生）」）、合法的な滞在資格をもたない非正規滞在者（「不法就労」）など多数の外国人労働者が働いており、その数はバブル崩壊後の景気低迷期においても増加している。そして、就労を目的とした在留資格をもたない外国人労働者のなかには、いわゆる「単純労働」に従事する者が少なくないと推測される。

就労に制限のない外国人

　どのような職種でも働ける身分または地位に基づく在留資格は、「外国人労働者問題」に直面する以前から存在していた。例えば、１９８４年の職業別外国人統計をみると、有職者22万２４７７人のうち技能工・生産工、事務従事者、販売従事者がそれぞれ20・３％、20・２％、17・６％を占めているが[10]、政策上の分類を当てはめれば、彼／彼女らは「単純労働者」である。

　かつては、その大多数を旧植民地出身者とその子孫（在留資格「特別永住者」）が占めていたが、一世の高齢化に伴う死亡、日本人との結婚や日本国籍取得などでその数が漸減している（１９９２年末：59万１１９３人→２０１０年末：39万９１０６人）。その一方で、「（一般）永住者」や「日本人の配偶者等」など、「特別永住者」以外の身分等に基づく在留資格をもつ外国人は増えており（１９９２年末：38万５１７６人→２０１０年末：97万６１９０人）、とりわけ「（一般）永住者」の増加が著しい（１９９２年末：４万５２２９人→２０１０年末：56万５０８９人）。

図1　外国人労働者数の推移（特別永住者を除く、推計値）

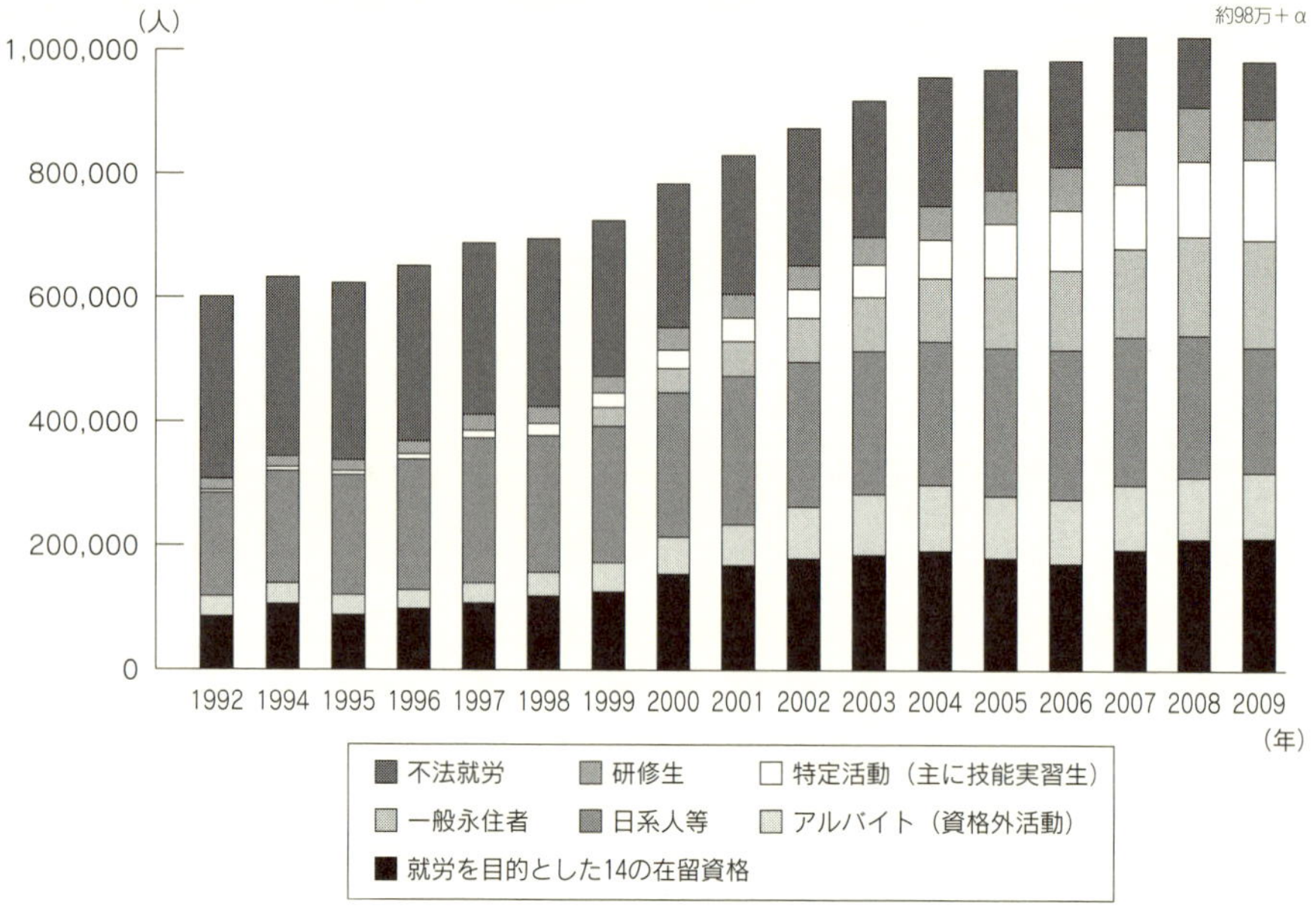

注1　厚生労働省公表の外国人労働者数に「研修生」を加えた推移である。厚生労働省は、制度上、労働者ではない「研修生」を外国人労働者に含んでいない。

2　「研修生」と「特定活動（主に技能実習生）」は、それぞれ在留資格「研修」と「特定活動」の各年末の外国人登録者数である。ただし、技能実習制度の創設は1993年のため、1992年の「特定活動」には、技能実習生は含まれていない。

3　厚生労働省は、かつて特別永住者と一般永住者を除いて外国人労働者数を推計していたが、一般永住者の数が無視できないほど多くなったことから、日本で就労していると推定される一般永住者も外国人労働者の推計値に含むようになった。

4　「日系人等」とは、「定住者」、「日本人の配偶者等」、「永住者の配偶者等」の在留資格で日本に在留する外国人のうち、日本で就労していると推定される外国人を指す。なお、「一般永住者」と「日系人等」の数値は、2003年までは厚生労働省の、2004年以降は井口泰氏（関西学院大学教授）の推計値である。

5　「アルバイト（資格外活動）」とは、「留学」等の在留資格で在留する外国人がアルバイトをするために資格外活動の許可を受けた件数であり、資格外活動の許可を受けていない留学生等のアルバイトなどは含まれていない。また、「不法就労」は、各翌年の1月1日現在の不法残留者数である。したがって、「不法」入国・上陸による就労者や、資格外活動の許可を受けていないアルバイトなどが「＋α」に含まれる。

出所：鈴木（2010a）p.90をもとにデータ更新。

アメリカなどの移民国家と異なり、日本は永住を前提に外国人を受け入れていないが、滞在期間等の一定の要件を満たす者に対しては申請に基づく審査のうえ永住資格を付与している。いわゆるニューカマーの滞在長期化を背景として、1990年代半ばあたりから年間永住許可件数が増加しはじめ、1998年に法務省入国管理局が永住許可のための滞在期間要件を緩和したことから急増している。[11] 永住許可に関するガイドラインの改定は「外国人労働者」とは異なる文脈で行われたと推測されるが、結果的に、就労に制限のない外国人の増大をもたらした。図1の注3に記したように、厚生労働省（旧厚生省）は、かつて特別永住者と一般永住者を除いて外国人労働者数を推計していたが、一般永住者の数が無視できないほど多くなったことから、一般永住者を含んだ推計値を公表するようになった。

さらに、いわゆる「単純労働者」は受け入れないという基本方針に基づいて改定された1989年の改定入管法において、「外国人労働者」とは異なる身分等に基づく在留資格の一つとして「定住者」が新設された。そして、入管法施行前の1990年5月、定住者告示が出され、日系三世とその配偶者、及び未婚未成年の子どもに対して「定住者」が付与されることが示された。[12] その後の日系南米人の激増は周知のとおりである。日系三世に対する在留資格付与は「血のつながり」を根拠にした受入れ拡大であるが、かつての日本人移住者とその家族が向かった場所は、「故郷」ではなく、輸送用機器や電気機器などの製造業が集積する特定地域であった。就労年齢にある彼／彼女らの多くは、「単純労働者」として輸送用機器や電気機器、食品加工などの製造現場で働いている。

国際貢献を目的とする研修・技能実習制度

1989年改定入管法では、それまで「留学」の一形態として位置づけられていた「研修」（旧「4－1－6－2」）が独立した在留資格として創設された。留学の一形態であったことからもわかるように、研修生は「労働者」ではない。研修制度の目的は日本の優れた技能等を途上国に移転する国際貢献である。

入管法施行時には、派遣機関が日本企業の現地法人や合弁会社などに限られ、従業員50人未満の企業は研修生を受け入れることができなかった。しかしながら、人手不足に窮する中小企業からの要望に応える形で、施行直後の1990年8月「研修生受入れ基準の要件を一部緩和する法務省告示」が出され、中小企業でも受入れが可能となった。日系人の定住者告示と同様、国会の場での議論を必要とする「法律」ではなく「告示」によって、国際貢献の名のもとに、受け入れないと閣議決定された「単純労働者」の供給経路が整えられたのである。

さらに1993年には、研修修了後、指定された職種（技能実習移行対象職種）に関しては、技能検定を受けた後に同一事業所で「技能実習生」（労働者）として就労する技能実習制度が創設された。当該制度も「告示」によるものである。その後、実務研修割合の拡大、受入れ機関要件の緩和、技能実習移行対象職種の追加、滞在期間の延長などが行われ、研修・技能実習制度とも次第に拡充されることによって、「単純労働者」供給源としての機能が強化されていった。

もちろん、制度本来の機能を果たしている受入れも一部にはあるが、度重なる制度改定のなかで、中小零細企業の受入れ形態である団体監理型による研修生・技能実習生が拡大していることから推察すれば、[13]技術移転よりも労働力への期待が受入れ企業の本音であるといえよう。

２０００年代に入り、研修生・技能実習生の受入れが著しく増え、それとともに、研修生の時間外労働、最低賃金以下の賃金や長時間労働、強制貯金やパスポートの取上げ、雇用主からの暴力などの劣悪な受入れ実態がマスコミで広く伝えられるようになった。その結果、政府内でも制度の見直しが議論され、２００９年の入管法改定により「技能実習」という在留資格が新設され、研修生の実務研修に労働法令が適用されることになった（２０１０年施行）。ＮＰＯ／ＮＧＯや研究者などからは、労働者の権利が侵害されやすい当該制度の廃止を求める声も大きかったが、受入れ団体に対する指導・監督・支援強化や悪質送出し機関の排除といった対策を担保に、抜け道的な「単純労働者」受入れ制度は存続されることになった。

「避けられない選択」の先送り

実態として多数の「単純労働者」が働いているにもかかわらず、日本政府はいまだ外国人「単純労働者」は受け入れないという基本方針を堅持している。だが、直視せざるをえない人口構造の変化を背景に、近年、受入れ議論に変化がみられるようになった。２００５年に策定された第三次出入国管理基本計画において、「現在では専門的、技術的分野に該当するとは評価されていない分野における外国人労働者の受入れについて着実に検討していく」（傍線筆者加筆）ことが表明されたのだ。すなわち、「単純労働者」受入れの検討が公式にはじめられたのである。

第三次計画策定以降、各省庁や自由民主党のプロジェクトチームなどが外国人労働者受入れに関する提言をとりまとめている。[14]これら提言は、既に存在している「単純労働者」である日系人や研修生・技能実習生に対する対応に若干の違いがあるものの、専門的・技術的労働者以外の外国人労働者の受入れが日本にとって「避けられない選択」であり、従来のタテマエと実態の乖離をこれ以上放置することはできないという認識では一致している。

ただし、「新たな外国人労働者」の受入れを前向きに検討する議論においては、「受入れに伴い広範な問題を生ずる恐れのある分野の典型として用いられて[15]」きた「単純労働者」という言葉ではなく、「特定技能労働者」、「高度技能労働者等」といった言葉が使われている。[16] 恐く、「単純労働者」は受け入れないという従来のタテマエを崩したくないのだろう。

いずれにせよ、長く放置されてきたタテマエと実態の乖離がようやく是正されるかと期待されていたところであったが、２００８年秋以降の雇用環境の悪化のなかで、「新たな外国人労働者」受入れの議論は沈静化し、先送りされてしまっている。[17]

2 統計資料にみる経済危機下の外国人労働者

(1) 外国人の出入国の状況

では、今回の経済危機は日本で働く外国人労働者にどのような影響を与えているのであろうか。

「労働者」となりうる外国人という視点から、就労を目的とする14の在留資格（＝入管法上の「専門的・技術的労働者」）、「研修」[18]と「特定活動」[19]、就労に制限のない身分等に基づく在留資格を中心に、外国人の出入国と外国人登録の状況をみることにする。

新規入国者については、「専門的・技術的労働者」や「研修」、「定住者」等の身分等に基づく在留資格[20]の外国人数が、２００７年と比べて、２００８年、２００９年と減少している（図２）。とりわけ「定住者」は２万１２３人（２００８年）から９９４６人（２００９年）へと半減しているが、これは、「定住者」のおよそ半数を占めるブラジルなどの南米からの新規入国者が１万１１４４人（２００８年）から１７９５人（２００９年）に激減しているためである。

出入国者数を比較すると、[21]「専門的・技術的労働者」全体では、２００７年から２００９年まで入超であるが、２００９年の超過数は前年の半数以下に減少している（図３）。また、「技術」については、２００７年と２００８年がそれぞれ８７１５人、６５１６人と入超であったのに対し、２００９年には１６３人の出超となっている。

身分等に基づく在留資格をみると、「定住者」は、２００７年、２００８年がそれぞれ2万１７１４人、１万２９８３人と入超であったのに対し、２００９年には１万１６５６人の出超となっている。とりわけ新規入国者数の減少が著しかった南米出身者は、１万９２８８人（２００９年）の出超となっている。

(2) 外国人登録の状況

外国人登録者数は、２００９年末に48年ぶりに前年を下

図 2　在留資格別新規入国者数の変化（2007年〜2009年）

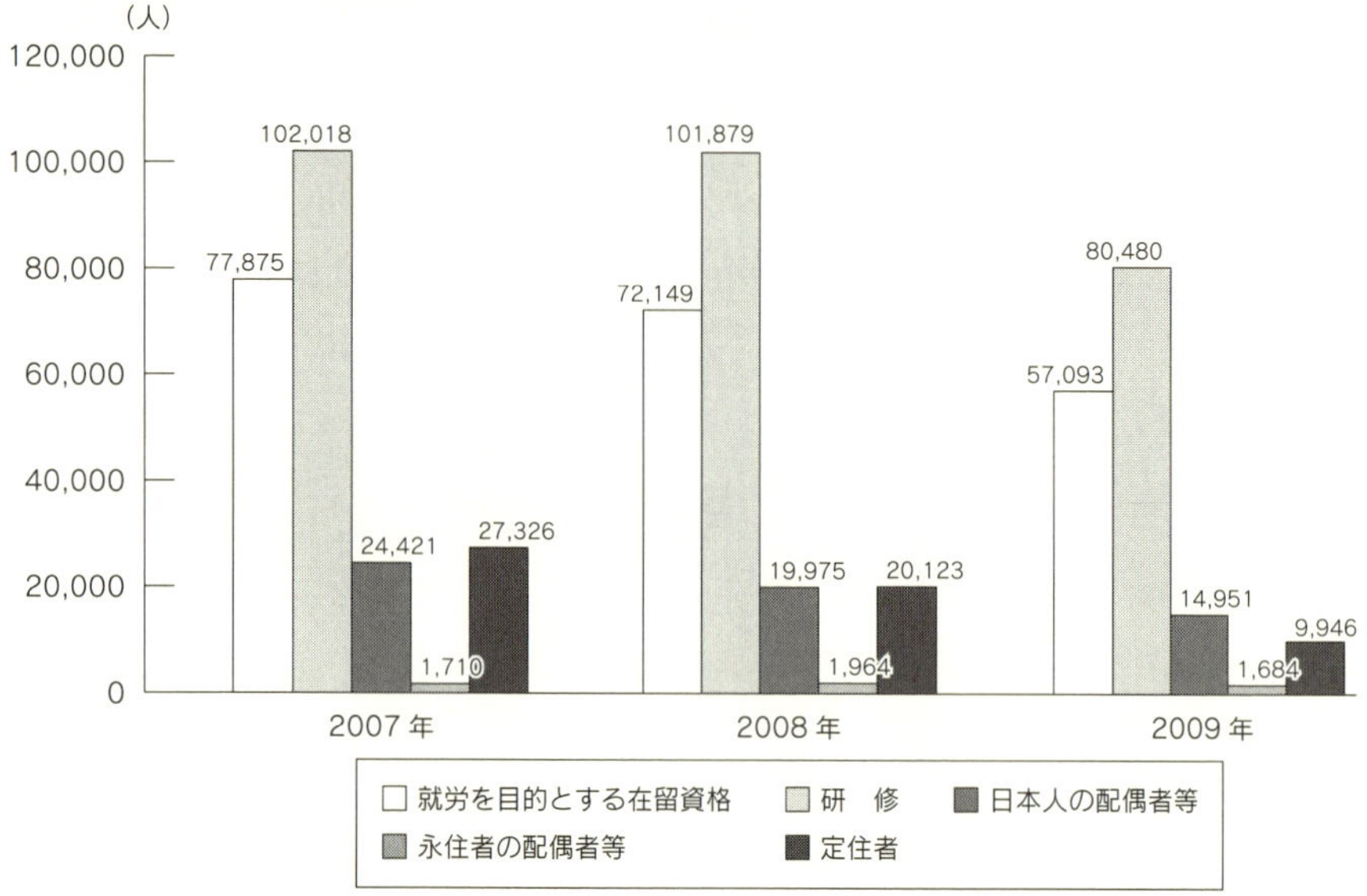

出所：法務省「出入国管理統計」（http://www.e-stat.go.jp/SG1/estat/GL02100103.do?kicd=00250）。

図 3　在留資格別出入国者の差の変化（2007年〜2009年）

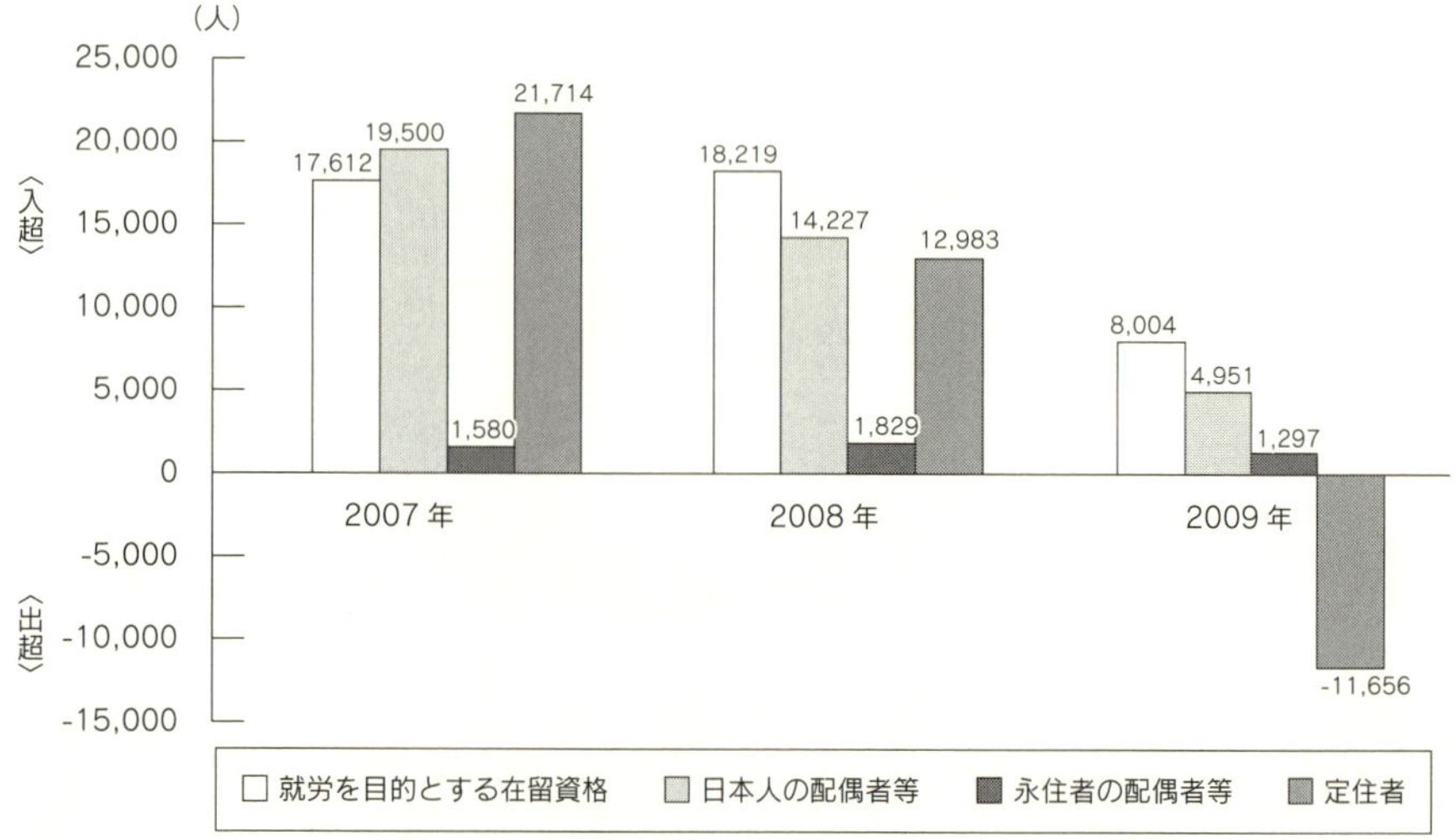

出所：法務省「出入国管理統計」（http://www.e-stat.go.jp/SG1/estat/GL02100103.do?kicd=00250）。

回り218万6121人となった。これについて、法務省入国管理局は「世界同時不況の影響で、自動車など製造業が盛んな地域で求職が減ったことが理由ではないか」と分析している。[22] 実際、製造業従事者が多いブラジル人の減少は4万5126人と外国人登録者数全体の減少数（マイナス3万1305人）を上回っている。これに対して、国籍別で最も多い中国人は、経済不況下においても前年より2万5141人増加している。

都道府県別では、東京都、愛知県、大阪府の上位3都府県は前年と同じであるが、前年からの変化をみると、愛知県での減少が最も多く（マイナス1万3616人）、次いで静岡県（マイナス9780人）となっており、いずれもブラジル人をはじめとする南米出身者が多数居住している地域である（図4）。

在留資格別でみると、「定住者」、「日本人の配偶者等」、「研修」が大きく減少している一方で、[23]「永住者」は4万1416人増加しており、外国人登録者数が減少したブラジル人でも「永住者」の数は増えている（図5）。ただし、2009年の永住許可者数が5万3820人であることを考え合わせると、実質的には「減少」したといえよう。[24] なお、「専門的・技術的労働者」はわずかではあるが増加している。

以上の出入国や外国人登録に関する統計からは、2008年秋以降の経済危機が、ブラジル人をはじめとする日系南米人や研修生に影響を与えていることが読み取れる。

加えて、技能実習生に関しても、受入れ企業の倒産や業務縮小による途中帰国や受入れ先の変更が、2008年10月から2010年1月まで、それぞれ4145人と3045人報告されている。[25]

さらに、留学生等（在留資格「留学」と「就学」）の日本企業等への就職状況をみると、2009年は前年より1456人、13・2％減の9584人である。[26] 就職支援として卒業（修了）後の就職活動のための滞在期間を延長したにもかかわらず、2002年以降堅調に増加していた就職件数が7年ぶりに減少するという結果になっている。雇用情勢の悪化による大学生の就職率低下が報道されているが、[27] 大学生一般と比較して、留学生等の就職件数の減少率の方が高くなっていることから、今回の経済危機が留学生の就職にも影響を与えていることがわかる。

(3) 外国人雇用状況報告

ところで、「専門的・技術的労働者」や「研修」などの活動に基づく在留資格をもつ外国人については、在留資格から日本での活動を特定することができる。例えば、「技

図 4　都道府県別国籍別外国人登録者の増減数（2008年末～2009年末）

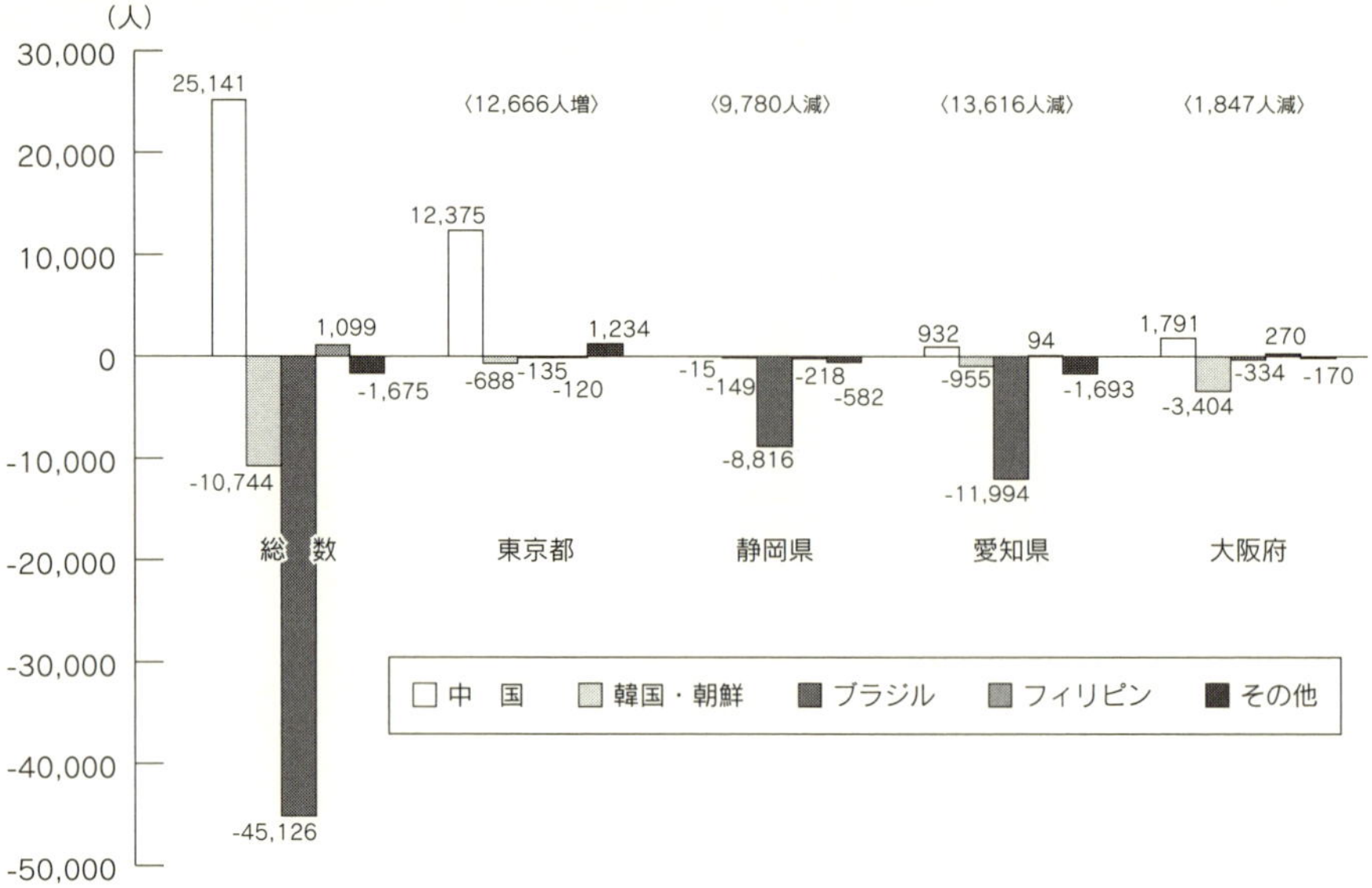

出所：法務省「登録外国人統計」（http://www.e-stat.go.jp/SG1/estat/GL02100103.do?kicd=00250）。

図 5　国籍別在留資格別外国人登録者の増減数（2008年末～2009年末）

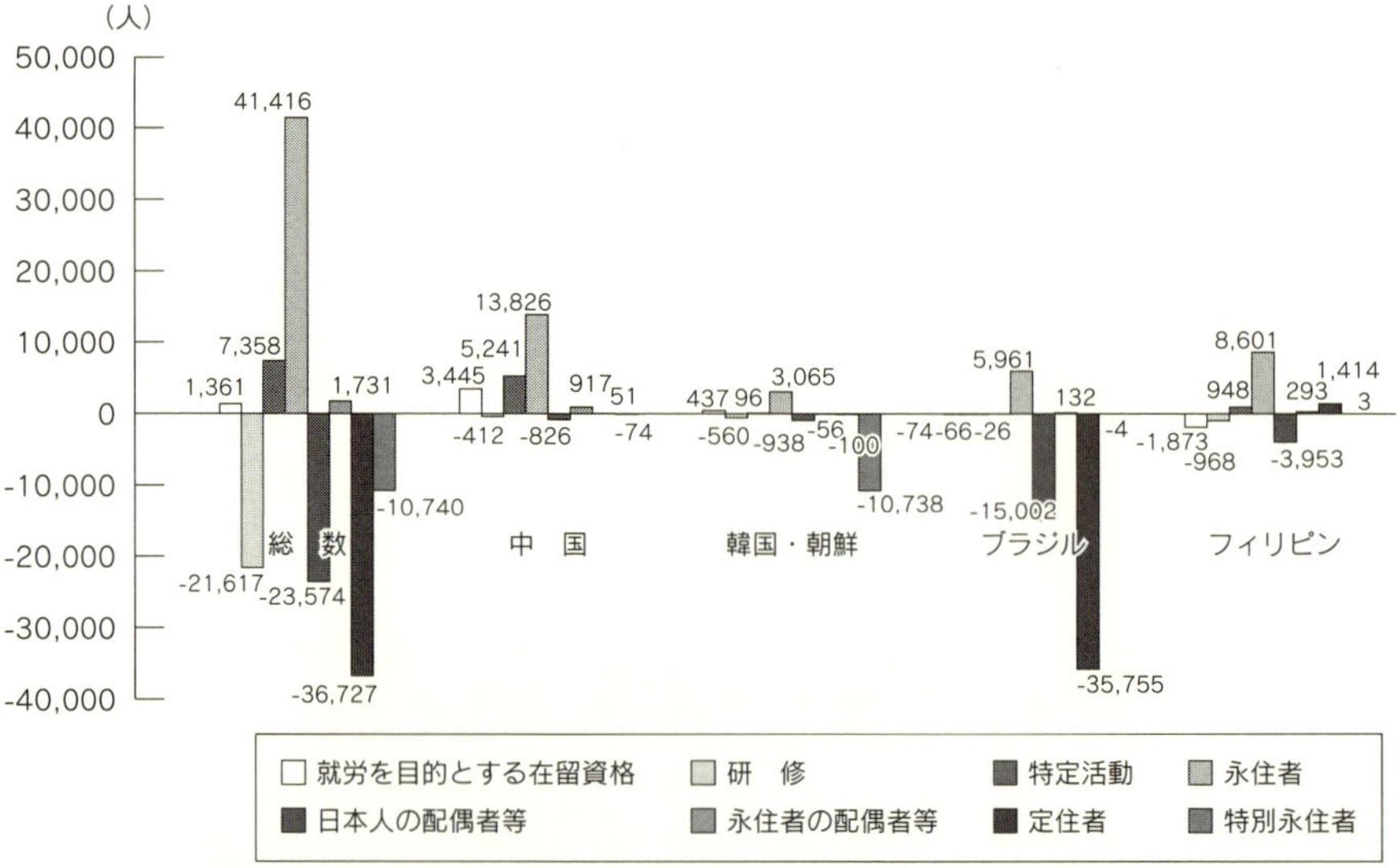

注：「特定活動」はワーキングホリデーを除く数値である。少数ではあるが大使館等で働く家事使用人が含まれるが、その大多数は技能実習生である。
出所：法務省「登録外国人統計」（http://www.e-stat.go.jp/SG1/estat/GL02100103.do?kicd=00250）。

術」の在留資格をもつ外国人は、「技術」に該当する職種に就いているのであり、彼／彼女が自己都合であれ会社都合であれ退職した場合は、在留資格に該当する職種に再就職しないかぎり、制度上、日本に合法的に居住し続けることができない。これに対して、身分等に基づく在留資格をもつ外国人に関しては、就業しているのか失業しているのか、どのような職種に就いているのかといった情報を、在留資格から推測することができない。そこで、外国人雇用状況報告を活用して、彼／彼女らの「労働者」としての状況を概観する。[28]

外国人雇用状況報告制度は、2007年の雇用対策法改定により、同年10月より新制度が導入され、[29] 2008年10月末現在と2009年10月末現在の数値が公表されている(以下、それぞれを「2008年」、「2009年」と表記する)。厚生労働省その他の省庁資料をみると、2008年10月時点では、日本の雇用状況はいまだ金融危機の影響をそれほど受けていないと推測されることから、[30] 経済危機前後の比較として、外国人雇用状況報告の2008年10月末と翌09年10月末の数値を用いる。

ところで、2008年の経済危機以降、非正規労働者の雇止めや派遣切りがメディア等でも取り上げられているが、労働力調査をみると、非正規労働者の9割近くを占めるのはパート・アルバイトなどの直接雇用の労働者であり、派遣等の間接雇用の労働者は、雇用者全体の5％強を占めるにすぎない。これに対して、外国人労働者の場合には、派遣・請負で働く者が33・6％(2008年)、28・9％(2009年)と高い比率を占めることから、日本人労働者以上に深刻な影響を受け、職を失った者が多数いるのではないかと推測される。

しかしながら、雇用状況報告の2008年と2009年の数値を比較する限り、経済危機の影響を読み取ることができない。失業の状況を把握しようとしても、旧制度で公表されていた入離職の状況が新制度では公表されていない。総数、産業別、企業規模別、国籍別でみると、いずれの数値も増加している。在留資格別分布も国籍別分布も大きな変化はない。集住地域と製造業集積地域や有効求人倍率の低下が著しい地域との一致、製造業就業者比率、厚生労働省による支援事業の実施対象などを勘案すれば、もっとも影響を受けたのはブラジル人ではないかと推測されるが、[31] 雇用状況報告では、9万9179人から10万4323人に増えている。都道府県別では、唯一岐阜県が1万2292人から1万226人へとわずかに人数を減らしているが、それ以外の都道府県では増加している。

このような外国人労働者の統計上の増加は、新制度における報告義務化が周知徹底された結果ではないかと推察される。したがって、外国人雇用状況報告を用いて、リーマンショック以降の外国人労働者の就労状況の変化を把握することは困難であるといわざるをえない。

3 聞取り調査にみる外国人「単純労働者」

(1) 聞取り調査の実施

前節でみたとおり、外国人関連の統計から就労状況を把握するには限界がある。そして、今回の経済危機後に実施された調査[32]のほとんどが日系南米人を対象としたものである。しかしながら、南米出身者以外にも日本には約66万6000人もの就労に制限のない外国人が生活し（2009年推計値、特別永住者を除く）、加えて、その数は減少しているとはいえ、いまだおよそ11万人の非正規滞在者が存在している。そこで、これら外国人が2008年秋の世界金融危機によっていかなる影響を受けているかを知るために、聞取り調査を行うことにした。

調査は、2010年8月、東京都、埼玉県、千葉県、神奈川県に在住する20人の外国人「単純労働者」[33]に対して実施した。調査対象者は、筆者がかかわっている労働組合やNPO／NGOからの紹介をもとに、機縁法によって協力者を求めた。なるべく多様な属性の外国人を対象とすることを心がけたが、代表性を十分に考慮して調査対象者を求めることが難しく、国籍、性別や年齢、最終学歴や滞日年数などの属性が、母集団の分布をどれほど反映しているかを検証することも困難である。また、実施期間と地域が限られているために、調査対象者数が十分ではないという限界もある。さらに、特定地域に集住し、その就労状況が比較的類似している日系人と比較すると、調査対象とする「単純労働者」の属性が極めて多様であり、限られた調査によって就労状況を包括的に把握することは容易ではない。これらの点については、それぞれの対象者に同国人や他の外国人の就労状況をたずねたり、エスニックコミュニティの集まりに参加してグループインタビューを行ったり、あるいは労働組合関係者に聞取りを行うことで、分析や考察の際の補完資料とした。

調査対象者の属性は表2のとおりである。なお、日本が「外国人労働者問題」に直面して20年余りが経ち、既に二世が労働市場に参入する時代になっているが、本調査では移住一世のみを対象とした。

表２　調査対象者の属性

	国籍	生年	来日年	最終学歴	在留資格	日本での家族	日本語能力
A氏	中国	1955年	1998年初来日	小学校卒業	定住者	同国人の妻と娘夫婦と同居	あいさつ程度の日本語
Bさん	中国	1965年	1998年初来日	小学校卒業	定住者	同国人の夫と娘夫婦と同居	簡単な日常会話レベル
C氏	中国	1980年	2005年初来日 →07年帰国 2008年再来日	小学校中退	定住者	同国人の妻と子ども１人（１歳）	ごく簡単な日常会話レベル
D氏	中国	1965年	1988年初来日	大学卒業	定住者	同国人の妻と子ども１人（12歳）	漢字の読み書きも可能
E氏	フィリピン	1965年	1986年初来日	専門学校卒業	定住者	同国人の妻と子ども１人（18歳）	読み書きは苦手だが、会話レベルはかなり高い
F氏	フィリピン	1955年	1987年初来日 →88年６月帰国 1988年11月再来日	大学卒業	定住者	同国人の妻と子ども２人（19歳と12歳）	日常会話レベル
G氏	パキスタン	1977年	1993年初来日	高校卒業	永住者の配偶者等	フィリピン人の妻	日常会話レベル、ひらがなが少しだけ読める
H氏	パキスタン	1961年	1986年初来日	大学中退	永住者	日本人の妻と子ども２人（20歳と18歳）	簡単な読み書きも可能
I氏	バングラデシュ	1969年	1996年初来日	大学卒業	永住者	日本人の妻と子ども１人（７歳）	日常会話レベル、簡単な漢字なら読める
J氏	バングラデシュ	1957年	1988年初来日	小学校卒業	なし	単身	日常会話レベル
K氏	バングラデシュ	1969年	1995年初来日	大学卒業	なし	単身	日常会話レベル
L氏	イラン	1963年	1991年初来日 →99年帰国 2003年再来日	大学中退	永住者	日本人の妻と子ども１人（２歳）	ひらがなやカタカナなら読める
M氏	イラン	1964年	1991年初来日 →94年帰国 2003年再来日	専門学校中退	日本人の配偶者等	日本人の妻（イランとのダブル）	簡単な日常会話レベル
N氏	ビルマ	1955年	1985年初来日 →86年帰国 1987年再来日	大学卒業	なし	単身	漢字の読み書きも可能
Oさん	ビルマ	1970年	1999年初来日	大学卒業	定住者	同国人の夫と子ども１人（９歳）	翻訳ができるほどの日本語レベル
P氏	ビルマ	1972年	1997年初来日	大学卒業	定住者	同国人の妻と子ども１人（４歳）	漢字も大体読める
Q氏	ビルマ	1961年	1990年初来日	大学卒業	定住者	同国人の妻と子ども１人（24歳）	日常会話レベル
Rさん	ビルマ	1963年	1991年初来日	高校中退	定住者	同国人の夫と子ども１人（24歳）	簡単な漢字なら読み書き可能
S氏	ビルマ	1977年	2002年初来日	大学中退	特定活動	単身	日常会話レベル
T氏	エチオピア	1961年	1983年初来日	高校卒業	日本人の配偶者等	日本人の妻と子ども３人（17歳の双子と７歳）	漢字の読み書きも可能

注：便宜上、男性を「～氏」、女性を「～さん」と表記する。

(2) 彼／彼女らの現在の仕事

調査対象者20人の現在の仕事の概況は表3のとおりである。

調査対象者20人のうち定職がないのは、2008年1月に働いていた居酒屋が火事になり職を失ったビルマ出身のOさんのみである。彼女の場合、飲食店[34]で働く夫の収入があり、不定期で翻訳のアルバイトをしたり、母国に帰る友だちの代わりや夫の働いている店が忙しい時などに、1週間から1、2カ月の短期で飲食店で働いているので、生活に困っているという状況ではない。「ハローワークに行っても日本人優先で、いくつ面接しても仕事が見つからない」と愚痴をこぼしていたが、小学校の子どもの子育てやビルマ民主化運動への参加など、自身のやるべきこと・やりたいことを優先し、勤務時間や時給などの条件を限定して仕事を探しているために、なかなか定職を見つけられないでいる。

　今、仕事を探すのは難しい。時給800円ぐらいならあるけど。お客さんがいないとランチがなくなったり、夜のシフトに入れなかったり、希望どおり働けないお店が多い。（Oさん）

他の19人には定職がある。F氏とI氏は、定職だけでは家族の生活に不安があるため、アルバイトもしているが、日々の生活に困窮しているほどではない。それぞれの対象者に同国人の状況をたずねたところ、仕事が見つからなくて困っている人がたくさんいると話す者もいたが[35]、失業率40%台という日系南米人を対象とした調査結果と比較すると[36]、失業率は低いと推測される。

業種は、食品関係の製造工場、プラスチック製造や金属プレスなどの工場、塗装や溶接などの建設関係の仕事、飲食店などで、いずれも日本人も一緒に働いている職場である。

賃金の支給形態は、建設関係では日給制が、それ以外の業種では時給制が一般的であるが、D氏、H氏、I氏のように一定の評価をえて時給制から月給制になった者や、P氏やT氏のように店長やマネージャーという職位で最初から月給制で採用されている者もいる。大学に入学するために来日したエチオピア出身のT氏は、新宿にある会員制のジャズバーでアルバイトをしたことがきっかけになって、店の客であった大手企業の社員の誘いで日本企業で働くことになった。半年ほど日本語学校に通ったが、大学には進学せず、パソコンが普及し始める1990年初めごろから、いくつかの企業でトナーの輸入販売の仕事に従事し、2006年にヘッドハンティングで現在の会社に入社している。

賃金水準をみると、最も賃金が低いのは、中国からの研修生・技能実習生やフィリピン人やインドネシア人、マレーシア人などと同じ工場で働くC氏であるが（時給850円）、ハローワークからの紹介であり、最低賃金を下回るような極端に安い賃金というわけではない。平均してみると、時給制の場合は900円から1000円で、一般的に、工場では残業・深夜割増があるが、飲食店では残業・深夜割増がない。日給制の場合は1万5000円前後であるが、建設関係の現場の仕事は雨が降ると作業ができないため、月によって収入が少なくなることもある。[37]

労働時間については1日8時間が基本となっているが、大手漬物工場で働くBさんと焼き肉チェーン店で働くP氏、しゃぶしゃぶのお店で働くQ氏は残業を前提として勤務のシフトが組まれている。また、A氏とBさんは入社以来ずっと夜勤のみである。大手製餡工場で働くC氏の場合は、2009年3月の入社当時は夜勤のみで、かつ忙しい時期であったために、深夜2時から翌日の夜9時ぐらいまで働いていた。その後、出産したばかりの妻の希望もあり、会社に頼んで日勤に替えてもらったが、何時に出社するかは前日に伝えられる（通常朝5時か6時に出社）。

社会保険・厚生年金や有給休暇に関しては、法律で定められているにもかかわらず、「ない」という者が多い。社会保険等について、手取りが少なくなることを嫌って外国人自身が加入を望まないという指摘もあるが、これは「出稼ぎ」感覚の外国人の場合であろう。今後も日本で生活していきたいと考える者は、総じて、たとえ手取りが少なくなったとしても社会保険等に加入することを希望している。[38]しかしながら、「外国人だから入れないよ」、「うちはそういうのないから」と会社から言われた者もいて、社会保険等に加入させてもらえないことが不満だという声が聞かれた。

このほか、「夜勤ばかりで仕事がきつい」、「賃金がよくない」、「いい会社じゃない（＝社長や同僚が優しい人ではない）」という不満を口にする者もいた。

その一方で、1995年から同じ塗装会社で働いているE氏、1986年の来日以来ずっとマネキン製造工場に勤務しているH氏、2009年夏ごろからタバコの卸会社に勤めているRさんは、現在の仕事にとても満足しており、ずっと働き続けたいと語っている。

社長は本当にいい人。自分のことを信頼してくれている。ここの会社は本当にいい。差別もないし、日本人も優しい。辞めたいと考えたことはない。ずっと働きたい。雨などで2、3人しか人がいらない時には、社長はいつも自分に仕事を回してくれる。（E氏）

表3　現在の仕事の概況

労働条件		
	労働時間等	その他
	PM8:00～AM5:00 - 7:00（うち休憩1時間）の夜勤のみ、日月休み	社会保険等あり、残業・深夜割増あり、有給なし
	PM9:00～AM8:00（うち休憩1時間）の夜勤のみ、原則火休み	社会保険等なし、残業・深夜割増あり、有給なし
	通常、AM5:00-6:00～PM6:00-7:00（うち休憩1時間）、原則土日休み	社会保険等なし、残業・深夜割増あり、有給なし
	AM10:00～PM9:00（うち1～2時間休憩）、水休み	社会保険等あり、有給あり、ボーナスあり
	AM8:00～PM5:00（現場での作業時間）、月平均25日稼働	社会保険等なし（一人親方扱い）、有給なし、ボーナスあり
	AM8:00～PM5:00（現場での作業時間）、平日でも仕事がない時あり	社会保険等なし、有給なし、ボーナスなし
		請負なので、個人事業主（一人親方扱い）
	AM8:30～PM5:30（うち休憩1時間）、土日休み	社会保険等あり、有給あり、残業割増あり、ボーナスあり
	マイペースで仕事ができるので、特に勤務時間は決まっていない	社会保険等あり、残業割増あり、有給あり、ボーナスあり
	現場によって勤務時間は異なる	
	AM5:00～PM5:00（PM8:00、9:00になることも）、日休み	社会保険等なし、残業割増あり、有給なし
	AM8:30～PM5:30（うち休憩1時間）、日休み	社会保険等なし、残業割増あり、有給なし、ボーナスあり
	現場での作業時間のみが勤務時間、原則日休み	社会保険等なし、残業割増あり、有給なし、ボーナスなし
	AM10:00～PM3:00、PM5:00～11:00、夜は日祝休み、ランチは土日祝休み	社会保険等なし、残業・深夜割増なし
	月～金はAM11:00～PM11:00-11:30、土はPM7:00～AM5:30（いずれも、うち2時間休憩）、日休み	社会保険等なし（希望すれば加入可能）、有給あり、ボーナスあり
	AM10:30～PM11:00 - 11:30（うち2時間休憩）、日祝休み、土曜日はランチなし	社会保険等なし、残業・深夜割増なし、有給なし、ボーナスなし
	AM8:00～PM5:00（うち1時間休憩）、土日休み	社会保険等あり、残業・深夜割増あり、有給あり、ボーナスなし
	AM10:00～PM2:00、PM5:00～11:00、夜は日休み、ランチは土日休み	社会保険等なし、残業・深夜割増なし、有給なし
	在宅勤務中心で、必要がある時のみ出勤	社会保険等あり、有給あり、ボーナスあり

	現在の仕事		
		賃金	
A氏	同国人からもらった電話番号を頼りに、2007年末から埼玉県入間郡にある大手パン製造工場に勤務	時給970円で月20万円程度	
Bさん	人材派遣会社グッドウィルを通じて、2007年から埼玉県所沢市にある大手漬物工場に勤務（二重派遣）、グッドウィル倒産後、まじめに働いていたことが評価され直接雇用のアルバイトに	時給900円で月25万円程度	
C氏	ハローワークを通じて、2009年３月から埼玉県東村山市にある大手製餡工場に勤務	時給850円で残業によって月15～25万円	
D氏	日本語学校の友人の紹介で、1988年から東京渋谷の中華料理店で料理の仕事、現在は正社員（チーフ）	月給25万円	
E氏	以前勤めていた会社の日本人同僚から誘われ、1995年から千葉県千葉市の塗装会社に勤務。	日給１万7,000円で月35万円程度	
F氏	以前から知っている社長に誘われて、2005年から千葉県市原市の塗装会社に勤務	日給１万5,000円	
G氏	知り合いの日本人に頼み、2009年８月からその人の会社（建設関係、事務所は埼玉県草加市）から主に溶接の仕事を請け負う	出来高制で月平均30～50万円程度	
H氏	日本人ブローカーからの紹介で、来日（1986年）以来ずっと東京都葛飾区のマネキン製造工場に勤務、現在は正社員	月給27万円で残業手当あり	
I氏	募集のチラシを見て、2002年３月から埼玉県川口市の特殊プラスチック製造工場に勤務	月給23万円で残業手当あり	
J氏	同国人の紹介で、2008年ごろから現場の仕事、事務所は神奈川県	日給１万3,000円で月35万円程度	
K氏	同国人の紹介で、2002年から、神奈川県横浜でもやしづくり（ハウス栽培）の仕事	時給950円	
L氏	初来日の時に帰国する同国人の紹介で勤めていた（1996～99年）埼玉県川口市の金属プレス工場に、2003年から勤務	時給1,000円	
M氏	ハローワークを通じて、2005年７月から東京八王子にある会社に勤務、印刷機にインクを供給したり、配管工事の仕事	時給1,000円	
N氏	同国人の紹介で、2009年から夜は東京三田の居酒屋でホールの仕事。ランチは東京新橋のとんかつ屋で厨房の仕事	夜は時給1,000円、昼は時給900円、両方合わせて月20万円程度	
Oさん	翻訳の仕事をしながら、母国に帰る友だちの代わりや夫の働いている店が忙しい時などに短期で飲食店で働く	飲食店の仕事は、時給900～1,000円	
P氏	一緒に働いていたラーメンチェーン店の専務に誘われ、2006年７月から東京豊洲にある焼き肉チェーンに勤務、現在は正社員（店長）	月給35万円で残業手当あり	
Q氏	かつて働いていた飲食店の日本人同僚の誘いで、2006年12月から秋葉原の居酒屋に勤務、2010年２月より同じグループの四谷店（しゃぶしゃぶ）に異動、厨房担当	ランチは時給1,000円、夜は時給1,100円で月25万円程度	
Rさん	フィリピン人の友人に頼んで、2009年夏ごろから、彼女が働いているタバコの卸会社（東京八王子）に勤務、タバコの配送助手	時給1,000円で月15～16万円程度	
S氏	以前働いていた居酒屋の紹介で（新しい店をオープンするため）、2004年から夜は東京渋谷の居酒屋で勤務。ランチは同国人の紹介で、2005年から東京虎ノ門のイタリア料理店で勤務	夜は時給1,150円、ランチは時給1,000円で月25万円程度	
T氏	ヘッドハンティングで、2006年１月から中古パソコンの国内販売と海外輸出やトナーの輸入販売をしている会社（千葉県浦安）にマネージャー（正社員）として勤務	月給35万円程度	

バブルの時は仕事がたくさんあって、一緒に働いていたパキスタン人の多くがもっと給料のいい仕事に移って行った。時給1500円だとか、現場の仕事は日当1万円以上だとか友だちに誘われたけど、自分は移動するタイプの人間ではない。じっくり同じ仕事を続けた方が成功すると思っているから、ずっとこの会社に勤め続けたい。（H氏）

ずっと飲食店や居酒屋ばかりだったので、別の仕事も経験してみたかった。年齢も高くなったし。工場で仕事がしてみたかった。工場は定期的に仕事があるからいい。〈中略〉この会社に入ってはじめて有給をもらった。アルバイトでも有給がもらえること知らなかった。社会保険もあり、恵まれているから、仕事を変わりたいとは思っていない。（Rさん）

(3) 経済情勢や雇用環境の変化と彼／彼女らの就労状況

前項でみたように、現在の仕事に不満をもっている者も少なくないが、「社会保険とかに入れてもらいたいけど、クビになるのが怖くて言えない。仕事を見つけるのがとても大変だったから」（C氏）、「だんだんと仕事がなくなっているから、他の仕事を見つけるのは難しい」（M氏）と考え、現在の仕事を継続しているようだ。調査対象者のなかには今回の経済危機で職を失った者はいないが、いずれの調査対象者も日本の景気低迷や雇用環境の悪化を実感している。とりわけ、1990年代の日本を経験した者は、当時に比べて仕事の量がかなり減っていることを口々に語り、今はもう簡単に次の仕事が見つからないと訴えている。

昔は辞めても友だちに電話すればすぐに仕事が見つかる感じだった。今は仕事は一人前になっているけど、仕事を辞めると見つける自信がない。（1986年来日のE氏）

昔は本当に仕事が多かったので、気に入らなければすぐに次の仕事を見つけることができた。（1988年再来日のF氏）

昔は日本語ができなくてもすぐに仕事が見つかった。（1993年来日のG氏）

昔は仕事がたくさんあった。仕事を辞めても、仕事がないって言うと、ほかの社長がすぐに「うちに来い」と

言ってくれて、仕事を探すのに苦労しなかった。(1988年来日のJ氏)

2度目に来た時には仕事がなかなか見つからなかった。昔はあちこち仕事があった。90年代に比べると仕事は半分ぐらいになっている。(1991年初来日、2003年再来日のL氏)

では、いつぐらいから仕事が減っているのだろうか。この点は、業種によって違いがみられる。今回調査の目的である2008年秋の金融危機の影響については、一般的には製造業の業績不振が伝えられているが、調査対象者では、飲食店で働いている者の多くが2009年あたりからお客が減り、店の売上げが落ちている、ランチがなくなった(夜の時間のみ営業)、アルバイトの数が減らされた、勤務時間や勤務日数が減らされたと語っている。

店の売上げが落ちてるみたいで、このところボーナスが少し減っている。自分のお店(中華料理店)をやりたいとずっと思っているけど、景気が悪いから怖くてできない。(D氏)

夜の仕事(居酒屋)は最近暇で、酒屋さんや魚屋さんに借金があってつぶれそうだ。でも、仕事を転々とするのは好きではないので、つぶれるまで仕事を変わるつもりはない。〈中略〉以前は忙しすぎて辞めることもあったけど、今は仕事はなかなか見つからないし、暇だと早く帰るよう言われてしまう。もう専務がクビになっちゃって、暇だから休んで旅行にでも行ってきていいよと言われて、今年は1週間ほど夏休みをとった。(N氏)

このところ、普段は暇であまりお客さんが来ない。社長は儲けを出すためにスタッフの人数を減らしている。厨房一人(自分)とホール一人だけでやっている。なので、たまに忙しい時はお昼の休憩時間に仕込みをしている。時給はつかないけど。夜が忙しい時は、妻に手伝いに来てもらっている。1000円から1100円に時給がアップしたけど、お店が儲からないから、ランチの時間は1000円に戻された。(Q氏)

今、ビルマの友だちもあまり仕事がない。贅沢を言わなければあるかもしれないけど、お店(飲食店)はどこも景気が悪い。(Rさん)

自分はなんとか仕事を見つけているけど、2009年ぐらいからかな、みんな（ビルマの友人たち）仕事がないと言っている。お店もつぶれている。自分のお店の売上げも減っていて半分くらいになっている。バイトの数も減っている。（S氏）

飲食店の不振は今回の経済危機の直接の影響というより、より安く提供する店が増えたり、長引く景気低迷や将来への不安などから消費者が外食を控えていることとの影響が大きいと推測される。飲食店で働いている者の多くが、いつクビになるか、店がつぶれるのではないかという不安を感じている。

建設関係の仕事の場合は、「ある時からいっぺんに下がったわけじゃなくて、だんだんと悪くなっている感じ」と1988年からずっと現場の仕事をしているJ氏が語っているように、金融危機以前から、仕事の量が減り、平日でも仕事が休みになったり、日当が下がったりしている。

少しずつ日当がアップしてたんだけど、2004年ごろ、請負単価が下がったとかで全員1000円下げられた。フィリピンの（現場仕事の）友だちも、仕事が少なくなったり、賃金が下げられちゃった人は多いよ。周りを見ると日本人だって仕事ないでしょ。〈中略〉（金融危機以降は）うちの会社はとても恵まれていて、仕事の量も変わっていないし、賃金も下げられていない。なぜだかわからないけど、たまたま商売がツイている。営業しなくても向こうから仕事が入ってくる。（E氏）

（金融危機の）もっと前から仕事の量が減っていて、平日でも休みが多くなっている。いいところに移りたいけど、今はどこも仕事がない。自分も年をとってきたし。（F氏）

今回調査対象者のうち唯一、PC関連製品の販売を行う会社に勤めるT氏は、「中古パソコンの海外輸出や（企業向け）トナーの輸入販売の仕事は、リーマンショック以降、注文量が減り、業績が悪くなっている。解雇ではないが、辞める従業員が増え、自分の給料の伸び（昇給）も減り、ボーナスも15%ぐらい減っている」と、経済危機の影響を語っている。

製造業については、扱っている製品によって差がみられる。海外移転が可能な製品を製造している工場で働いている者からは仕事が減っているという言葉が聞かれたが、一方で、パンや漬物といった食品工場に勤務しているA氏とBさんは「いつも忙しい」とこぼしていた。また、2009年には月100時間以上の残業をしていたというC氏は、

「今年になって急に残業が減った」と語っているが、彼の勤める製餡工場は上海、北京、天津など中国に5つの工場をもっているそうである。

1995年頃、H（大手自動車メーカー）からの部品の仕事がなくなって、マネキン製造のみになった。最近ではマネキンの仕事の受注も少なくなり、ボーナスが30％ほど減った。日本人がたくさんリストラされている。60人ぐらいいた従業員も今は18人で外国人は自分だけ。（マネキン製造工場で働くH氏）

日本は技術を海外に出してしまっている。それで工場も海外に行ってしまって、日本の仕事がなくなっている。社長が悪い。最初のプラスチック成型の会社は、1500の金型を作っていたのに、500、300と種類が少なくなっていった。〈中略〉1997年から働いた会社（大手光学レンズメーカーのレンズ工場）はとってもよかったけど、仕事がアジアに行ってしまって少なくなり、もしかしてちょっと危ないかもしれないから、別の仕事を探してください、と言われた。この時（2002年3月）バングラの人2人と日本人数人が辞めた。結局この会社はつぶれてしまった。〈中略〉今の会社は、4、5年前から取引きが減り、（給料が月25万円から）月23万円に減らされた。社長はちょっと苦しい感じ。残業はほとんどない。多かった時は外国人30～40人、日本人10人以上。今では自分とパート2人、あとは社長の家族みたいな人たちだけ。（現在は特殊プラスチック製造工場で働くK氏）

工場は24時間フル回転。いつもいつも忙しい。（大手パン製造工場で働くA氏）

毎日毎日残業ばっかり、ずっと仕事。夜の仕事はほんと大変。（大手漬物工場で働くBさん）

例外的に不況でも忙しいA氏とBさんであるが、「夜勤の仕事はきついから仕事を変わりたいけど、次の仕事を見つける自信がない。景気が悪くなっていることを知っているから、クビになることが怖くて、会社から言われたことに逆らえない」と語っており、不満があっても転職行動を控えざるをえないという点では、雇用情勢の影響を受けているといえよう。

一方、金融危機以降に仕事を探さなければならなかった者は、業種にかかわらず、仕事探しにかなり苦労したようである。

再来日が2008年末だったので、仕事が見つからず、妻（日本で育った中国人）と一緒に3カ月間、毎日ハローワークに通ってやっと今の仕事を見つけた。条件なんかにこだわってられなかった。（C氏）

1994年からずっと溶接の会社に勤めていたが、2006年に仕事を回してくれていた監督が死に、急に仕事がもらえなくなり、2009年1月ごろに会社がつぶれた。つぶれたのは景気の問題じゃないよ。その後、ハローワークに行ったり、友だちに頼んだり、自分で歩いて探しまわったりしたけど、半年ぐらい仕事が見つからなかった。（G氏）

4　経済危機下でみえてくる外国人「単純労働者」の就労状況

(1)　彼／彼女らが置かれている制約的状況

「外国人労働者問題」に直面した1980年代後半、日本政府は、いわゆる「単純労働者」の受入れは、受入れ国である日本にとっても、送出し国にとってもデメリットが大きいとしてその受入れを見送った。その際、労働市場に生じるデメリットとして挙げられた主な項目は、①労働市場の二層化、②日本人労働者の労働条件の悪化、③景気後退期の失業問題であった。[39]つまり、「単純労働者」は日本人が忌避する仕事を、日本人より低い労働条件で引き受け、景気後退期には真っ先に解雇され職を失うというのである。

限定された労働市場

①については、多くの研究者が指摘しているように、「単純労働者」の受入れ如何を問わず、既に労働市場は学歴・性別・年齢などの属性によって分断している。したがって、外国人「単純労働者」の受入れによって労働市場が二層化するというのは正確ではない。今回の調査対象者はみな日本人と同じ職場で働いていることからもわかるとおり、「日本人」と「外国人」の労働市場が完全に分断されているわけではない。問題は、どのような労働市場に外国人「単純労働者」が参入しうるかということである。たとえ母国で大学を卒業している者であっても、彼／彼女らが大卒者の労働市場で職を見つけることはほぼ不可能であろう。今回の調査対象者のうちH氏とP氏とT氏が正規雇用の職をえているが、一般的には正規雇用の労働市場に参入することは極めて困難である。[40]すなわち、彼／彼女らの大多数が、景気変動の影響を受けやすい不安定な労働市場

で職をえており、それゆえに、業種によっては経営環境の悪化や経済危機の影響を受け、前掲デメリットの③として指摘されているように、景気後退期には職を失うこともありうる。解雇だけでなく、相対的に、賃金カットや賃金未払いなどの問題が発生しやすいことも、外国人「単純労働者」が働く職場の特徴であるともいえよう。そしてその場合、日本人従業員よりも外国人の方がより被害をこうむりやすいことを、当事者や労働組合関係者は同様に指摘している。一緒に働く日本人従業員も、自分たちより外国人を先に解雇すべきだと当然のように思っていることも少なくない。H氏が20年以上勤務しているマネキン製造工場では最近受注が減っており、会社は従業員のリストラを進めているが、以下のようなエピソードを語ってくれた。

> 仕事が少なくなって、日本人がたくさんリストラされているけど、自分はリストラされていない。奥さんはとても心配しているけど。ある日本人が辞めさせられる時に、なぜ外国人の自分を辞めさせないのかと社長に怒った。(H氏)

では、なぜ彼／彼女らの労働市場が限定されているのであろうか。不十分な日本語能力、限定された求職方法、外国人差別という3点からその理由を考察してみたい。日本語については、仕事をしながら自然と覚えたり、日本語教室で学ぶなどして「話す」ことにある程度支障がなくなった者であっても、「読む」、「書く」までを習得することは非常に難しい。当然ながら、業務のなかで日本語での交渉や文章の作成が求められる職種への就職はほぼ不可能であろう。また、いわゆる現業職であっても、仕事の指示命令のための最低限のコミュニケーションは求められる。その結果、日本語がほとんどできない者が職を求める場合には、同国人がいる職場に限られてしまう。

調査対象者のこれまでの求職方法は、同国人からの紹介や、以前勤務していた職場の上司や同僚の誘いといったものが多い。すなわち、社会関係資本を活用した求職である。1980年代~1990年代には、飛込みで仕事を見つける者もいたが、絶対的な労働力需要が減少している近年ではそれも難しくなっている。最近では、ハローワークで仕事を見つけるという方法も口コミで広がっているようであるが、ハローワークに行った者はみな一様に、日本人優先で外国人では仕事が見つからない、という不満を口にした。毎日朝からハローワークに通っていたC氏に対して、ハローワークの職員は「外国人じゃあ無理ですよ」と言ったそうである[41]。

一方、労働力調査を用いて完全失業者の求職方法をみると、「学校・知人などに紹介依頼」はわずか7・2％で、「ハローワークに申込み」（41・5％）と「求人広告・求人情報誌」（30・9％）が上位を占めている。[42] 日本人と比較すると、外国人「単純労働者」は人的ネットワークを活用して就職することが多く、社会関係資本が豊かであると考えることもできる。だが、「外国人」ゆえにハローワークで仕事を見つけることが難しい、日本語能力ゆえに求人広告等で仕事を探すのが難しい、という実情を考えると、彼／彼女らの求職方法は限られているといえよう。その結果、外国人「単純労働者」は限定された労働市場のなかで仕事を見つけざるをえないのである。正規雇用の職をえている前述の3人も社会関係資本を活用した就職である。

そして、前述のハローワーク職員の言葉が端的に語っているように、外国人に対する就職差別が、日立就職差別事件の判決から30年以上を経た現在でも、いまだ少なからぬ日本人のなかに存在していることも否定しがたい事実である。公的機関の職員としては驚くべき発言であるが、日々求人求職の現場に接している職員からすると、「日本人優先」というのは正直な感想だったのだろう。現在の仕事に不満をもちながらも辞めずに続けているI氏は「今は仕事が見つからない。募集したら日本人がたくさん来るから、外国人いらない」と語っている。また、1988年からずっと同じ中華料理店で働いているD氏は、「いつも人足りない。日本人来ない。募集しても来ない。来てもその日で辞める人もいるし、あと1週間とか。社長ももうあきらめている。日本人の若い人はすぐ辞める。仕事が大変だから」と話す。

結局のところ、外国人「単純労働者」が手にする求人リストは、日本人労働者の求職者があまり見込めない、日本人労働者では長続きしないような仕事に偏りがちなのである。[43]

低い労働条件

本項の冒頭に挙げたデメリットの②「日本人労働者の労働条件の悪化」は、外国人「単純労働者」が日本人よりも低い労働条件で働くということを前提にしている。

労働基準法第3条には「使用者は、労働者の国籍、信条又は社会的身分を理由として、賃金、労働時間その他の労働条件について、差別的取扱をしてはならない」（傍線筆者加筆）という規定があるにもかかわらず、実態としては、賃金その他の労働条件において日本人同僚と差があると感じている外国人は少なくない。今回の聞取り調査においても、同じ仕事をしているのに賃金が安い、ボーナスがない

（少ない）、社会保険等に加入させてもらえない、夜勤やきつい仕事ばかりやらされる、といった不満の声が聞かれた。

もちろん一方で、「今は日本人と（賃金の）差はないと思う」（Ｄ氏）、「僕の方が仕事ができるから日本人よりもボーナスは多い」（Ｅ氏）という者もおり、実際、筆者が以前行った聞取り調査においても、国籍に関係なく同等の評価基準で賃金等を決めているという雇用主もいた[44]。

したがって、すべての外国人「単純労働者」が日本人よりも低い労働条件のもとで働いているわけではない。けれども、低い労働条件で働いている者が存在していることは確かであり、その意味では、彼／彼女らの受入れが日本人の労働条件を悪化させる可能性がありうるという指摘は間違っていないといえよう。

２００７年に実施された人権擁護に関する世論調査によれば、６割弱が「日本国籍をもたない人であっても、日本人と同じように人権は守るべきだ」と答えているにもかかわらず、外国人が不利益な扱いを受けることに対しては、半数以上の57・1％が「仕方がない、やむを得ない」と回答している[45]。前述の就職差別とともに、外国人に対する差別意識が彼／彼女らに対する雇用差別を生みだしていると推測される。

加えて、多くの外国人「単純労働者」は、日本の労働関連法についての知識が不足していたり、権利を主張する（声をあげる）ための日本語が不十分であるゆえに、あるいは「外国人だから仕方がない」と自らを納得させてしまっているために、こういった差別を改善できずにいる。

> 多分日本人よりも安いと思うよ。これまで自分は給料について文句を言ったことは一度もない。よその国に行って文句を言うのはよくないと思うから。（Ｈ氏）

取替え可能な労働者

このようにみていくと、２００８年秋以降の経済危機にもかかわらず、外国人「単純労働者」が職を失っていない理由の一つは、彼／彼女らが限定された労働市場に参入し、日本人よりも低い労働条件で働いているからではないかという仮説が成り立つ。もちろん、法律に反する就職差別や雇用差別は問題であり、ただちに是正されるべきであるが、見方を変えれば、差別的な状況を甘受しているがゆえに、景気停滞期においても働く場を確保し続けていられるのかもしれない。

２００３年に再来日したＭ氏は、妻の実家のある長野県で日系ブラジル人が経営する派遣会社を通じて電気機器の部品工場で働いていた。夜勤ばかりで体調を崩し、１０５

kgあった体重が85kgになってしまったために、2005年の春にしばらく休みをとった。その後ふたたび働こうとしたところ、工場が新たに中国人研修生を受け入れたために仕事がなくなってしまった。

自身も以前研修生・技能実習生であったC氏は、2008年末に再来日し、2009年3月から製餡工場に勤務している。同じ工場には同郷の研修生・技能実習生が21人働いているそうである。社会保険や有給休暇がないことに不満はあるけれども、研修生・技能実習生に比べれば賃金は高いし、今年になって仕事が少し暇になっていることから、「会社に文句は言えない」と話している。

20年前の来日当初に知り合った日本人が経営する飲食店で2004年から働いているビルマ出身のUさんは、[46]「お店では私がいちばん年上。時給も高いから、いつクビになるかとても心配。新しく入ってくる中国の留学生は20歳ぐらい。みな若い。半年ぐらいで日本語も覚えるし、彼女たちは漢字もできる。でも、時給は800円、900円」と語っている。飲食店のアルバイトは全員外国人で、社長が独立して居酒屋を始めた時から働いている彼女の時給は、アルバイトのなかでいちばん高いそうだ。最近、お客さんが少なく売上げが落ち、[47]アルバイトの数が減らされているので、時給が高い自分がクビにされるのではないかと心配していた。来日以来ずっと飲食店のホールの仕事をしている彼女は、「ホールのことなら何でもわかる」し、「(社長とは)昔からのつきあいだから、何とか働けている」と話す。

外国人「単純労働者」は、たとえ日本人労働者との競合が少ない労働市場で仕事をえたとしても、「安い労働力」というだけの存在であれば、より低い労働条件で働く他の外国人に取り替えられてしまうかもしれない労働者なのである。

(2) 彼／彼女らがもつ可能性

勤勉さに対する評価や信頼

人材派遣会社グッドウィルを通して大手漬物工場に派遣されていたBさんは、グッドウィル倒産後、真面目に働いていたことが評価され直接雇用のアルバイトとして現在も同じ工場で働いている。「キムチを漬ける仕事はすごく寒い。氷水のなかに手を入れなければならないので腕の感覚がマヒしてしまう。長靴をはいて作業をしていても、床に水が流れていて足腰が冷える」と愚痴を言う一方で、「今の仕事はきついけど、仕事に慣れ、信頼されていろいろと任されているのでストレスはたまらない」と話す。

日本人従業員がリストラされるなかでも雇用され続けているという前出のH氏の場合、外国人であるH氏ではなく日本人であるＨ氏がリストラされることに怒った従業員に対して、社長が「彼（Ｈ氏）はオールマイティだから」と言ったそうである。Ｈ氏は、どんな仕事でも嫌がらず引き受け、社内のすべての作業工程を習得している自分を、社長が高く評価していることを嬉しそうに話してくれた。

自分はこれまでどんな仕事でも嫌と言ったことはない。機械の掃除もする。部品を分解して、すごく丁寧にきれいにするので、今では年末の大掃除は私の仕事になっちゃった。家ではあまり掃除しないけど。（Ｈ氏）

２００８年秋以降の経済危機にもかかわらず、少なくとも今回の調査対象者が仕事を続けられている理由は、低い労働条件だけではなく、日本人以上に勤勉に働く態度に対する評価や信頼があるのではないだろうか。１９８８年からずっと建設関係の現場の仕事をしているＪ氏は「外国人は真面目だから社長は外国人の方が喜ぶ」と話してくれた。賃金など日本人より悪い待遇に不満をもっている者であっても、ほとんどの外国人は、国境を越えて働く「外国人」ゆえに、本国人（日本人）よりも努力するのは当然のことだと考えている。それゆえ、日本人以上に一生懸命働き、結果として、単なる「安い労働力」や「都合のいい労働力」以上の評価や信頼を獲得している者もいる。

今では正社員として焼き肉チェーン店の店長を務めるＰ氏は、「努力すると変わる。ちゃんとした会社だったら、ちゃんと働くとみてくれる」と自信をもって語ってくれた。彼はもはや単なる「安い労働者」ではない。

ただし、残念ながら、職場によっては、いくら努力しても、いくら真面目に働いても正当に評価されない場合もある。Ｐ氏は、焼き肉チェーン店で働く前、１９９８年から２００６年までラーメンチェーン店で働いていたが、「Ｓラーメンの時はいくらがんばっても変わらなかった。差別があった」と話す。また、評価や信頼が労働条件に反映されない職場もある。今では新しくはいってくる日本人アルバイトに仕事を教えるまでになっている前出のＢさんであるが、夜9時から翌朝8時までの夜勤のみで「外国人だから正社員にはなれないし、保険にも入れない」と言われ、いまだ時給９００円のアルバイトである。

長期就労のなかで技能や知識の習得

既に述べたとおり、彼／彼女らが働く職場のなかには、日本人では長続きしない職場も多い。仕事がきつい、賃金などの処遇が悪い、社長や同僚が気に入らない、といった理由ですぐに辞める日本人がいる一方で、彼／彼女らの多くは多少の不満があっても比較的長く勤務している。その結果、仕事の手順を覚え、特定の技能や知識を蓄積している者もいる。[48]とりわけ、オートメーション化が難しく「感覚」や「経験」に頼らざるをえない製造工程や現場で働く者のなかには、高い技能や知識を習得し、職場での地位を安定化させている者もいる。彼らは、[49]たとえ政策上「単純労働者」に分類されるとしても、もはや「取替え可能な労働者」ではない。

1994年から越谷市にある溶接の会社に勤めていたG氏は、その技術と仕事の早さを見込まれ、2001年には工場長に、2005年には社長にまでなった（前社長は会長に）。仕事を回してくれていた監督が亡くなったために急に仕事が減り、2009年1月に会社はつぶれてしまったが、現在は、身につけた技能を活かして、知り合いの日本人から溶接の仕事を請け負っている。

パソコンが普及し始める1990年代初めごろからいくつかの会社でプリンタトナーの輸入販売の仕事に従事してきたT氏は、2006年1月、ヘッドハンティングで現在の会社に移り、マネージャーを務めている。そのかたわら、長く関心をもっていた活動を行うために、2010年にNPO法人を設立した。会社の業績が悪くなっている状況のなかで、T氏は仕事とNPO活動を両立できるよう会社と交渉し、在宅中心の勤務形態への変更を認められた。プリンタトナーの輸入販売のノウハウを習得している彼は、会社にとって代替不可能な労働者なのである。

もちろん、技術の進歩や産業構造の変化、海外移転やモジュール化の進展などによって、将来、習得した技能や知識が必要とされなくなることがあるかもしれない。[50]また、オートメーション化が進んだ比較的大きな職場でのライン作業や、飲食店のホールなど、いくら長期間働いたとしても技能や知識の習得が見込めない仕事もある。あるいは、典型的な日系南米人の就労としてしばしば取り上げられているような、派遣や業務請負といった雇用形態で、変動する労働需給に応じて異なる生産工程のライン作業に配置される労働者は、特段の技能や知識を必要としない業務を担当することが多い。[51]さらに、女性の場合は、職場における日本的な性別役割分担のなかで補助的な仕事に従事することが多く、かつ、妻として母親としての役割ゆえにキャリアが中断してしまうことが少なくない。そのため、日本人労働者の場合と同様に、外国人女性は、男性に比べて仕事上の技能や知識を蓄積することが難しい。

したがって、必ずしもすべての者に当てはまるわけではないが、「単純労働者」に分類される外国人労働者であっても、長期就労を通じて技能や知識を習得しうる可能性があるということはできるであろう。

労働市場から退出する自由

ところで、国籍国の庇護を受けることができない難民や、国籍をもたない者を例外とすれば、外国人には帰るべき母国がある。

政府による日系人離職者に対する帰国支援事業は、「一定期間、同様の身分に基づく在留資格による再入国を認めない」という条件ゆえに、「支援ではなく切捨てだ」と多くの非難を受けた。筆者もそのような非難を支持する立場であるが、政府によるこのような「切捨て」が可能であったのは、少なくとも第一世代の外国人には、自身が生まれ育った母国があり、帰るという選択肢もありうるということである。すなわち、経済危機や社会情勢の悪化により職を失った場合、あるいは満足する仕事が見つけられない場合、彼／彼女らは「ここ（日本）」を離れることができる。実際には、さまざまな理由で容易に母国へ帰ることができないと語る外国人も多いが、日本人労働者と比較すれば、日本の労働市場から「退出」するという選択肢はより現実的である。

あいさつ程度の日本語しかできず、パン製造工場で夜勤の仕事をしているA氏は、「子どもたちがここ（日本）にいるから、つらいけどがんばる。でも、時々、中国に帰って畑の仕事に戻りたいと思う」と静かに話してくれた。

1988年から20年以上にわたり非正規滞在者として働くJ氏は、「もう母国には帰れない、なんとしても日本に住み続けたい」と数年前までは考えていたそうだが、現在の職場に不満があるようで、「今の会社はあまりよくない。若い奴の言葉が悪いし、社長もよくない。お母さんが病気なので、今年中にチャレンジ（出頭）してダメだったら帰国する」と語っている。

彼／彼女らの退出先は母国ばかりではない。国境を越えて働く者は、家族や親族のなかに同様に母国を離れて就労・生活する者がいることも多く、総じて、よりよい条件が見込まれるのであれば、新たな国で仕事を求めることに前向きである。

> 今の会社の仕事がなくなったら（クビになったら）、日本に住み続けるかどうかわからない。（アメリカの大学に通う）長男からアメリカに来るよう言われている。お父さんもお母さんも英語ができるからこっちならたくさん仕事が見つかるって。お姉さんからはドバイに来なさいと誘われている。（母国である）パキスタンは政情が不安定なので、生活するのは難しい。（H氏）

ビルマに帰りたいとは思わないけど、昔から英語が得意だったので、アメリカでお店を開くことが夢。ラーメン屋さん。子どもがここ（日本）がいいって言ったらわからないけど。日本は高いから、お店やるのは無理。（P氏）

多くの日本人労働者が、非正規雇用の拡大、失業率の上昇、低い有効求人倍率といった雇用情勢のなかでもここ日本で仕事を求めざるをえない一方で、労働市場から退出する自由をもっている点は、「単純労働者」に限らず、外国人労働者の強みであるともいえよう。本節第1項で論じたとおり、外国人「単純労働者」が日本で参入できる労働市場は限定されているが、彼／彼女らには、日本以外の労働市場で仕事を見つけるという可能性もありうるのだ。

むすびにかえて

89年改定入管法の施行以降、日系南米人は日本の「外国人労働者問題」の中心に据えられ、現在でも、多くの調査研究が行われている。その一方で、日系南米人と同様に就労に制限のない在留資格をもつその他の外国人や、在留資格をもたない外国人を対象とした調査研究は極めて少ない。本章では、2008年秋以降の経済危機を切り口に、これまであまり調査研究が行われていない日系南米人や研修生・技能実習生以外の外国人「単純労働者」に着目し、聞取り調査によって、その就労状況を把握することを試みた。

日系南米人と比べれば、職を失っている者は少なかったが、「外国人労働者」として公式に受け入れられているのではない「単純労働者」は、一般的にイメージされているように、さまざまな制約的状況に置かれている。だが一方で、彼／彼女らのなかには、単なる「3K労働者」や「安価な労働者」、「取替え可能な労働者」とはいえない労働者も存在している。つまり、勤勉さや習得した技能・知識によって職場における地位を安定化させ、労働条件を改善する可能性を「単純労働者」はもっているのである。

急速な雇用環境の悪化のなかで、外国人労働者受入れ議論は後退してしまっているが、人口構造の変化や人口（労働力）の地域偏在を勘案すれば、日本にとって、新たな外国人労働者や外国人住民（移民）の受入れは避けては通れない課題であろう。

後向きに論じられることが多いいわゆる「単純労働者」――すなわち、入管法上の「専門的・技術的労働者」以外の外国人労働者――の受入れを建設的に議論するためにも、既に日本で働いている外国人「単純労働者」に目を向け、彼／彼女らのもつ可能性を明らかにすることは有意義である。そして、この点を考察するためには、就労期間や技能・知識の習得、日本語能力や失業率なども含めて、日系南米人や研修生・技能実習生のみでなく、それ以外のさまざまな「単純労働者」の就労状況を分析し、比較することが重要である。さらに、今回調査は移住第一世代に対象を限定したが、今後は、第二世代以降の就労状況を調査し、労働市場に参入する前過程である教育も含めて検討する必要があるだろう。

さらに調査を進めることによって、いわゆる外国人「単純労働者」が置かれている制約的状況をできる限り取り除き、その可能性を活かすためにはどのような受入れ制度や環境を構築すればよいかを思索していきたい。

注

1　2005年の国勢調査によれば、ブラジル人の63・9％が製造業に従事しており、日本人の17・1％に比べて極めて高くなっている。

2　本論文では、就労を目的とする14の在留資格に該当する職種以外の職種を「単純労働」、その従事者を「単純労働者」と表記する。筆者は、この言葉を使用して外国人労働者の受入れを論ずることに批判的な立場であるが、一般的なイメージとその実態との乖離を剔出し、日本の外国人労働者受入れ政策の問題点を明らかにするために、あえて括弧つきで使用する。なお、日系南米人のなかには「専門的・技術的労働者」に分類される職種に就いている労働者もいる。

3　鈴木（2010a）p.77.

4　法務省入国管理局 1987, pp.157-160.

5　鈴木（2009）pp.167-169.

6　1980年代後半の外国人労働者受入れに関する省庁や労使団体の提言については、鈴木（2001）を参照されたい。

7　鈴木（2009）pp.88-91.

8　1980年代後半以降、「単純労働者」という言葉がいかに恣意的に用いられてきたかについては、鈴木（2001）及び同（2009）を参照されたい。

9　留学生10万人計画が策定された1983年に、留学生のアルバイトに対する優遇措置として資格外活動許可手続きの簡素化が図られた。留学生の増加にともなって資格外活動者も増加しているが、留学生のみでなく、家族滞在者にも一定範囲内の資格外活動が認められている。

10　法務省入国管理局（1987）pp.83-84.

11　滞日年数が、原則20年以上から10年以上に短縮された。なお、日本人の配偶者等や定住者、特定分野において日本に貢献のある外国人に対しては、滞在期間要件の優遇措置が導入されている。

12　改定前も、日系二世は在留資格「4-1-16-1（現・日本人の配偶者等）」で制限なく働くことができたが、定住者告示を契機に、経済的政治的混乱にあったブラジルやペルーなどから多数の日系南米人が来日することとなった。

13　2009年度実績で、JITCO支援の外国人研修生の91・4％、技能実習移行対象申請者の96・3％が団体監理型である（国際研修協力機構 2010, p.101, p.126）。

14　さらに、2008年6月、当時与党であった自民党の総裁直属機関「日本型移民国家へのプロジェクトチーム」から、移民受入れを求める『人材開国！日本型移民政策の提言』が提出された。当該提言は、人口減少に直面している日本が必要としている「外国人」は「労働者」だけではないという認識のもと、「移民」の定義を拡大し（「通常の居住地以外の国に移動し、少なくとも12ヶ月間当該国に居住する人」）、「移民」という言葉を用いて議論を進めている。なお、これら提言についての詳細は、鈴木 2008を参照されたい。

15 労働省職業安定局（1991）p.25.

16 鈴木（2007）p.22.

17 近年の外国人労働者受入れ議論と世界金融危機の影響については、鈴木（2010b）を参照されたい。

18 前述のとおり、２００９年の入管法改定により、研修・技能実習制度が見直された。旧制度において、研修生は「労働者」とみなされていなかったが、新制度において研修生の実務研修が「技能実習」として扱われるようになったことからもわかるように、実態としては、「労働者」として働く者が多かった。

19 技能実習生が大多数を占めるが、ほかに、ワーキングホリデーや大使館等の家事使用人が該当する。

20 永住を前提に外国人を受け入れていない日本では、新規入国の「永住者」は存在しない。また、新規入国の「特別永住者」も存在しないため、出入国に関する分析では両者を除いた。

21 出国者数は再入国許可を受けた出国者数を除いた数値を、入国者数は新規入国者数の数値を用いた。ただし、再入国許可を受けた出国者のなかには、再入国許可期間内に日本に戻らない者もいる。なお、入国時と出国時の在留資格は同じであるとは限らないため、数値を読む場合には注意が必要である。例えば、「技術」は「留学」からの資格変更が、「定住者」は、難民認定や、非正規滞在者の在留特別許可等により新たに付与される場合もある。また、「研修」の多くは技能実習に移行して在留資格を変更するため出入国の比較は行っていない。

22 共同通信２０１０年７月６日配信ニュース。

23 経済危機下における研修生数の詳細については、本書Column1を参照されたい。

24 逆に、「定住者」や「日本人の配偶者等」の減少のなかには、「永住者」への在留資格変更が含まれていると考えられる。なお、２００９年の永住許可者を国籍別でみると、中国人が1万６９５７人と最も多く、次いでブラジル人（1万１４３０人）となっている。

25 移住労働者と連帯する全国ネットワークの省庁交渉において厚生労働省から提出された資料。

26 法務省入国管理局「平成21年における留学生等の日本企業等への就職状況について」２０１０年７月。

27 ２００８年度と２００９年度卒業生の就職率はそれぞれ95・７％と91・８％で、前年比マイナス１・２％とマイナス３・９％である（厚生労働省「平成21年度大学等卒業者の就職状況調査（平成22年４月１日現在）について」２０１０年５月）。

28 ただし、「雇用」であるため、エスニック・ビジネスなどの経営者は報告に含まれていない。

29 旧制度は職業安定法施行規則第34条に基づき１９９３年から実施されていた。主な制度改定点は、①特別永住者を除くすべての外国人労働者を雇用する事業所に対して、その雇入れと離職の都度にハローワークに報告することが義務づけられたこと（違反者に対する罰則規定あり）、②氏名などの個人を特定する項目の報告が追加されたことである。

30 厚生労働省は、２００８年10月以降、労働局・公共職業安定所が企業に聞取りを行い、非正規労働者の雇止め等（派遣又は請負契約の期間満了、中途解除による雇用調整及び非正規労働者の契約期間満了、解雇による雇用調整）を定期的に公表している。あくまでも当局が把握した範囲内ではあるが、２００８年10月から09年10月までの雇止め等が22万１８０１人であるのに対し、２００８年10月は４９７４人といまだそれほど多くない。

31 内閣府政策統括官室「地域の経済２００９――環境と農業を再生の原動力に」２００９年12月。

32 日系南米人を対象とした調査には、滋賀県国際協会（2009）、美濃加茂市（2009）、岐阜県（2009）、がんばれ！ブラジル人会議（2009）、渡邊（2009）、ブラジル人就労者研究会（2009）、静岡県（2010）などがある。

33 もちろん、就労に制限のない身分等に基づく在留資格をもつ外国人や非正規滞在者のなかには、「専門的・技術的労働者」に該当する職種に従事する外国人労働者もいる。

34 本論文では、飲食業の総称として「飲食店」という言葉を用いる。なお、聞取り調査からの引用の場合には、「ラーメン屋さん」、「お店」、「居酒屋」など本人の表現をそのまま用いる。

35 S氏は飲食店で働く同国人の同居人の話として、「面接の時は週5日って約束だったのに、だいたい週3日ぐらいしか働けない。それでも月10万でも大切だから働いている。今は難しいね」と教えてくれた。

36 稲葉・樋口（2010）p.17.

37 ２００７年に筆者が男性長期非正規滞在者を対象として行った聞取り調査においても、業種による賃金体系は同様であった（鈴木2009）。

38 ２００８年8月に在留資格をえたP氏の場合は、会社から社会保険等の加入手続きをすると言われているが、25年という最低加入期間要件の問題や、将来アメリカに行く希望をもっていることから、現在のところ国民健康保険のみに加入している。

39 鈴木（2001）p.25.

40 丹野（2003）p.17.

41 それでも熱心に通い続けたC氏は、3カ月間毎日ハローワークに通ってやっと「ここなら外国人でも大丈夫みたいですよ」と今の職場を紹介されたそうである。

42 総務省統計局「労働力調査（詳細集計）平成22年4月~6月期平均（速報）」２０１０年8月17日。求職方法に対する答えは複数回答である。労働力調査の調査対象者には外国人も含まれるが、日本の外国人人口比率から推測して、その割合はごくわずかである。

43 外国人労働者に用意されている仕事は、国内労働者が就きたがらない、国内労働者との競合関係があまり発生しない分野であることは、既に多くの移民／外国人研究が指摘しているところである（例えば、Berger & Piore, 1980や大黒 2006など）。また、稲上らが１９９１年に実施した企業調査においても、外国人労働者を雇用している企業にとって、「日本人の敬遠する仕事に従事してくれる」という理由が、外国人雇用のメリットの第1位として挙げられている（稲上他 1992, p.222）。

44 鈴木（2009）p.370.

45 「風習・習慣や経済状態が違うのでやむを得ない」、「日本の実情に慣れるまでトラブルがあっても仕方がない」、「外国人だから不利益な取り扱いを受けても仕方がない」という回答を合わせた数値である。

46 ２０１０年9月、ビルマコミュニティの集まりでのグループインタビュー。

47 社長は、都内で4店舗（隣接する3駅近辺）の居酒屋を経営していたが、最近、業績不振から1店を閉鎖した。アルバイトのシフトは、3店舗（以前は4店舗）のなかで調整しているため、日によって働くお店が異なる。

48 前述の長期滞在の男性非正規滞在者に対する聞取り調査においても、自らが習得した技能等に対する自信を語る者が多かった。また、そのような彼らの言葉が単なる過大評価や自慢話ではないことは、雇用主の話からも裏付けられた（鈴木 2009, pp.376-378）。

49 ここで「彼ら」と男性人称を使用した理由については後述する。

50 １９９７年から２００２年まで、大手光学レンズメーカーのレンズ工場で働いていたI氏は、レンズの度数調整など「全部一人でできるようになり、仕事も任されるようになった」が、工場の海外移転により仕事が少なくなったため、別の仕事を探してみてくださいと言われ、会社を辞めることになった（結局、この工場は閉鎖)。

51 鈴木(2009)pp.469-474及び鈴木(2010a)pp.82-83.

参考文献

稲上毅・桑原靖夫・国民金融公庫総合研究所(1992)『外国人労働者を戦力化する中小企業』中小企業リサーチセンター

稲葉奈々子・樋口直人(2010)『日系人労働者は非正規就労からいかにして脱出できるのか――その条件と帰結に関する研究』(全労済協会委託研究報告書)

大黒聡(2006)「労働力の国際移動と産業・労働」北川隆吉監/中川勝雄・藤井史朗編『労働世界への社会学的接近』学文社、pp.77-101

がんばれ!ブラジル人会議(2009)『浜松市 経済状況の悪化におけるブラジル人実態調査集計結果』

岐阜県(2009)『定住外国人(ブラジル人)実態調査結果(速報版)』

国際研修協力機構(2010)『2010年度版 外国人研修・技能実習事業実施報告』

滋賀県国際協会(2009)『経済危機に伴う外国人住民の雇用・生活状況調査結果』

静岡県(2010)『静岡県多文化共生アンケート調査報告書』

自民党国家戦略本部「日本型移民国家へのプロジェクトチーム」(2008)『人材開国!日本型移民政策の提言』

鈴木江理子(2001)『出入国管理行政に対する政策提言――日本における多文化主義の実現に向けてPart1』(FIF Monograph No.4-1)フジタ未来経営研究所

――(2007)「選別化が進む外国人労働者――非正規滞在者の排除と合法滞在者の管理強化」渡戸一郎・鈴木江理子・A.P.F.S.編著『在留特別許可と日本の移民政策――「移民選別」時代の到来』明石書店、pp.10-24

――(2008)「外国人政策をよむ」移住労働者と連帯する全国ネットワーク『M-ネット』10月号、pp.3-7

――(2009)『日本で働く非正規滞在者――彼らは「好ましくない外国人労働者」なのか?』明石書店

――(2010a)「『外国人労働者』と呼ばれる人びとの諸相――在日外国人と階層分化」渡戸一郎・井沢泰樹編著『多民族化社会・日本――〈多文化共生〉の社会的リアリティを問い直す』明石書店、pp.77-106

――(2010b)「外国人労働者受入れ政策と金融危機」外国人人権法連絡会編『外国人・民族的マイノリティ人権白書2010』明石書店、pp.138-142

丹野清人(2003)「契約の時代と日系人労働者――外国人労働と周辺部労働市場の再編」『日本労働社会学会年報』第14号、pp.3-23

ブラジル人就労者研究会(2009)『外国人就労者生活実態調査結果』

法務省入国管理局(1987)『平成61年度版 出入国管理――変貌する国際環境の中で』

――(1993)『平成4年版 出入国管理――国際化時代への新たな対応』

美濃加茂市(2009)『美濃加茂市在住外国人緊急実態調査報告書』

労働省職業安定局(1991)『外国人労働者問題の動向と視点』

渡邊博顕(2009)『外国人労働者の雇用実態と就業生活支援に関する調査』労働政策研究・研修機構

Berger, Suzanne and Piore, Michael J., 1980, *Dualism and Discontinuity in Industrial Societies*, Cambridge University Press: London & New York & New Rochelle

[すずき えりこ]

国士舘大学文学部准教授。一橋大学大学院社会学研究科博士後期課程修了。博士:社会学。認定NPO法人多文化共生センター東京理事。移民政策、人口政策、労働政策などについて研究するかたわら、外国人支援の現場でも活動。主な著作に『「多文化パワー」社会』(共編著、明石書店、2007)、『日本で働く非正規滞在者』(単著、明石書店、2009、平成21年度冲永賞)、『非正規滞在者と在留特別許可』(共編著、日本評論社、2010)など。

Column 1

舵を切った外国人研修・技能実習制度

――不景気と制度改定はどう影響したのか

鳥井一平

はじめに

2010年8月31日に衆議院第二議員会館で、外国人研修生権利ネットワークと関係省庁との意見交換会が行われた。外国人研修生権利ネットワークは、労働組合や市民団体、NGO、研究者、弁護士らが「国際貢献」「技術移転」を謳い文句にする外国人研修・技能実習制度の実態を明らかにし、研修生・技能実習生の権利擁護と制度の改善を目的とする組織である。この意見交換会は、7月1日の制度改定以降の動きについて行われたものである。この席上、外国人研修生権利ネットワークからの「制度変更後の研修の入国は全体（研修と技能実習の合計）の内どのくらいの比率か」との質問に、法務省入管担当者は「比率は下がっている」と答えた。

私はかねがね、「本来の研修は全体の10％にも満たない」と主張、警告してきたわけだが、制度改定後、やはり数字が実態を示すこととなってきているようである。また、当初の技能実習の枠組みは「終了した」ということも厚労省担当者から発言された。今回2008年9月のリーマンショックによる外国人研修・技能実習制度への影響について検討してみるわけだが、外国人研修・技能実習制度については、入管法改正と制度改定という「転換」が、この時期におけるより大きな影響をもたらすことになっているように思われる。

尚、1993年以降、実態がそうであったために、研究者の間でさえも混同されてきた研修と技能実習をここでは正確に区別していきたい。そのことが外国人研修・技能実習制度の問題を明確にできるであろう。

どこから始まったのか

開発途上国への技術移転を目的としている研修の受入は、開発途上国からの要望もあり、すでに1950年代の後半から始まったようである。研修受入の老舗的団体である財団法人海外技術者研修協会（AOTS）がスタートしているのが1959年である。因みにこのAOTSは本来の研修受入活動を今日まで行っている数少ない団体の一つであろう。

在留資格としては、1981年に留学生の枝わかれとして入管法上の在留資格「4-1-6-2」が誕生し、1990年に「研修」という在留資格が独立し、今日に至っている。技能実習制度は1993年4月、経済界（受入企業）の要請に応えて、創設され、当初、研修と合わせて2年であったのが、1997年には最大3年間、同一企業で働かせることを可能としたのである。ここに外国人研修制度の歪みが極まったと言える。後述する労働問題、人権問題の根源の一つもまたここにある。

1990年にこの研修制度にそれまでの企業単独型受入に加えて団体監理型が誕生する。そして翌1991年、法務・外務・厚生労働・経済産業・国土交通の5省共管の財団法人国際研修協力機構（JITCO）が設立される。以降、加速度的に研修生の入国者数が急増する。とりわけJITCO支援の団体管理型が急増していく。企業規模ではほとんどが中小零細企業で、およそ研修を実施できる「経済力」を備えていないのが実態である。制度上、企業に対する助成等は一切ない。技術指導に加えて研修生の生活費など経済的負担は企業がすべて負うこととなっている。中小零細企業に技術はあってもそのような経済的余裕があるだろうか。そして、技能実習移行ではほとんどが中小零細企業となっている。業種では縫製（衣類・繊維製品）・食料品・金属機械などの製造業が大半で、建設関連、農業などに広がっている。研修生の国籍は、政府や企業単独を含めると、実は全体として、欧米を含めてさまざまで120カ国前後で推移してきている。しかし比率ではアジアが95％以上を占めとりわけ中国、ベトナム、インドネシア、フィリピンなど特定の国の割合が高い。そして実習生への移行の場合となると、中国、ベトナム、インドネシア、フィリピンの4カ国で97・4％を占めている。男女比では、2001年以降女性が過半数を超えている（データはいずれも『JITCO白書』2001～2009年版）。

これら一連のデータが示すことは、政府やJITCOの言うところの「技術移転により開発途上国における人材育成に貢献することをめざして」外国人研修生を受け入れているのではなく、専ら日本国内における産業事情、とりわけ労働力事情によるものであることを如実に示している。そしてこの建前と本音・実態との乖離が労働基準の破壊と人権侵害をつくり出してきた。

労働基準の破壊と人権侵害

1970年代に韓国からの准看護師研修生が実態は病院での下働きとなっている問題が明らかとなったことがあるが、とりわけ大きくメディアに報道され注目を集めたのは、1998年の千葉県での銚子事件（ロジスティック協同組合事件）が始まりであろう。研修生・技能実習生らからの強制貯金を第1次受入機関である協同組合理事長らが使い込んだ事件で、中国人研修生・技能実習生らが抗議の座り込みを行い、新聞やテレビが伝えるところとなった。私自身も現場に行き、驚いたのだが、こんなにもたくさんの中国人労働者が働いているという実態をまざまざと見た。日曜日などの休日には大勢の中国人労働者らが自転車に乗って駅前を行き来しており、中国の街角の風景であった。私が訪れた宿舎は窓ガラスが割れたままの寒風が吹き抜ける民家に10人ぐらいが住んでいた。当然のようにパスポートが取りあげられており、賃金も低く、研修科目とは違う包丁片手の水産加工に従事していた。

そして時期を同じくしてKSD－アイムジャパン事件も起きてくる。「ものつくり大学」をめぐる村上正邦元労働大臣、古関忠男理事長（ケーエスデー中小企業経営者福祉事業団・現中小企業災害補償共済福祉財団）の贈収賄事件なわけだが、インドネシア人研修生受入拡大をめぐる事件でもあった。インドネシア人研修生らもまた同様に、パスポートの取りあげや強制貯金、低賃金などの実態にさらされていたことが明らかとなった。

時給300円

2005年12月に私たちは「岐阜行動」を開始する。これが時給300円の実態を広く明らかにしていく発端ともなり国際的批判を受ける始まりでもあった。岐阜県は研修生受入の牙城である。茨城県が受入数としてはトップを続けてきていたが、県内だけではなく全国に「派遣」する協同組合や座学研修施設などによる存在感はなんと言っても岐阜県がトップである。因みに厚生労働省など政府へのロビー活動を続ける全国外国人研修生受入組合連絡会議の代表も岐阜県である。

それまでも縫製業において、残業代が時給300円の実態が明らかとなってきていた。しかもどうやら「協定賃金」というか全国的な「基準」となっているようだった。事前の調査の後に岐阜行動は開始された。受入企業の社長や協同組合理事長らの反応は「いよいよ来たか！」というものであり、同時に「どうしてウチだけが!?　他も同じだ」というものであった。ところで、岐阜行動直後にも、労働局や厚生労働省、JITCOのメディアに対する見解はやはり依然として「制度を理解しない一部の問題」としていた。ここではこれまでもさまざまな機会に公開してきた賃金明細と雇用契約書を示しておく（写真1、2）。1カ月に200～250時間の残業、その残業代が300円。基本給は強制貯金の3万5000円以外に現金が「食費」として月額1万5000円支給されている。これが基本給となる。つまり月額5万円の基本給である。この実態は政府、JITCOのデータのどこからも出てこない。しかし、これが「一部」ではなく「基準」として厳然と存在していた。そして労働基準を大きく下まわる不法状況を知られないために、パスポートを取りあ

写真1　賃金明細

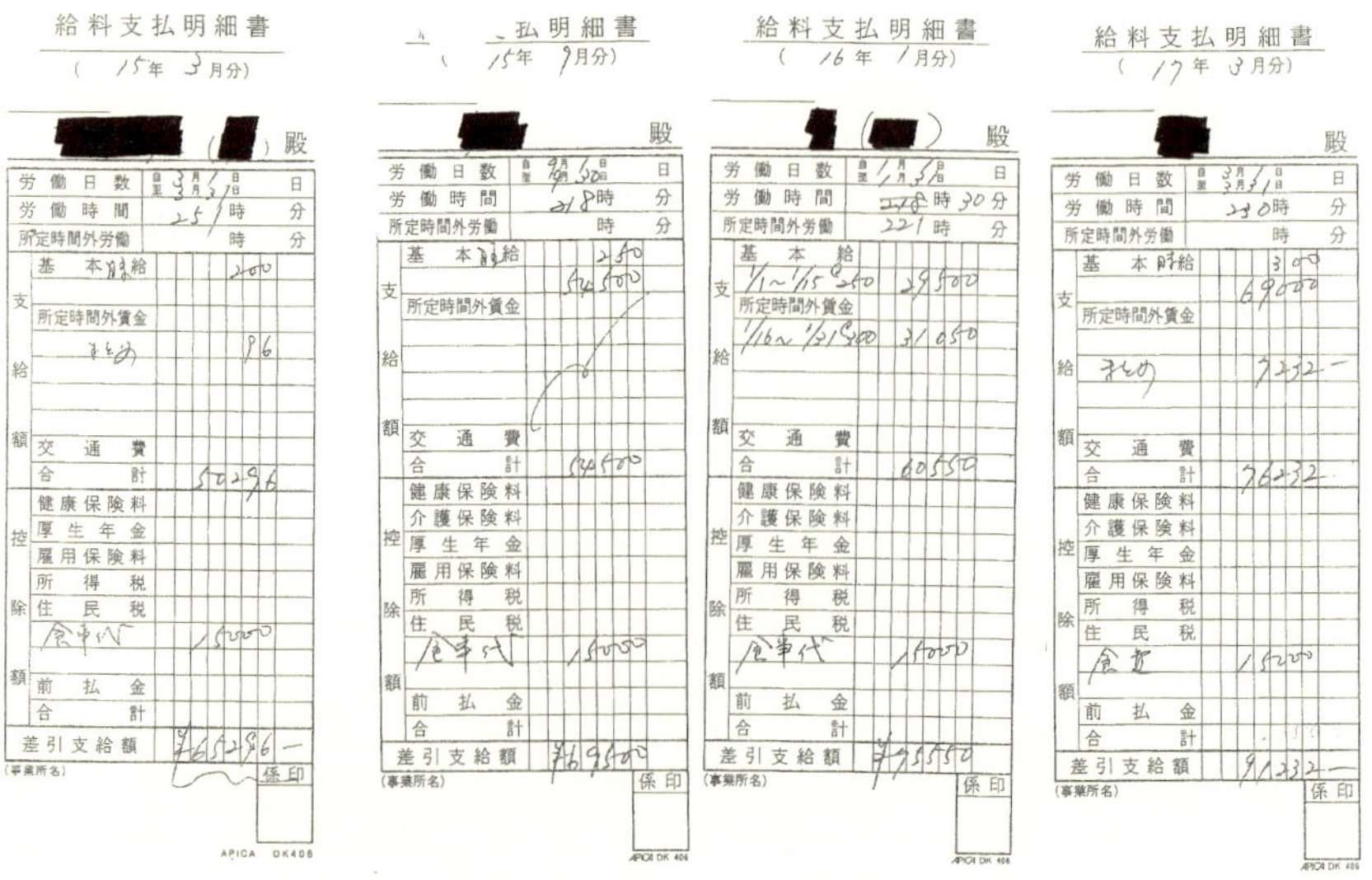

給料支払明細書（15年 3月分）
[redacted]（[redacted]）殿
労働日数 3月1日～3月31日 ／ 労働時間 251時
基本時給 200 ／ まとめ 96 ／ 合計 50296
食事代 15000
差引支給額 ¥65296—

給料支払明細書（15年 9月分）
[redacted] 殿
労働時間 218時
基本時給 250 ／ 54500 ／ 合計 54500
食事代 15000
差引支給額 ¥69500

給料支払明細書（16年 1月分）
[redacted]（[redacted]）殿
労働日数 1月1日～1月31日 ／ 労働時間 221時
1/1～1/15 250 29500 ／ 1/16～1/31 300 31050 ／ 合計 60550
食事代 15000
差引支給額 ¥75550

給料支払明細書（17年 3月分）
[redacted] 殿
労働日数 3月1日～3月31日 ／ 労働時間 230時
基本時給 300 69000 ／ まとめ 7232— ／ 合計 76232
食費 15000
差引支給額 91232—

写真2　雇用契約書

雇 用 契 約 書

雇用期間	2005 年 1 月 15 日から 2006 年 1 月 15 日	
就業場所	岐阜市[redacted]丁目[redacted]	
仕事内容	婦人子供服製造	
就業時間	午前 8 時 30 分 から 午後 5 時 30 分	
休憩時間	2 時間 00 分	
休　　日	毎週 日 曜日、第 2 土曜日、祝祭日、年末年始 6 日間、盆 4 日間	
休　　暇	有給休暇 10 日間	
賃　　金	基本賃金 諸 手 当 賃金締切日 支払い日 昇　給 退 職 金	日給 125,000 円 手当 —— 毎月 25 日締め 毎月 末 日支払い 有、無　　有る場合は時期等 有、無　　有る場合は時期等
	[勤務上の注意事項] 1．次の事項を守って誠実に勤務しなければなりません。 （1）上司の指示命令に従うこと （2）安全衛生に関する事項を守って事故防止に努めること （3）設備、機械、器具、車両、その他の物品を大切に扱い、許可なく業務以外の目的で使用しないこと （4）勤務時間中は、勤務に専念し、勝手に職場を離れないこと （5）遅刻、欠勤、早退等をしようとするときは、事前に所属長の了解を得ること （6）会社の名誉、信用を傷つけるようなことをしないこと （7）会社の機密を他に漏らさないこと （8）その他、従業員としてふさわしくない行為 2．上記事項に違反した場合は、制裁として平均賃金の半額を減給し、又は解雇することが有ります。	

2004 年 11 月 22 日

事業所　名称　[redacted]

所在地　岐阜市[redacted]丁目[redacted]

使用者　職氏名　代表 [redacted]

従業員　住所　岐阜市[redacted]丁目[redacted]

氏名　[redacted]

※「日給125,000円」とあるのは、「月給125,000円」の誤植と思われる。

げ、携帯電話を禁止し、外出を厳しく制限するといった人権侵害が横行し、不法行為が漏れそうになると権利主張をする研修生・技能実習生を強制的に帰国させることも多発した。しかも受入機関と送り出し機関がグルとなって、「契約書」や「誓約書」などの形態で、前述したような不法な制約を科して、違約金（罰金）を定めているのである。その結果、労使対等原則とはほど遠く、労使の力関係が大きくかたより、使用者（社長）たちのセクハラなどの蛮行が横行することとなっている。一つ一つの事件はおよそ民主主義社会と言われるこの社会の建前とはほど遠い実態であり、まさに奴隷時代、人身売買と言うべき状況なのである。岐阜行動開始後に次から次と相談が押し寄せられ、それは今日に至るまで続いている。

国際的批判

アメリカ国務省人身売買年次報告書の2007年版において、はじめて外国人研修・技能実習制度と人身売買について言及が行われた。この年次報告書では最新の2011年版においても指摘は続いている。

2008年10月30日の国連自由権規約委員会勧告では、「24 締約国は、法定の最低賃金を含む最低限度の労働基準及び社会保障に関する国内法による保護を、外国人研修生・技能実習生にも及ぼし、かかる研修生や実習生を搾取する使用者に相応の制裁を科し、研修生・実習生の権利を適切に保護し、低賃金労働力確保よりも能力向上に焦点をあてる新しい制度に現行制度を改めことを検討すべきである」とされた。続いて国連女性差別撤廃委員会総括所見（2009年8月7日）では、「39 委員会は……強制労働や性的搾取の目的でインターンシップ研修プログラムが利用される可能性を示唆する情報について懸念する」との指摘が為された。

2010年4月の国連移住者特別報告者の予備的勧告として「研修・技能実習制度は、往々にして研修生・技能実習生の心身の健康、身体的尊厳、表現・移動の自由などの権利侵害となるような条件の下、搾取的で安価な労働力を供給し、奴隷的状態にまで発展している場合さえある。このような制度を廃止し、雇用制度に変更すべきである」との談話をプレスリリースしている。そして、2010年6月3日には、国連人権理事会において、女性と子どもの人身売買特別報告者が、パラグラフ104において「……JITCOは効果的な監視機能を果たしていないため、参加企業と一切関係を持たない独立した機関に……研修生・技能実習生の権利の完全な尊重を保障する直接的な任務を任せるべきである。……制度を管理する法律を制定する。……濫用を通報できるホットラインと事務所を設立する」と勧告している。

これら一連の報告や勧告は私たちの実態報告と国連機関の報告者らが直接に研修生・実習生らからの声を聞くなど、現場での調査によるものであった。この国際的な批判が後に述べる制度改定に影響したことはまちがいないところであろう。

リーマンショックの影響

2008年9月のリーマンショックは少なからず外国人研修・技能実習制度に影響を与えた。法務省には前年同期のデータが無く比較検討ができないが、2008年12月から2009年3月には倒産や事業縮小による中途帰国や研修先・技能実習先の変更が増大している（表1－a）。変更が受入先の都合によるもののみであることに留意されたい。また、技能実習移行申請者を業種別にみれば、「建設」「機械・金属」「繊維・衣服」分野では景気後退の影響を受けて2009年度は前年比で減少したが、「農業」や「漁業」、および「食料品製造」分野では引き続き増加した。景気動向が中途帰国者数に影響していることはまちがいない。研修生の入国者数も2009年に入って、減少している（表1－b）。景気動向で増減すること自体は制度の建前から考えると奇妙なことであるが、労働力としての研修生・技能実習生の実態をいみじくも示すことになっているのだろう。関連データとして研修生受入数上位5県の推移を示す（表2）。研修生と日系労働者との「入れかえ」を示すように2005年から愛知県がトップに立ち、広島県が続いてきていた。それまでの茨城県、岐阜県も増加しているにもかかわらず、自動車産業の愛知県、広島県の伸びが大きく上回っていたのである。ところが、2009年に製造業が多い愛知、広島、岐阜、静岡が大きく減少し、茨城がトップになっている。また茨城県と同様に農業の受入が多い千葉県が相対的な関係で5位に入ってきたようである。リーマンショックの影響がここに現れている。

なお、中途帰国者と変更者の合計数は2009年6月からは減少している。製造業への影響の一方で農業や漁業はほとんど影響も受けずに増加傾向にある。リーマンショックにかかわらず、労働力としての期待は増大している。

表1－a　中途帰国及び受入機関（企業）変更

	途中帰国者数	変更人数
2008年10月	114	196
11月	154	184
12月	250	239
2009年1月	489	216
2月	495	237
3月	731	344
4月	479	242
5月	326	223
6月	498	300
7月	285	268
8月	219	292
9月	155	261
10月	269	306
11月	87	290
12月	196	208
2010年1月	126	236
2月	81	209
3月	190	168
4月	124	200
5月	84	197

表1－b　研修生入国者数

	2007年	2008年	2009年	2010年
1月	8,996	8,750	7,101	7,103
2月	7,106	7,744	6,638	5,962
3月	9,594	9,841	7,825	8,111
4月	8,543	9,079	7,307	7,309
6月	8,467	7,770	6,144	5,985
7月	8,378	8,057	5,748	-
8月	7,899	7,229	6,113	-
9月	9,425	9,690	6,984	-
10月	9,932	9,644	7,038	-
11月	9,720	9,509	7,716	-
12月	5,814	5,987	5,074	-
合計	102,018	101,879	80,480	41,651

出典：法務省入国管理局入国在留課。

表2　研修生受入数上位5県

	2001年	2002年	2003年	2004年	2005年	2006年	2007年	2008年	2009年
1	茨城県 2,536	茨城県 2,611	茨城県 2,825	茨城県 3,474	愛知県 3,988	愛知県 5,135	愛知県 6,151	愛知県 5,408	茨城県 3,790
2	静岡県 2,038	岐阜県 2,067	岐阜県 2,438	岐阜県 3,025	茨城県 3,582	広島県 4,329	広島県 4,613	茨城県 4,439	愛知県 3,587
3	岐阜県 1,833	静岡県 1,819	愛知県 1,976	愛知県 2,767	岐阜県 3,290	岐阜県 3,682	茨城県 4,100	広島県 4,188	岐阜県 2,657
4	埼玉県 1,747	愛知県 1,650	広島県 1,922	広島県 2,334	広島県 3,121	茨城県 3,671	岐阜県 3,653	岐阜県 3,278	広島県 2,651
5	愛知県 1,497	埼玉県 1,587	千葉県 1,865	静岡県 2,095	静岡県 2,489	静岡県 2,710	静岡県 2,777	静岡県 3,131	千葉県 2,111

図1　2010年入管法改定前後

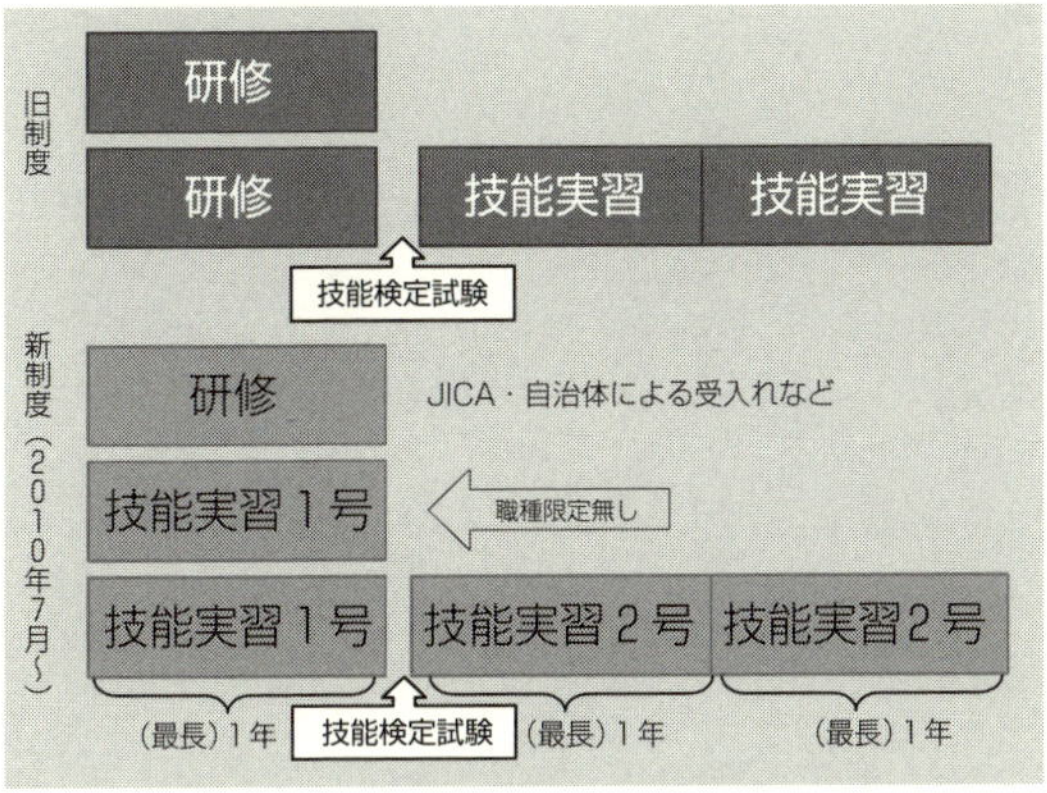

2009年入管法改定と2010年7月制度改定

最初に述べたようにこの時期の外国人研修・技能実習制度の動きはリーマンショックよりも入管法改正と制度改定による影響が非常に大きい。入管法改定前後から受入機関による受入の調整が始まっていた。いわゆる「様子見」である。また、法改正・制度改定によって、職業紹介事業の届出、認可など受入機関の法的具備要件の変更への準備が先行したことが受入数の減少として反映しているように思う。

今回の改定の最大のポイントは、研修制度と技能実習制度を切り離したことにある（図1）。技能実習制度は法律改正を行わず省令での創設となっていた。

「研修」の在留資格で入国させ、「技能検定試験」を口実として、在留資格を「特定活動」に移行させ、労働者として受け入れてきたのである。まさにまやかしそのものであった。多くの受入企業において、現場での研修と技能実習の実態的区別はなかった。解答を事前に研修生が受入団体から「伝授」されるなどの形骸化した「技能検定試験」の実態も明らかとなっていた。

今回の改定は、研修を1993年以前の従来の形に戻し、期間を1年以内とし独立させた。受入団体もJICA、地方自治体などに限定されることとなった（このことで健全化されたのかは今後の検証が必要だが）。一方、技能実習制度は、在留資格を「技能実習」として創設し、在留期間1年以内を「技能実習1号」とし、技能検定試験を経て「技能実習2号」となり、1回の更新を経て最大2年間の在留となる。つまり合計3年間の労働者としての在留が認められることになる。また、受入について企業単独型を「イ」、団体管理型を「ロ」として「1号」「2号」それぞれを区別している。なお、「技能実習2号」は従来同様に職種（66種123作業）が限定されているが、「技能実習1号」に必ずしも職種限定はない。

改定後5カ月間の数字ではあるが、改定後の研修生と技能実習生1号ロの新規入国者の国籍比率（図2、図3）が今後の外国人研修・技能実習制度の動向を示しているであろう。国籍比率を制度改定前と比較して見ると、研修では、中国、ベトナム、インドネシア、フィリピン、タイの5カ国（中国など特定5カ国）で90％近くを占めていたのが、改定後は、45％となっている。技能実習では、とりわけ「イ」に顕著だが、中国など特定5カ国の比率に変化は無く、改定後も98％以上を占めている。外国人研修・技能実習制度の建前と実態の乖離がこの比較でも明瞭となっている。

終わりに

開発途上国への技術移転を目的とした研修制度を隠れ蓑に労働力補充策として外国人研修・技能実習制度が使われてきたことはもうすでに論を俟たないことであろう。とりわけ技能実習制度はその始まりからも労働力補充を目的としたものであると言っても過言ではない。このように国際貢献としての「技術移転」と製造業や農業、漁業、養殖業などへの「労働力補充」が一つの制度であって良いわけはない。本音と建前の乖離は、法と制度の隙間に利権をつく

図2　研修生新規入国者国籍比率

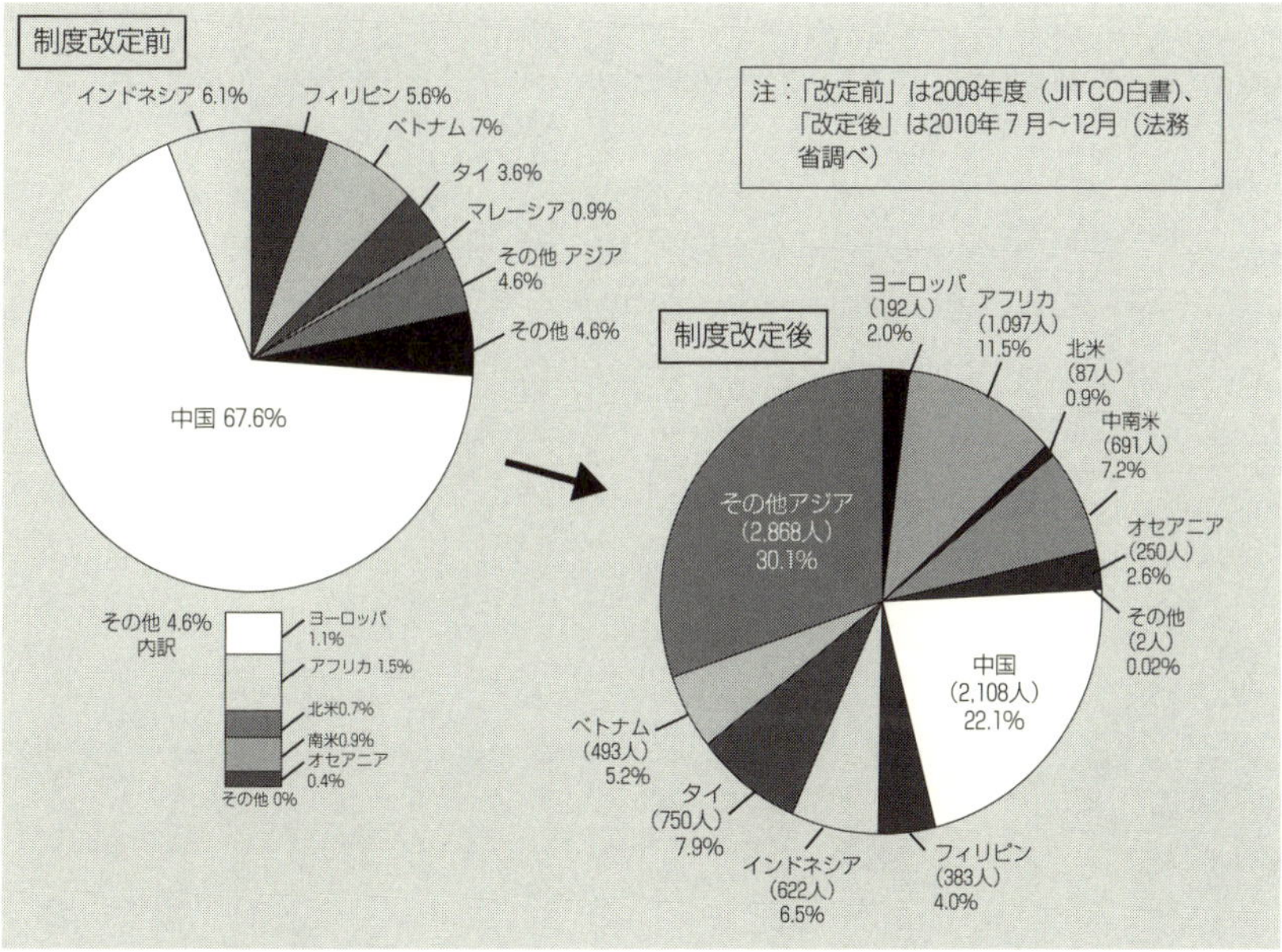

注：「改定前」は2008年度（JITCO白書）、「改定後」は2010年7月～12月（法務省調べ）

図3　技能実習生国籍別比率

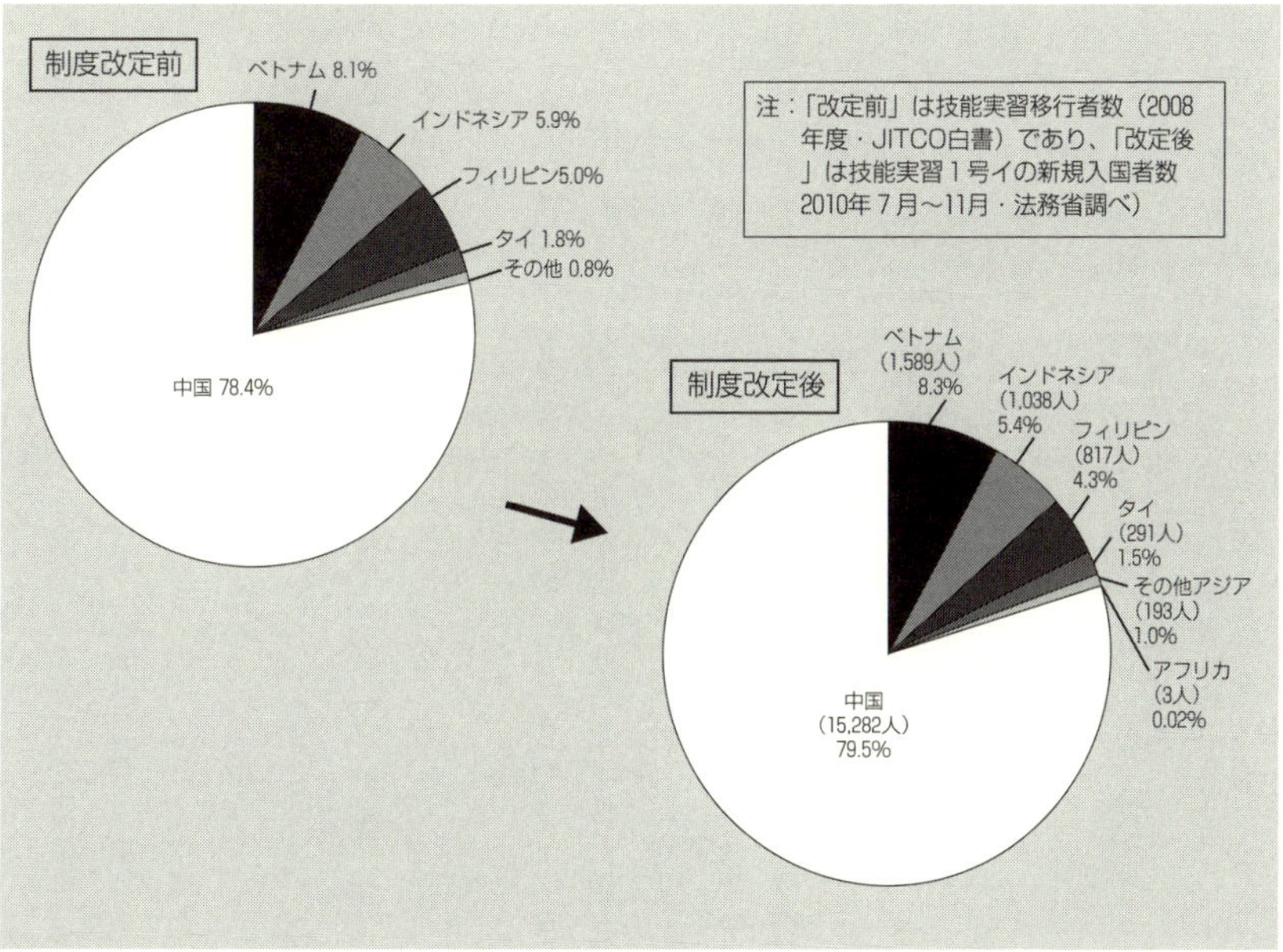

注：「改定前」は技能実習移行者数（2008年度・JITCO白書）であり、「改定後」は技能実習1号イの新規入国者数2010年7月～11月・法務省調べ）

り出し、労働基準を壊し、人権を蹂躙することとなった。そして制度に翻弄される研修生・技能実習生、つまり労働者が虐げられ奴隷扱いを受けてきた。事実である。

ここ数年、市民団体や労働組合が、研修生・技能実習生の権利保護、人身保護の活動を行い、これに近年、心ある弁護士たちによる外国人研修生問題弁護士連絡会（研修生弁連）の精力的な活動が加わっている。研修生弁連は研修生の労働者性の認定判決や過労死認定などの成果を上げている。

そして、10年前と比して大きく変わったのが研修生・技能実習生自身の権利意識と要求行動であろう。とりわけ中国人研修生・技能実習生は、以前は労働組合への警戒心が強く、労働組合への相談や加入について敬遠がちであった。しかし、この数年彼ら彼女らの対応が変わってきている。不当不法な契約による強い拘束力の下においても、自ら日本の労働法を学び、あるいは他の研修生・技能実習生たちと相互に連絡を取り合い、時には自ら受入企業・農家などに要求行動をとるようになっている。また、労働組合への加入も増加してきている。このことはおそらく送り出し国の労働者の権利をめぐる情勢との関係が大きいように思える。今後この点についての考察も必要であろう。

最後に、２０１０年7月の制度改定は、労働者補充を技能実習制度で行うことを公然化したものである。外国人労働者受入の入口として大きく舵を切ったことになる。このことを見誤ってはいけない。いまだ「外国人労働者を受け入れるか否か」だとか「受け入れるには覚悟がいる」などと論じているのは机上の空論そのものであろう。実態は進んでいる。すでに国の制度として受け入れているのである。ただ、そうであるならば、やはり「技能実習制度」という看板はおかしい。建前と本音の乖離がいまだ残るものとなっている。すなわち利権が温存されている。国際的批判を受けている人権侵害の本質は変わっていないことになる。政府には、まやかしを廃して、労働者を労働者として受け入れる労使対等原則が担保された制度変更が求められる。民主主義社会に相応しい制度設計が必要である。いずれにしても数年単位の近いところで看板を変える動きがあると思われるが、まやかしにならないようにしたいものである。

[とりい　いっぺい]
全統一労働組合書記長。大阪府立池田高等学校卒業。移住労働者と連帯する全国ネットワーク事務局長。外国人研修生権利ネットワーク運営委員。

第2章

日系人労働者がむかえた分岐点

世界同時不況のなかの在日南米系日系人の雇用

青木元

はじめに

　在日日系人労働者は、[1] 2008年に発した経済危機と世界同時不況により不安定化したと一般に考えられている。だが、実際にはそれ以前から、彼らの雇用環境は悪化していたのではないだろうか。つまり、景気後退のみに、すべてを帰すことはできないのではないか。本稿では、日系人労働者が直面している現在の苦境について、経済危機以外の諸要因にも目を向けることで、彼らの労働実態をより精確にとらえることを試みたい。

　上の問題意識にもとづき、今回の調査では主に在日年数が10年を超える日系人を対象とし、そのなかでも労働実態を知るために有用と思われる15名の発言や証言を紹介する。同時に、雇用主側の視点をとりいれるために、不況下でも日系人を雇用し続ける食品製造・加工業および電気設備（電設）業の2つの業種に関して調査をおこない、日本の労働市場における日系人の雇用環境の変化を探った。[2] 本調査の時期は、2009年下半期と2010年の4月から8月にかけての2つの期間にまたがる。調査対象地は、筆者がこれまでフィールドワークを進めてきた神奈川県川崎市や横浜市など、同県東部地域である。2009年12月31日時点で神奈川県内における南米人登録者数は2万4370人（国内3位）で、県東部の川崎市と横浜市には7000

人以上が登録している。調査期間や調査対象地域が限られた本調査の結果にもとづいて日系人の労働実態を一般化できるわけではないが、本稿は、彼らが現在置かれている状況が2008年に発生した経済危機によってのみでは説明しえないこと、また、彼らが今後とも日本で働き続けるための選択肢について、いくつかの示唆を提供していると考える。

以下、本稿の第1節では、在日日系人に関する一般的な論調や先行研究から問題の所在を確認し、本研究を位置づける。第2節では、調査から得られた日系人労働者の発言をとりあげ、彼らの雇用環境の変化をもたらしてきたさまざまな要因を考察する。続く第3節では、前節でも言及している食品製造・関連工場での外国人の就労について、日系人の証言および雇用主側の工場からの回答にもとづき、検討を加える。第4節では、食品製造・加工業とは異なる理由で不況下でも日系人を雇用する電設業者に注目する。その特徴から、日系人労働者が今後も日本で労働していくための一つの方向性を述べたい。

1 世界同時不況と日系人の解雇

2008年の秋以降、米国の金融危機に端を発する世界同時不況の影響は、日本国内のさまざまな産業にも波及した。特に日系人労働者が集中する自動車産業や機械産業といった製造業では、急激な需要縮小によって生産ラインでの労働力が過剰になり、調整弁として多くの日系人労働者が契約を解除された。特にトヨタ自動車に代表される自動車産業では、需要と生産台数の差を極力なくすための生産方式をとっているために、不況による需要低下は生産ラインで働く労働者を直撃した。以降、全国の日系人集住地では官・民含めさまざまな組織・団体による支援活動が行われるようになった。代表例としては厚生労働省による、職を失った人々へ帰国のための渡航費を援助する帰国支援事業[3]などが注目を浴びた。また、在日日系人労働者をめぐるメディアや学術的な論調のなかでも、不況により雇用を失った日系人労働者の帰国が急速化している、といった見解が目立つようになった。たとえばメディアによる在日日系人に関する報道例[4]では、以下のような文章が冒頭にあるものが目立つ。

急速な景気の悪化で親がリストラされ、ブラジル人学校に通えなくなる子供が急増していることを受け、文部科学省は、愛知や岐阜、群馬、滋賀県内などのブラジル人が多い都市での日本語教室を財政支援する方向で検討

を始めた。（朝日新聞・夕刊「日系ブラジル人の子に笑顔を」２００９年４月13日）

世界不況による景気の悪化で、親が解雇されるなどして学校に行けない日系ブラジル人の子供たちが群馬県太田市などで増えている。……昨秋以降の不況の影響で、自動車関連工場などで働く日系ブラジル人の解雇が急増し、通学生は急減。（毎日新聞・朝刊「群馬　不況でブラジル人困窮」２００９年７月７日）

世界同時不況で、製造業の職場で働いていた多くの日系外国人が失業した。（毎日新聞・朝刊「不況で転職　行政も後押し」２０１０年４月５日）

上伊那は日系人労働者が多い。だが２００８年秋からの世界不況で雇用契約を解除され、帰国や他県に移った日系人が多い（asahi.com「不況下に日系人の子どもたちを支える伊那日本語教室　長野」２０１０年８月28日　http://www.asahi.com/edu/news/chiiki/TKY201008270527.html）

むろん右の記事は全体の一部であるが、近年の日系人労働者の解雇や失業の原因として、２００８年秋以降の不況が強調されやすいことは確かであろう。当該テーマに関するその他の検討についても、たとえば松宮（2010）は、２００８年秋からの経済不況にともない、日本で暮らす多くのブラジル人が失業したと述べている。また、川崎・石田（2010）は浜松市と地域のＮＰＯ、ブラジル銀行などの連携によって発足した「がんばれ！ブラジル人会議」は不況によって困窮するブラジル人市民を応援する目的で活動が開始されたものであるとしている。[5] これらは、現在の日系人労働者の困難な労働状況を２００８年秋以降の経済不況に起因させる傾向があり、それ以前からの悪化傾向にはさほど言及していない。たしかに、２００８年から２００９年にかけて日本国内の南米諸国出身者の登録人口は大幅な減少を記録した。[6] その最大の理由の一つとして、２００８年秋の米国金融業に端を発した世界同時不況の影響があったことは否定できないだろう。しかし、とらえ方にもよるがその減少率は予想されていたよりもドラスティックなものではなく、いまだに30万人を超える日系人が国内に在住している。特に在日年数が長い人たちの場合、生活基盤がすでにあり、出身国に自分が参入できるコミュニティが存在しないなどの理由で、容易に帰国を選択できない。このような人々は可能なかぎり日本国内での生活継続の道を探っている。在日日系人は不況によっていなくなるものと決めつけるのではなく、今後も継続して国内に在勤する存在としてみるべきではないか。[7]

　現在の日系人労働者の置かれている状況を不況だけに帰することはできない、という同様の論を展開している先行研究もみられる。具体例としては、丹野（2009a, 2009b, 2009c）や樋口（2010）などがあげられる。丹野は、非正規社員の正社員化促進のために２００６年に改定され、２００７年に施行された労働者派遣法こそが必要以上の大量解雇者を創出したとしている。これは、改定された労働者派遣法によって雇用主が同一の派遣労働者と3年を超えて契約を結ぶ場合、4年目からは正社員として雇用しなければならなくなったためである。[8] 丹野はこれがはじめて効力を発揮するのが２００９年だったために、企業による世界同時不況を隠れ蓑にした非正規社員の正社員化のがれがあったと指摘している。ただし、丹野は労働者を守るべき法律に欠陥があることよりも、非正規雇用者にのみ雇用不安が生じるような社会的な仕掛けが存在していることにこそ問題があるとしている。また、不況になるほど生産現場で調整可能な労働力としての外国人労働者の需要は高まるとし、不況によって国内で外国人労働者の需要がなくなるという考え方にも異を唱えている。また樋口は、２００８年の世界同時不況が国内の外国人労働者のなかでも、特にブラジル人を中心とした日系人に大きな影響を与えた理由として、日系人が特定の産業に偏りすぎていたことをあげている。具体的には、彼らが自動車や電気産業のように、生産性は高いが生産量の変動が激しい、という性格をもつ産業に集中しすぎていたために、経済状況の変動の影響をまともに受けたと述べている。

　このように、２００８年以降の日系人労働者をめぐる議論のなかで、世界同時不況以前からのさまざまな要因がまったく注目されていないわけではないが、その数はけっして多くはない。しかし本稿でも論じるように、90年代以降にはすでに、日本の労働市場において日系人の居場所は、雇用をめぐる法制度および労働市場の変化を受けて徐々になくなってきたのだろう。２００８年の経済危機は、彼らにとってある意味で「とどめ」になってしまったのではないだろうか。むろん、２００８年以降の世界同時不況の影響はけっして小さくない。実際、同年以降に職を失い、次の職をみつけられずにいたり、長年生活を送っていた場所を求職のために離れたりした日系人を、筆者はこれまでの調査のなかで多く目にしてきた。それでも、２００８年の経済危機以外の要因にも注目しなければ、日系人の直面している問題について十分な理解はできないと考える。

　以上の問題意識のもと、本稿では、日系人および企業に対する調査結果にもとづき、以下の二つの側面を重視したい。一つめは、先行研究のなかではあまり言及されてこなかった日系人と他の外国人労働者グループとの関係である。この関係に注目することで、在日日系人労働者が現在置かれている立場がいっそう明確になるのではないだろうか。二つめは、今後日系人が日本での労働を継続していくことの可能性である。経済危機後も、少なくない日系人が日本国内での滞在および求職活動を継続しており、彼らにとっての将来的な活路を見出すことは不可欠な試みである。

2 日系人労働者への調査

本節では、今回の調査で得られた日系人労働者の発言をいくつか紹介し、彼らの2008年秋の不況以前からの労働状況の変化を確認する。まず以下で、入管法改定直後の来日以降、日系人の雇用状況が良かった時代から現在の不況までさまざまな体験をしてきた日系ペルー人男性の発言に注目したい。90年代初頭からの日本での在勤経験から20年間の変化を体験していること、そして独身で職場を変えやすいために、その経歴に各時代の日系人の労働状況が強く反映されているのではないだろうか。

ケース①

ペルー出身　男性40歳　神奈川県在住　日本在住期間：19年

1991年に来日し、神奈川県川崎市にある自動車のガラス部品工場で働き始めた。以降、神奈川県内でメッキ加工やプレス作業などに従事した。2000年からは横須賀市のゴム加工工場で勤務していたが、次第に工場の生産ラインがアジアに移っていったために工場は閉鎖してしまった。2006年から2年間は自動車会社の下請工場に勤務した。ここでも工場経営が次第に悪化し、2008年に解雇通告を受けた。2009年9月から11月の間はハローワークを通じてＪＩＣＡと日系人協会による職業訓練に参加した。神奈川県内から自分も含めて20人の日系人が選ばれて、そのうち10人が比較的高度な訓練であるパソコンの使い方や日本語を習った。ただし、この訓練を経たことによって仕事がみつかった人は1人もいなかった。現在、神奈川県内の自動車工場は減少していくばかりだ。大メーカーは県内から中国に工場を移して人件費を抑えようとしている。たとえ自動車関連の仕事があっても、数カ月の短期契約だ。それでも食品関連の工場などではまだ雇用があるので日系人は集まる。弁当は需要が安定しているために工場が24時間稼動しているし、勤務するためにこれまでの職業経験も問われない。先日食品加工場で働くための面接に12人くらいの外国人が集まったが、うち11人がペルー人で1人がアルゼンチン人だった。しかし、自分は1週間前に不採用の通知が届いた。横須賀市内の別のコンビニ関係の食品管理会社に応募したスリランカ人の友人は雇用された。近年は川崎市内にある食品関連の工場にもイラン人やスリランカ人、中国人などが増えている気がする。

このペルー人男性の回答からいくつかの重要なポイントが確認できる。まず、この男性が2000年当時に勤務していた企業の生産拠点が外国に移ったことにより、工場の閉鎖があったこと。次に、当面の職探し対象となっている産業として食品製造・加工業をあげていること。そして、最近の求職について述べている際に他の外国人グループの存在について言及していることである。「生産拠点の海外進出などによる経済のグローバル化がもたらした人員削減、工場閉鎖、企業倒産」は、2008年の世界同時不況以前からすでに日系人労働者の労働状況が悪化していたことを示唆する。この点に関して同様の内容が、他の日系人労働者からも得られている。

ケース②

ペルー出身　女性47歳　神奈川県在住　日本在住期間：22年

1988年に来日し、1990年までの間は沖縄でアルバイトをしていた。1990年に神奈川県横浜市に移った。そこで現在の夫（日系ペルー人）と出会って結婚し、夫とともに大手自動車会社の下請工場で勤務した。以来2009年現在まで職場の変更はない。1994年にアジア経済の低迷による大幅なリストラが社内で行われた。1998年には親会社の経営悪化によって、さらなる人員削減が始まった。それでも自分は退職せずに継続して勤務している。今では総従業員数が150人で、日系人の数は自分も含めて僅か7人となってしまった。

ケース③

ボリビア出身　男性47歳　神奈川県在住　日本在住期間：21年

1988年に来日し、最初は宇都宮の自動車部品工場で半年間だけ勤務した。自分が来日した当時は宇都宮や長野県内の工場には多くのボリビア出身者が勤務しており、当時勤務していた宇都宮の工場では約30人のボリビア出身者がいた。朝8時から夜9時まで勤務する日が続き、時給は約1200円だった。いったんは帰国したが、友人から日本での仕事の情報を得て再来日を決意した。

1989年から2004年にかけては、千葉県市原の造船業の仕事に従事した。ここでは日系人の姿はほとんどなかった。この仕事は危険な作業が多いだけでなく、塗装などは実際の作業前日からの準備があるために、休日をとるのが難しいのが不人気の理由だろう。そのかわり時給額は2000円と高額だった。2000年代に入ってから生産ラインが中国などのアジアに移ってしまい仕事量が激減し始めた。以前は1カ月に30日労働をやろうとすれば可能だったが、次第に月に20日、月に15日の勤務が精一杯になっていった。

ケース④
アルゼンチン出身　男性70歳　神奈川県在住　日本在住期間：22年

1988年に来日し、最初は東京の立川で金属のさび防止作業に6カ月間だけ従事した。1989年から2000年まで、神奈川県の大和市にある自動車部品製造工場に勤務した。この会社は大和市周辺に3つの工場を持ち、全盛期には200~300人の従業員が勤務していた。日系人ではパラグアイ、ブラジル、ペルーの人たちがいた。この時代には日本国内の日系人がわずかな条件の違いに敏感に反応し、職場を転々とすることができた。しかし、自分の場合は90年代に入ってから直接雇用になったのと、各地を転々とするつもりがなかったことで同じ職場で11年間勤務することができた。90年代末になってから会社の生産量が減り始め、工場が近い将来に閉鎖することが決まり（99年閉鎖）、自分は仕事の能率は悪くなかったが高齢だったために真っ先に削減の対象となった。

ケース⑤
ペルー出身　男性45歳　神奈川県在住　日本在住期間：21年

1989年の来日直後は群馬県にある自動車部品工場で溶接や機械操作に従事していた。1990年に埼玉県大宮に移動し、トラックの組立工場に3カ月だけ勤務した。その後、東京や神奈川県の自動車工場や電化製品工場を転々とした。90年代後半がいちばん外国人労働者の景気がよかった時代だった。残業もあったし妻も働いていたので家庭の収入は安定していた。しかし、2007年に工場内の人員削減によって失職した後は、現在まで短期アルバイトをするくらいしか仕事がない状況だ。

ケース⑥
ボリビア出身　男性40歳　神奈川県在住　日本在住期間：18年

1992年に来日し、最初は群馬県内の大手運送会社で半年ほど働いた。しかし、長期勤務はせず、その後1993年に神奈川県内に移ってから2006年ごろまで県内の自動車工場を転々とした。来日してから2006年ごろまでは残業が存在し、1日に12時間以上勤務することも可能だったが、2007年ごろから残業機会は次第に減り、雇用確保さえも難しくなってきた。特に昨年の秋からは日系人を取り巻く雇用状況は悪化していると思う。2007年以降は定職がなく、日雇いの仕事ばかりに従事している。

これらの回答からうかがえるのは、日系人の労働状況が90年代後半から2000年代初頭にかけてすでに悪化していたことである。その要因としては、工場における人員削減や工場そのものの閉鎖などがあげられる。その背景には、90年代以降には経済のグローバル化が加速し、安価な労働力および低い生産コストを求めて国内企業が生産ラインの海外進出に乗り出したことがあげられよう。つまり、国内で日系人を雇って製品を製造することが相対的に高コストとなったのである。[9] さらに、たとえ国内に仕事が残ったとしても、今度は国内労働市場において、日系人労働者は他の外国人労働者グループの台頭を経験することになる。右の点については、以下の証言例をみてみよう。

ケース⑦

ペルー出身　男性35歳　茨城県在住　日本在住期間：10年

2000年に来日し、2003年から茨城県土浦市にある重機製造工場に勤務し始めた。重機製造工場で働いていた外国人労働者のなかでは、ブラジル人やペルー人などの南米グループの割合が大きかった。自分の作業グループにはフィリピン人もいた。自分が今年（2010年）の1月働いていた建設会社では、自分が職場を解雇されたのと同じ日に新たな2人のベトナム人が入社していた。かつて同じ職場で働いていたフィリピン人たちは、自分たちペルー人よりも少ない給料で働いていたから多く雇用されていたのだと思う。彼らにとっての1万円と、自分たちにとっての1万円の重さが違うから。彼らの国では5万円でもかなりの大金なのだ。このままアジア人が南米人に取って替わっていくかは自分にはわからないが、彼らが増加しているのは確かである。

ケース⑧

ペルー出身　男性38歳　神奈川県在住　日本在住期間：6年

ブラジル人とその他の南米人の間に雇用条件の差はなく、双方とも悪い条件下に置かれていた。それでも最近は企業も仲介業者もアジア人のほうを好むようになっている。中国人やフィリピン人は時給500円という条件でも働くし、1部屋に7~8人一緒に生活していても彼らは気にしない。だが、南米人にそれは不可能である。アジア人は自分たちにとって最大の競争相手となっている。フィリピン人には不法滞在者も多く、それに目をつぶる代わりに安く雇用されている人も多い。自分が建設現場の溶接業に従事していた時にはアジア人のほうが時給額は低かった。その後に勤めていた弁当工場にも彼らの姿が目立っていた。

ケース⑨
ブラジル出身　男性45歳　神奈川県在住　日本在住期間：15年

　ブラジル人でもペルー人でも給料はかわらないし、ブラジル人のほうが仕事をみつけやすいということはない。自分は3年前まで食品会社の工場で80人近いブラジル人とともに働いていたが、最近はブラジル人の数が減って中国人とフィリピン人が増加している。自分がそこで働き始めた時にはアジア人は4、5人しかいなかった。近年彼らが多く雇われているのは、変則的な雇用関係を結んでいるからではないか。アジア人に対しては研修生として雇用することによって人件費を抑えているのではないか。

ケース⑩
ペルー出身　女性62歳　神奈川県在住　日本在住期間：19年

　ブラジル人との間に職探しに差はあると思う。日系ブラジル人コミュニティは巨大だし、出身地で日本語学習が義務だったから日本語を話せる人が多い。現在職探しに日本語能力が求められるので、その違いが影響すると思う。アジア人は、時給500円で働いている人々もいるために、現在多くが雇用されているのだろう。彼らがそういった低い額の給料でも働くことができるのは、本国の経済レベルが低いからだろう。それでも自分がこれまで働いていた場所では、外国人グループ間の摩擦や衝突はなく、みんな一生懸命働いていた。

ケース⑪
ペルー出身　女性46歳　栃木県在住　日本滞在期間：18年

　これまで多くの外国人と働いた経験がないから、他の外国人グループの事情はよくわからない。ブラジル人数人と同じ職場で勤務したこともあったが、彼らとの給料額に差はなかった。ただし中国人が増えてきていることは確かだ。彼らが多く雇用されている理由としては、中国人の頭の良さ、漢字圏からきているから日本での仕事にすぐ対応できることと、自分たちよりもさらに安い給料で働いていることとなどがあげられるのではないか。自分の知るかぎり、時給600円で中国人が働いていたことがあった。

ケース⑫

ペルー出身　男性53歳　神奈川県在住　日本在住期間：20年

同じ南米出身でも、ブラジル人はペルー人よりも日本語が上手だから仕事を探す際に有利な状況にあると思っている。ただ、給与に関しては、同じ内容の作業をしているならブラジル人でもペルー人でも同額だ。自動車工場で働いていたときには中国人・フィリピン人・バングラデシュ人が同じ職場に勤務していた。自分たちは当時時給1550円で働いていたが、アジア人は時給1100円で働いていた。彼らが低い給与額でも耐えられるのは彼らの国の経済水準が低いからだ。溶接工として相模大野の自動車部品工場では自分が働き始めた2005年ごろには40人くらいしかいなかったバングラデシュ人が特に増加し、自分が解雇される2006年にはアジア人だけで100人以上が勤務していた。

以上の回答にはペルー人のものが多かったが、在日日系人の最大グループであるブラジル人との間で目立った境遇の差異はないと思われる。別に注目すべきは、日系人労働者たちが他の地域から来た外国人グループとの差について、より具体的に言及していることである。今回の証言のなかでは、中国人とフィリピン人を筆頭に、ベトナム人、スリランカ人、イラン人、バングラデシュ人といったアジア出身者が目立った。アジア人の進出に関しては、個人間で程度の差こそあれ、その台頭を実感しているという声が多かった。ケース⑦、⑨、⑫では、自分たちが職場での削減の対象となったのと並行して、アジア人の導入があったということが指摘されている。このようなことが起きているのは、ケース⑦から⑫にかけて言及されているように、アジア人が比較的安い賃金で働き、日系人よりも過酷な労働環境にも耐えられるからであろうか。ケース⑩や⑪のように時給500〜600円で働いていたり、ケース⑧のように支給された部屋で集団生活をしていたりという例もある。アジア人がそのような状況でも就労する理由については、出身国と日本の経済格差によって、日系人が受け取るよりも低い時給で送金に必要な分を確保できることや、研修生・実習生として労働現場に参入していることなどが述べられている。他には、出身国が地理的に近いために気軽に往来できることや、中国人のように漢字文化圏出身者にとって日本語への対応は比較的容易なのではないかという意見もあった。

より低い生産コストを求めるための生産ラインの海外移転や、国内の生産ラインにおけるより安価な労働者の導入が進むなかで、日系人労働者が、かつて従事していた機械製品などの製造業よりも低賃金の業種に流れることを余儀なくされていることも、これまでの発言からうかがえる。その代表例の一つは食品製造・加工業である。彼らはそれを通称で「オベントー」と呼び、ケース①のペルー人男性の場合でも、直近の職探しを本業種で行っていた。次節では食品製造・加工業で就労経験のある日系人労働者の発言に絞って紹介したい。さらに雇用主側からの回答結果も参考にしながら、同業種の特徴を明らかにしていく。

3 「オベントー」業界で働く日系人労働者

日系人が使用する「オベントー」、または「ベントー」という語には、一般的なお弁当製造だけでなく、スーパーマーケットでの総菜作り、ファミリーレストランやファストフードチェーンで提供される商品の下ごしらえなども含まれる。「オベントー」は、さまざまな事情を抱えた日系人労働者にとって都合のよい受け皿的存在であり、以下には、このような様子を示す発言をとりあげておきたい。

ケース⑬
ペルー出身　男性53歳　神奈川県在住　日本在住期間：20年

来日してから神奈川県大和市で3年間暮らし、その間は自動車工場で溶接工として勤務していた。その後4年間は奈良県で暮らし、その後再び大和市で暮らし始めて現在にいたる。大和市に戻って約1年間は溶接工として働いていたが、工場を解雇となったことと、もともと喘息を患っていたことでこれ以上機械製造工場に勤務することが困難になった。２００８年からは姉の紹介で、大和市内の大手コンビニエンスストア系列のオベントー工場に勤め始めた。この工場は6人のペルー人従業員と3人の日本人従業員で稼動していた。今年（２０１０年）の2月にその工場が閉鎖し、現在まで職を失ったままである。

ケース⑭
ブラジル出身　男性31歳　神奈川県在住　日本在住期間：13年

２００９年11月にそれまで勤めていた工場を解雇になった後、中山駅近くの食品加工工場に短期間勤務した。その時期は弁当工場の仕事くらいしかなかった。この工場内では深夜から早朝にかけて弁当作りに従事していた。作業内容が単純すぎるのと自分のこれまでの技術や経験が活かされる場所ではなかったので苦痛だった。自分の周りには、不況を契機に静岡県などに移動していったブラジル人も多くいる。でも自分は鶴見を離れるつもりはない。鶴見には自動車関連の工場は少ないが、この辺に住む日系人はオベントー工場、リサイクル業、電設業で雇用を得ることが多いと思う。

ケース⑮

ペルー出身　男性35歳　茨城県在住　日本在住期間：10年

　2008年にそれまで勤めていた工場を解雇となり、次の工場で働き始めるまで茨城の大手コンビニの弁当工場に勤務していた。現在かつてと比べて自動車部品工場での求人は少ない。いま最も仕事を得やすいのはオベントー工場などの食品関連の工場だろう。日本では食べ物を売る店が多いから、この産業では景気に左右されず常に求人がある。

　食品製造・加工業での作業は、機械製造や建設現場などでの重労働に耐えられなくなった日系人労働者や他の業種で雇用がなかった日系人労働者にとって、最低限の収入を保証してくれる仕事なのである。また、第2節の冒頭で紹介したケース①、そしてケース⑭、⑮のように、30代や40代の男性という重労働に耐えられそうな労働者であっても、現在は比較的高齢労働者や女性労働者が中心の弁当工場での勤務を選択せざるをえない状況がある。一方で、同業種の工場経営にとって、外国人労働者はいかに位置づけられるのだろうか。大手3社の概要と見解を以下に示した。なお表1には、アンケート回答の一覧を示した。

【A社】

　A社は神奈川県横浜市を中心に複数の大規模工場を所有している。1960年代の設立以来、コンビニ食品や冷凍食品の製造を中心に経営規模を拡大し続けている。今回対象となった工場は2010年3月に設立され、工場内に300人を超える外国人従業員が勤務していることが特徴である。そのなかでも主要なグループはアジア人となっている。一般的にオベントーは、肉体を酷使する作業や高度な技術が求められず、従来から女性の集まる業種であるため、男女比が男1：女9なのは特に珍しいものではない。40～50代にかけての年齢層が多く占めていることからも、比較的軽作業が求められることが推測される。

　同工場では90年代後半から外国人従業員数が増加し始め、2008年秋以降にも外国人応募者が急増したと回答している。採用基準は日本語力と同業種における経験と回答し

表1　各社アンケート回答一覧表

	A社	B社	C社
主な事業	コンビニ弁当・冷凍食品	ファミリーレストラン経営	ファミリーレストラン経営
会社設立年	1967年	1962年	1963年
対象工場設立年	2010年	1998年	2001年
工場立地場所	神奈川県横浜市	神奈川県大和市	神奈川県相模原市
工場総従業員数	400人以上	400人以上	400人以上
外国人従業員数	300人以上	50人未満	50人未満
外国人従業員の主な国籍	フィリピン66%、中国12%、ブラジル11%、その他11%	フィリピン85%、ペルー５%、その他10%	中国70%、その他30%
外国人従業員の男女比	男：女＝１：９	男：女＝１：９	男：女＝３：７
外国人従業員採用基準	日本語・同業経験	日本語	滞在証提示・同業経験
外国人従業員の主な年齢層	40代・50代	40代・50代	40代・50代
外国人従業員平均勤務時間	５～８時間	５時間未満	５～８時間
外国人従業員勤務時間帯	深夜から明け方に多い	日中に多い	分散している
外国人従業員勤務期間	１年以上	１年以上	回答なし
外国人従業員増加時期	90年代後半以降	2000年以降	2000年以降
2008年秋以降の変化	外国人の急増	特になし	特になし
近年増加の顕著な国籍	フィリピン、中国、ペルー	特になし	特になし
外国人従業員が集まる理由	需要の安定・従業員の紹介	経験・資格が不問	不明
外国人従業員の位置づけ	必要不可欠	必要不可欠でない	必要不可欠でない
2010年７月時点の時給額	800円～	890円～	850円～

出典：筆者によるアンケート調査の結果（2010年４月～2010年５月）および各社URLにもとづいて作成。

ている。そして、同工場に安定して外国人従業員が存在する理由については、「商品への安定した需要」の存在と、「外国人従業員による紹介」をあげている。表1には記述しなかったが、同工場では外国人労働者を積極的に評価しており、単に労働力確保のためだけではなく、現場に活気を与えてくれている存在であることが述べられていた。

【B社】

B社は全国的にファミリーレストランチェーンを展開しており、関連工場は全国に散在している。今回アンケートに応じてくれた工場は、神奈川県でも有数の南米出身者集住地である大和市に立地している。このことから、同工場における大量の日系人労働者を予測していたが、回答の結果、同工場でも主要な外国人グループはフィリピン人を中心としたアジア人であることが判明した。採用の際には日本語能力を審査している。その他、男女比、勤務期間などに関して先にあげたA社と大きな違いは見られない。また、同工場における外国人従業員の増加が始まったのが２０００年以降であり、そのなかでもアジア人が顕著であることは日系人の労働市場における立場の変化を示唆している。

【C社】

C社はB社と同様に、全国的にファミリーレストランを展開し、神奈川県東部に複数の工場を有している。今回対象となった工場は２００１年設立と比較的新しい。C社が他の2社と異なる回答を示したのは外国人従業員における主要グループが中国人であるという点と、採用審査の際に滞在証を確認するという点である。ただし、この点に関してはたしかにA社、B社は選択していなかったものの、外国人応募者が合法滞在であるかは最低限確認していると思われる。C社の対象工場における外国人従業員に中国人が多く含まれているが、アンケート内で「特定国籍の外国人グループを優先して採用しているわけではない」と回答している。

本調査のみにもとづいて業種全体の一般化はできないが、少なくとも首都圏の大規模工場には、多くの外国人が勤務しているところがあることとわかる。また、従業員は女性が中心かつ40代・50代が中心であること、長時間勤務がないこと、時給額が比較的低いといった特徴も読み取れよう。商品への安定した需要に関してはA社のみしか言及していないが、他の2社が外国人の多い勤務時間帯としてA社とは異なる時間帯をあげていることから、食品工場の１日の稼働時間が比較的長く、そのことが安定した労働力需要を作り出しているようである。留意したいのは、各工場からの回答からもわかるように、フィリピン人・中国人を中心としたアジア人がこの業種に急速に進出していることである。[10]図1も示すように、研修生・技能実習制度の対象業種となる「食品製造」におけるこの数年間の研修生増加は著しい。日系人労働者も決してこの業種で高給を受け取っていたわけではなく、彼らにとっては給与水準の低い部類に入る仕事だったことは先に述べた。ところが昨今は同業種でも、さらに安い労働力が求められる事態が生じているのかもしれない。このことが事実ならば、日系人労働者は、日本の労働市場において彼らにとってのニッチの縮小を甘受していくしかないのだろうか。

4 電設業種における日系人労働者

日系人の働く場所が徐々に失われているなかで、彼らが

図１　食品製造業における国際研修協力機構支援研修生数の推移

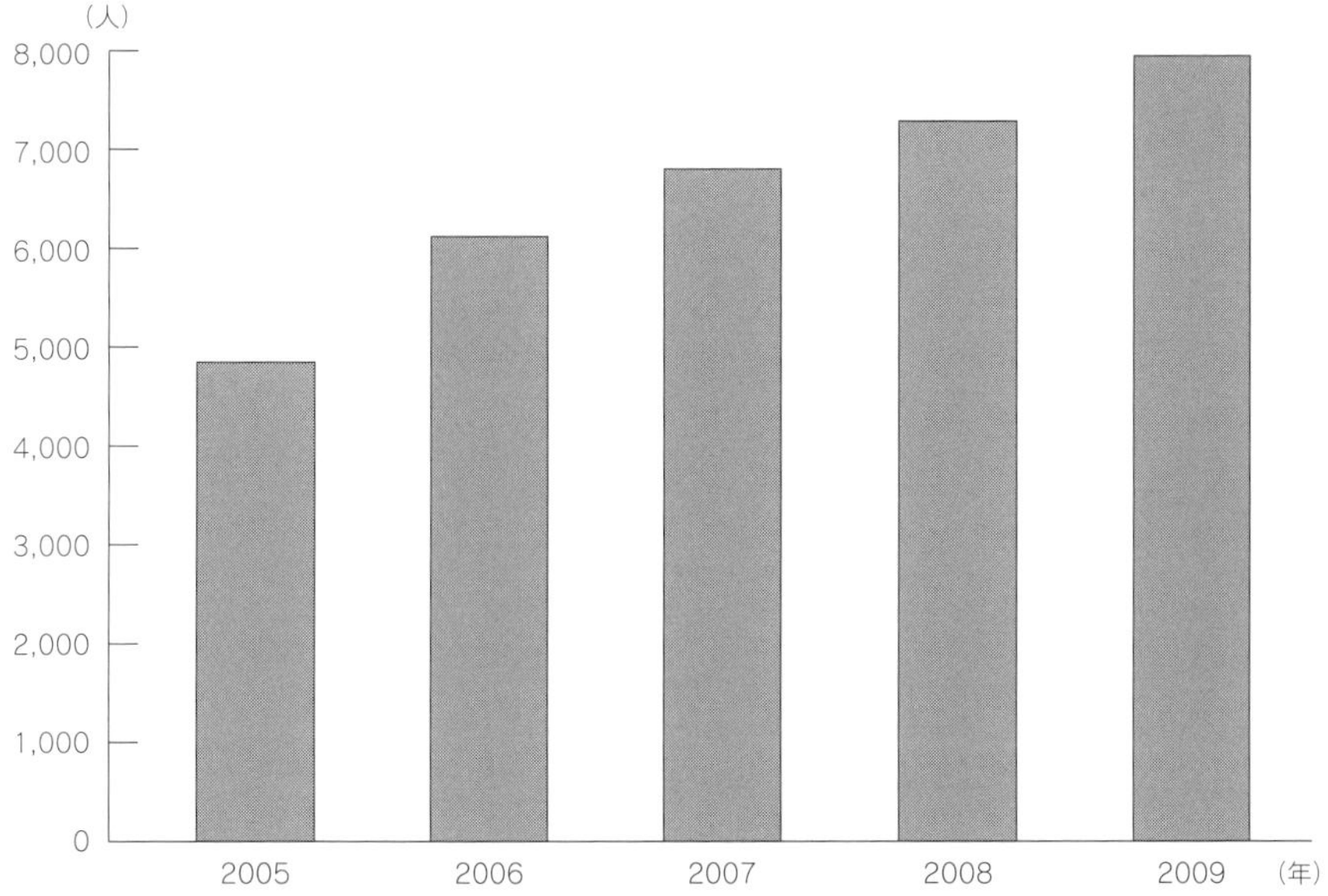

出典：国際研修協力機構 URL http://www.jitco.or.jp/ にもとづいて作成。

自力で開拓し、就労機会を見出すことが可能な例として、本稿では、神奈川県にある電設業をあげたい。とくに横浜市鶴見区は全国有数の日系人集住地であり、同区には２００９年３月時点でブラジル人とペルー人合わせて２０００人以上が登録している。これは横浜市内の一つの区に、県内のブラジル人とペルー人の合計人口の約１割が集中していることを意味している。この地域に日系人が多く在勤するようになったのは、90年の入管法改定以降、同地域の沖縄出身者の一部と沖縄系日系人を中心に日系人のリクルートを試み始めたことによる。この時期に鶴見の電設業者が積極的に日系人を雇用した理由は、当時の日本がバブル経済のなかにあり、首都圏を中心にビルなどの建設ラッシュなどによって大量の労働力確保が必要となったからである。また、比較的重労働であることから日本人からは忌避されがちな業種であったことも、日系人の積極登用へとつながった。

　電設業は、建築現場で電気の配線敷設作業や規定の電圧下で電流が起きているかの確認作業をすることが主要な作業である。そのため、同業種で働くには資格・経験・技術が必要とされている。多くの電設業者は建設にかかわる業者からの受注を受けて相応の人数を現場に派遣するという形態をとっている。また、１年を通して常に受注があるというわけではないので、大規模な仕事がある場合は数カ月単位で現場に社員を送ることができるが、閑散期には最長で1週間から10日ほど仕事がない社員も出てくるという。そういった特徴から、電設業者における給与は日当制であり、日当額１・２~１・５万円が相場となっている。仕事が不規則に生じるために、本稿で紹介するT電設に関しては、長めの閑散期が生じる場合はなるべく早く該当従業員にその旨を伝え、その期間にアルバイトやパートをしやすいようにしている。

筆者の調査が対象としたT電設株式会社の経営者は、この地区への集住の経緯について前述したように、沖縄県出身である。この経営者は沖縄出身の戦後ボリビア移民であり、１９６０年にブラジル経由でボリビアに渡った。入植先での農業経営が芳しくなかったため、自身は64年から３年間はアルゼンチンで過ごし、その後ボリビアに戻ってからは精米所経営や、ＪＩＣＡのサンタクルス事務所や一般商社での勤務を経て、80年代後半から弟が経営していたサンパウロの旅行社を手伝い始めた。そして、１９８８年に知り合いの沖縄人とのつながりで鶴見に来て、ブラジルで経営していた旅行社の日本窓口となる旅行代理店を設立した（２００５年に閉業）。２０００年代に入ってから前身の電設会社を引きつぐ形でT電設会社を開き、現在に至る。

T電設には２０１０年６月末時点で約90名が働いており、その約半分が南米出身者である。国籍別ではブラジルとアルゼンチンがそれぞれ約15名、ペルーとボリビアがそれぞれ約10名といった構成となっている。同社従業員における外国人比率は高いが、同社では日系人を「安い労働力」という扱いはせず、日当額は役職や勤務期間で決め、日本人と同じ条件で査定している。また、エスニックなつながりを重視しているわけではなく、日系人でも日本語能力に難がある人や、志望動機が曖昧な人を受け入れていない。そのため、２００８年秋の不況以降、知人を通じて入社を希望する日系人が何人も訪れてきたが、単に「仕事がないからとりあえず」という理由だけの人は受け入れなかったという。その他の例としては、かつて日本での生活期間が長く、日本語も堪能な中国人の応募があり、面接によって採用を決めたケースがあったそうである。また、同業種には、国の支援を受けた各地の技能研修協会の主催による、未経験者を対象とした溶接・高所作業・低圧電気取扱、といった資格取得を目的とした技能講習会が定期的に開催されているために、T電設ではこの講習会参加経験者を積極的に雇用している。[11]

ただし、同職種での就労経験のない人たちに対して完全に門戸を閉じているというわけではない。入社後の早期の基本的な資格の取得や講習会参加、そして10年以上の長期勤務を約束し、さらにその人物の性格や人柄がそれらの条件をクリアするに足ることが面接の際に判明すれば、たとえ素人であっても採用することがあるという。

T電設自体は2008年以降の不況の影響をまともに受けることはなかったが、近年は従業員の高齢化が進んでいることが問題となっている。長期にわたって継続的に勤務している人が多く、さらに定年制度を設けていないために技術に著しい低下がないかぎり引退を勧告しないという方針を採っているためだと経営者は語っていた。現在は若返りを図るために、新規雇用の年齢制限を設けていこうと考えているという。90年代以降、日本国内の外国人労働者が急増していったなかで、いわゆるブルーカラーの業種において人件費節約や生産コストの抑制のための安価な外国人雇用が一般化した。つまり、「安ければよい」という考えである。それが顕著なのが自動車産業であり、電化製品産業であった。しかし、同じブルーカラー職でありながら、電設業に関してはその性格が異なる。その特徴については、T電設経営者の以下の発言からもうかがえる。

不況などの影響で首都圏の建設数も減ってきているため、自分たちのような業種ではいかにパフォーマンスで建設業者にアピールするかが重要になってきている。たとえ、総コストを抑えることによって受注を勝ち取っても、そこでの仕事の質が低ければ商売にならない。この業種は安い労働力を大量に雇用したからといって利益が生まれるものではないのである。だからこそ自分の会社では求人の際には国籍ではなく、経験・資格・性格にこだわる。

また、本稿では詳しくとりあげなかったが、今回行った聞き取り調査に協力してくれた日系ブラジル人男性のなかに、上記の電設会社とは別の電設会社に勤務する人物がいた。彼の証言でも、雇用条件は上記の会社と同様のものだった。これらのことから、同業種の特徴の一つとして、国籍や出身地による差別のない比較的平等な雇用環境が存在していることがあげられるだろう。

まとめ

本稿のねらいは、在日日系人労働者の労働状況が、2008年の世界同時不況以前からすでに悪化の途をたどっていたことを明らかにすることであった。そのために、インタビュー被験者となった日系人労働者に対し、過去の就労経験や、その他の外国人労働者グループとの関係について、聞き取り調査を行った。この関係がこれまで十分に検討されてこなかったのは、アジア人を中心とする他の外国人労働者グループと日系人の間で、長い間ある程度の住み分けがなされていたからかもしれない。

しかし現在、彼らは同じパイを争う関係になりつつある。特にオベントーこと食品製造・加工業の例は、日系人への需要が他の外国人労働者に比べ相対的に小さくなりつつあることを示していると考えられる。日系人労働者にとってオベントーは「商品需要が安定し常に雇用が存在する」といった長所と、「単純作業中心で、時給1000円以下かつ勤務時間も限られている」といった短所が併存する業種であった。こういった特徴から、90年代の日系人にとってのオベントーは、「高収入が期待できる仕事がみつかるまでの腰掛け的な職場」や「共稼ぎ女性の集まる職場」であり、2000年代に入り在日日系人の高齢化が始まると、「体力的な理由で重労働に従事できない人々が吸収される職場」にもなった。つまり、日系人労働者にとってオベントーは何らかの問題があるときに最低限の収入を保障してくれる職場であり、第一志望的職場ではなかったのである。しかし、近年は比較的集労働に耐えられる30代や40代の比較的若い日系人男性でも、オベントーの仕事を得るだけで精一杯という状況となった。つまり、オベントーが第一志望にならざるをえなくなる場合が生まれてきている。今回の調査でも、若い日系人男性のなかに、この数年の間に食品関連の工場での勤務を経験している者が多いことがわかった。

その背景には、1990年の入管法改定時に導入され、その後に滞在期間や研修可能な業種の拡大などの規制緩和を経て、今日に至っている外国人研修生・技能実習制度の影響がある。同制度の導入後、適用される職種が拡大され続け、2010年8月時点では、制度の対象職種数が66、作業数が123となっている。それと並行して国内の自動車や機械産業が衰退したことによって日系人の就業する業種の多様化が進行し、以前は住み分けがされていた日系人とアジア人が同じ職場で勤務する機会が増加した。このようにして生まれた競合関係のなかで、「日系人は日本人ではないが安くない」という、雇用する側からみると中途半端な立場に現在置かれつつある。

他方で、食品製造・加工業と同様に日系人労働者を雇用し続ける電設業者では、雇用理由や方針が前者とは異なる。特に本稿で紹介した横浜市鶴見区の電設業における日系人の雇用条件や労働環境からは、日系人自身の覚悟や努力次第で自分の将来を開拓できる就労分野が存在しており、彼らが今後とも日本で働き続けるうえでの一つの方向性が見いだされよう。とはいえ、今回取りあげた横浜市鶴見区の電設業は、稀有なケースであるともいえる。経験や技術を重視し、合法滞在であれば国籍を問わないという企業は、日本社会のなかにさほど多く存在しないだろうから、今回のケースだけをことさらに強調して、「日系人にも希望がある」というのは早急である。いずれにしても、日本はいまだ不況のなかにあり、このような状況でも日系人は生活の糧を求めている。ホスト社会もまた、外国籍住民に関するさまざまな課題に直面している。それゆえに、経済危機とその後現在まで続く雇用状況の悪化を、90年代以降の外国人労働者受け入れの変遷を省みる契機ととらえ、日本社会における外国人のあり方を再検討していくべきであろう。

注

1　本稿で用いる「日系人」には、日本人の血が流れている中南米人だけでなく、日本で就労制限のない定住資格の付与の対象となる日系人の配偶者も含まれている。

2　ただし食品製造・加工業分野については、郵送によるアンケート調査のみが可能であった。工場経営における日系人の位置づけを知るために、雇用している外国人労働者数、国籍別割合、男女比、年齢層、増加が始まった時期、雇用審査基準、勤務時間、今後の工場経営における彼らの位置づけなどについて、質問事項を準備した。電設業については、経営者に対するインタビューを実施した。

3　同事業は2009年4月1日から2010年3月31日にかけての期間に実施され、厚生労働省がブラジル人を中心とする日系人に対し帰国渡航費を支援するかわりに、3年間の再入国禁止措置をとるものであった。同省によると本事業によって帰国した人数は2万1657人にのぼる。

4　メディアにおける日系南米人報道についての近年の研究では、松宮・余語（2009）による1990年から2008年にかけて朝日新聞に記載された関連記事を分析したものがある。

5　この会議は不況以降の浜松市内のブラジル人住民の生活実態を把握するために2009年1月に市、NPO、銀行などの8団体により発足され、ブラジル人住民対象のアンケート調査などを行っている。

6　「法務省入国管理局登録外国人統計」によると2008年から2009年にかけて国内ブラジル人登録者が4万人減少している。

7　ブラジル人就労者研究会（2009a）による豊田市での調査では、アンケート被験者南米人（683人）の53・6%が、自分の子供が将来暮らす場所として日本を希望しているという回答結果が出ている。

8　同法の改定により、派遣労働者との契約が3年を超える場合、雇用主は3カ月のクーリング期間を設けるか直接雇用をすることが義務化された。

9　2003年頃よりの製造業を中心にした景気回復期でも、製造側にとっては柔軟な雇用が維持できる業務請負の増加と、生産コストの一層の引き下げが続き、日系人労働者の就労環境は決して安定的かつ高水準ではなかったものと考えられる。上の論点とも関連して、この時期の製造業の「国内回帰」と外国人労働者の問題を扱ったものとしては、井口（2009）を参照。

10　伊藤（2009）による岐阜県でのブラジル人および中国人の労働実態調査では、同県内では両者の集中する職種が異なり、労働面で競合関係にないとしているため、ブラジル人とアジア人の関係性は地域によって変化することが考えられる。

11　同講習会は、社団法人労働技能講習協会によって全国各地で土・日・祝日を中心に年間約200回開催されている。

参考文献

井口泰（2009）「外国人政策の改革と東アジアの経済統合への貢献——製造業の『国内回帰』に関する分析と考察」、浦田秀次郎・財務省財務総合政策研究所『グローバル化と日本経済』勁草書房、p.141-166

石田謙一、川崎嘉元（2010）「経済状況の悪化を受けての浜松市におけるブラジル人への影響について——『がんばれ！ブラジル人会議』による調査結果を参考に」『中央大学文学部紀要』No.233, p.1-12

伊藤薫（2009）「岐阜県における外国人労働者の実態と特徴——日系ブラジル人と中国人の比較」*Review of Economics and Information Studies* No.9 (3・4), p.57-101

伊東浄江（2010）「フィールドノート　不況の中、岐路に立つ日系人」『共生の文化研究』No.4, p.27-33

外国人研修生問題ネットワーク編（2006）『外国人研修生　時給300円の労働者』明石書店

児島明（2010）「ニューカマー青年の移行に関する研究——在日ブラジル人青年の『自立』をめぐる物語を手がかりに」『鳥取大学地域学部紀要地域学論集』No.6(3), p.283-297

亀田進久（2008）「外国人労働者問題の諸相——日系ブラジル人の雇用問題と研修・技能実習制度を中心に」『レファレンス』No.58-4, p.19-39

滋賀県国際協会（2009）『経済危機に伴う外国人住民の雇用・生活状況調査結果』

島田由香里（2000）「横浜市鶴見区における日系人の就業構造とエスニック・ネットワークの展開」『経済地理学年報』No．46-3, p.266-280

下野恵子（2008）「東海地域における日系人労働者および研修生・技能実習生——低賃金に依存する製造業の中小企業」『国際地域経済研究』No.9, p.23-34

丹野清人（2007）『越境する雇用システムと外国人労働者』東京大学出版会

——（2009a）「外国人労働者問題の根源はどこにあるのか」『日本労働研究雑誌』No.587, p.27-35

——（2009b）「官製雇用不安と外国人労働者——外国人から見えてくる非正規雇用に今突きつけられている問題」『寄せ場』No.22, p.36-52.

——（2009c）「総合デカセギ業が包み込む日本のブラジル人労働市場」『都市問題』No.100(3), p.60-67

樋口直人（2010）「経済危機と在日ブラジル人——何が大量失業・帰国をもたらしたのか」『大原社会問題研究所雑誌』No.622, p.50-66.

福井千鶴（2009）「南米日系人にかかわる問題と解決策の一考察」『高崎経済大学論集』No.52, p.71-87

松宮朝（2010）「経済不況下におけるブラジル人コミュニティ——愛知県西尾市の事例から」移民政策学会2010年度年次大会・研究大会報告抄録

松宮朝・余語健人（2009）「マス・メディアにおける『ブラジル人』言説の変容（上）」『愛知県立大学教育福祉学部論集』No.58, p.61-66

広田康生（1993）「都市エスニック・コミュニティの形成と『適応』の位相について——特に横浜市鶴見の日系人コミュニティを対象として」『社会学年報』No.27, p.289-325

ブラジル人就労者研究会（2009a）『外国人就労者生活実態調査結果』

——（2009b）『ブラジル人就労調査報告書』

法務大臣官房司法法制調査部編（1995, 2000, 2005）『出入国管理統計年報』

渡邊博顕（2009）『外国人労働者の雇用実態と就業生活支援に関する調査』労働政策研究・研修機構

［あおき　げん］
筑波大学大学院人文社会科学研究科国際日本研究専攻博士課程在籍。専門は日本におけるラテンアメリカコミュニティ研究。

Column 2

経済危機とブラジル人移住者の雇用

——長野県上田市のヒアリングを通じて

ウラノ・エジソン

はじめに

リーマンショックによる2008年末の大量解雇は、非正規労働者を中心に、全国的に多くの失業を生み出した。たとえば、筆者が2009年2月に、在日ラテンアメリカ人が多く集住している中部地方の労働者、ユニオン、そして派遣業者などで行ったヒアリングでは、製造ラインからブラジル人たちが人員整理されていく動きがうかがえた。自動車部品や電子部品工場などで、ブラジル人が100人いた職場から大半がカットされるなど、これまではなかった範囲で解雇、失業が発生した。過去に起きた不況では、失業した労働者は、知人・親族のネットワーク、新聞の募集広告、派遣業者などを通じて何らかの形で次の職を見つけることができていた。しかし、周辺的労働市場の全体的な冷え込みを受けて、労働者たちに渡り先がなく、長期的な失業に陥り、生活保護、失業手当を受給、帰国することを余儀なくされた。こうした大量解雇は、だれもが予想しなかった「100年に一度」の経済危機の結果であった反面、ある程度予想できて、数年にわたり実施されてきた、2003年の派遣法改正を含む雇用政策と融合した結果でもあった。

在日ブラジル人の事例を通じてこの問題を考えると、それまでは「請負」といったシステムで雇われていた労働者たちが、製造業への派遣解禁により、派遣労働者として雇用されるようになったことが分かる。アウトソーシング市場にもたらした影響は大きく、不安定雇用の増大と業者間の過度な競争による賃金水準の低下が進行した。政策当局は、「請負」による不透明な雇用関係の是正、企業への指導強化で雇用の適正化も法改正を通じてめざした。しかし、制度の改正は、アウトソーシング市場での競争を増幅させ、さらなる雇用破壊をもたらしたのである。従来請負業により労働者を雇用していた会社は派遣部門をつくり、逆に派遣大手が請負部門に参入するなど、労働者を柔軟に雇う手段が増え、それまでも異常なまで不安定な雇用がさらに不安定なものになっていった。

これからも外国人非正規労働者の需要は続くであろう。しかし、派遣事業への規制が強化される傾向がある中で、反動として、ふたたび「請負」といった雇用形態へのシフトが見られ始めている。曖昧な雇用関係、雇用責任の所在など、請負システムが抱える矛盾は依然として残っており、雇用環境が改善される見通しはたっていない。直接雇用される労働者の場合も、パート・アルバイトなど期間労働者としての雇用が目立つ。ペルー人、ブラジル人たちが社会および労働市場の底辺に固定化される可能性は常に存在し、今回の経済危機はなし崩し的に進行していた雇用融解を浮き彫りにしたことで、政策当局、地域社会、移住者に対し、ラテンアメリカ人移住者の社会包摂のための具体的な政策構築の必要性を課題として提示している。

このコラムでは、筆者が長野県上田市をフィールドとした、共同で実施したヒアリング調査を通じて、こうした課題について考えていきたい。

外国人登録者数からみるブラジル人人口減少

電子機器産業を中心に、多くのブラジル人が就労している長野県上田市には、２００７年、２００９年、２０１０年に二つの異なった調査チームのメンバーとしてヒアリングに参加した。２００７年には、東京外国語大学多文化協働実践研究プロジェクト（以下、外大調査）の一員として、２００９〜２０１０年には、財団法人連合総合生活開発研究所（以下、連合総研調査）が設置した外国人労働者問題研究会の委員として再び上田市でヒアリングをすることとなった。本コラムは、このように、リーマンショック前後に実施された調査を通じて経済危機による移住者の生活への影響を検討するものである。２００９〜２０１０年に行ったインタビュー（ブラジル人住民、ハローワーク、自治体関係者、派遣業者、労働組合など）からは、上田市の外国人の生活の変化がうかがえた。失業者となり、雇用保険を受給している労働者のケース、妻は日本国政府の帰国支援を受けて帰り、夫婦が離別したケースなど、変化はさまざまであった。2007年の外大調査では、上田市のブラジル人住民の定着率が比較的高く、自治体の積極的な取り組みが、市役所でのヒアリング、学校訪問、ブラジル人住民の語りからうかがうことができた。外国人児童をサポートするために設けられたクラス「虹の架け橋」では、特別クラスが外国人児童の適応過程に大事な役割を果たしていた。また、ブラジル人住民へのヒアリングからは、地域の住みやすさ、自治体の対応などが、彼/彼女たちの定住志向を支えていることを知ることができた。その一方で、多くのブラジル人を雇用していた電子機器大手が工場の海外移転のため、市内在住のブラジル人人口が一挙に減少したり、中国人労働者の増加などの実態も見られ、グローバルな労働市場の再編によって構造化された、不安定で流動的な労働力需要に日系ブラジル人が「動かされている」実態が確認できた。しかし、当時、だれもが予想できなかったことが、2008年後半に起きた世界同時経済危機であった。アメリカから始まった危機は、世界各地に飛び火し、移住者の生活・移動過程に影響を及ぼした。日本でも、特に世界不況による国際貿易の停滞、輸出量の減少による製造業の生産量減少などで景気が後退し、労働市場は冷え込んだ。

1980年代半ばに、日本人移住者のUターン、二重国籍保持者の出稼ぎから始まり、日系三世の日本への入国・生活を可能にした1990年6月の出入国管理法改正により一気に加速した移動過程は、人口30万人以上のコミュニティを形成するまでにいたった。しかし法務省入国管理局資料によると、今回の経済危機により、ブラジル人外国人登録者数は、2008年末の31万2582人から2009年末には26万7456人へと、4万5126人減少した。長野県上田市でも、2008年~2009年にかけて、ブラジル国籍者の外国人登録者数は16・2%減少した（図1）。

帰国・就職支援の実態

2009年に上田市でフィールド調査を行った時点では、ハローワークを通じた求人および請負業者による雇用が同時に逼迫し、失業中または雇用保険による失業手当を受給していた人々が多く見られた。また、帰国支援事業の利用者（2009年4月~9月）が153名（ペルー、アルゼンチン国籍も含む）であった。失業給付金を受給していた外国人労働者は、2009年4月には1000人であったが、同年9月には798人、2010年7月には50人まで減少していた（表1）。また、雇用ルートのいちばんの担い手であった派遣業者も、労働力需要の激減を受けて事業を縮小した。たとえば、上田市に拠点をおき、派遣業とブラジル人学校を営むTグループの場合、2009年9月時点で460人いた派遣人員が、2009年9月時点では234人まで半減した。2010年7月時点でも派遣人員は252人と、横ばい状態が続いていた。結果として、ハローワークが主な就職活動の場となった。ただし、突然の求職者増への対応は難しく、ポルトガル語などでの対応は設けられたものの、求職者の一部からは情報提供が不十分であるとの指摘もヒアリングからは聞くことができた。上田市の場合、ブラジル人コミュニティの最大の集住地域である愛知県などと比較すると、もともと求人が少ないことから、雇用の回復はいっそう厳しいものとなっていた。こうした影響もあり、他県への流出が他県からの人口流入を上回ったことや、ブラジルへ帰国により、ブラジル人人口は大幅に減少した。

　帰国支援制度については、経済危機を利用した排他的な措置であったとの論調も存在するなかで、ヒアリングの対象となった外国人住民からは肯定的に評価する声もあった。資金的に余裕を持たない移住者が早期に帰国してしまったケースもあれば、帰国支援を雇用保険の利用と組

図1　長野県上田市の国籍別外国人登録者数の推移

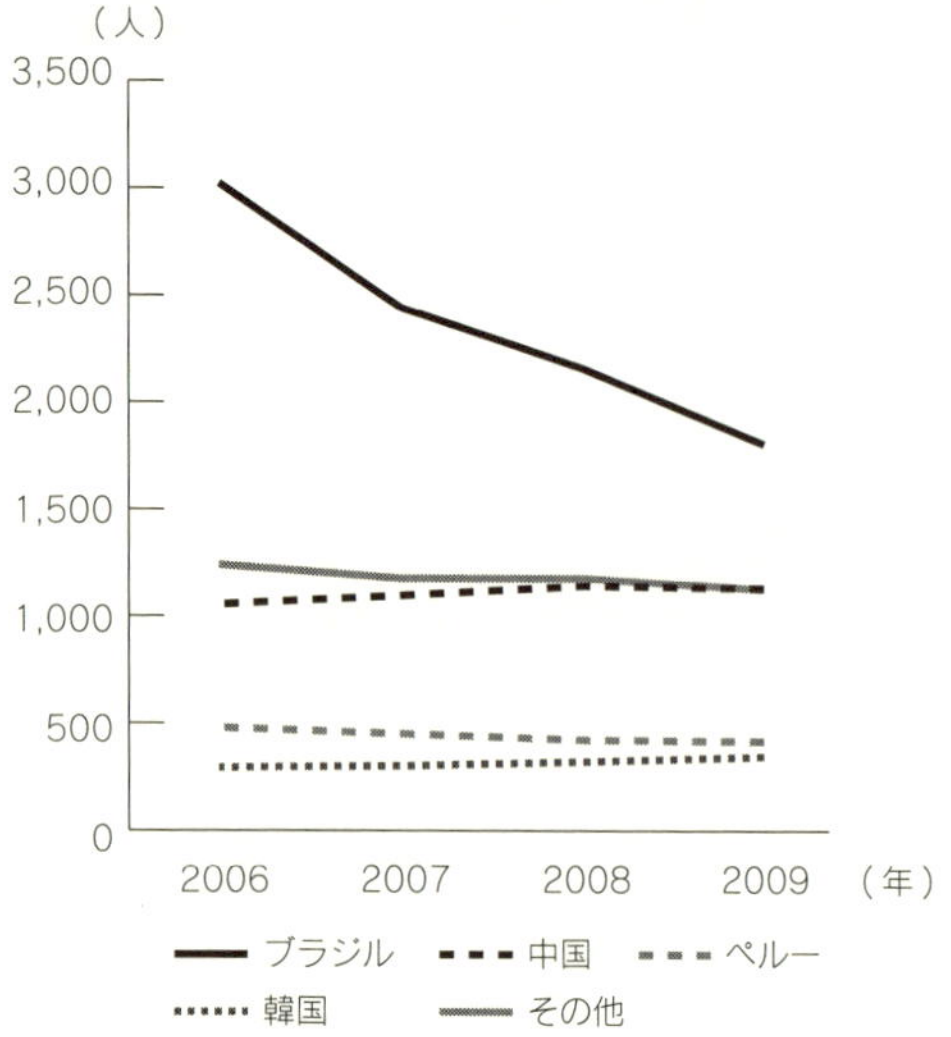

出典：長野県上田市提供資料から作成。

表1　外国人労働者への失業給付の現状

	2009.9	2010.7
相談件数	978	186
うち、雇用保険受給中	798	50
割合	81.6%	26.9%

出典：ハローワーク上田提供資料。

み合わせて、帰国のタイミングを計っていた労働者のケースもあった。たとえば、失業手当の給付を受けながら雇用環境の回復を待ち、短期間のアルバイトなどをしながら最終的な手段として帰国支援を受けるケースもある。２００９年のヒアリング当時51歳のナカムラ夫妻が最初に来日したのが１９９５年。これまで自動車部品製造などの仕事を手がけてきたが、経済危機により失業に陥った。失業手当を受け、単発的なアルバイトをしながら生計をたてていた。就職活動は、年齢や日本語能力が壁となり、難航していた。また、日本で育ったブラジル人第二世代の労働市場での競争をも感じている。日本で稼いだお金はブラジルに帰国した娘の教育のため、そしてマイホームの購入にあてた。２０１０年8月に再びナカムラさんにお話をうかがったとき、彼はアルバイトで生活をつないでいたが、妻は２００９年11月に帰国支援を利用してすでに帰国していた。ナカムラさんは、仕事があるかぎりは日本で生活する予定でいるが、これが最後だと考えている。他方で次のような批判的な意見も見られた。２００９年時点で就職活動をしていた31歳（男性）のアントニオさんは、次のように語った。

> 日本は労働力が必要なときには呼び、必要なくなると帰国を促す。帰国支援制度自体は否定しないが、子供はポルトガル語が話せない。帰国支援だけでは解決できない問題がある……日本人と同じように働き、税金も納めてきたが、危機が起こると、日本人と同じ扱いを受けていないと感じる。

結び

世界各国で労働力移動が再編され、公共政策面で各国政府に対応が迫られたなかで、帰国支援事業は排他的な側面をもっているとの解釈も完全に否定しえない。しかしながら、以上の事例からもうかがえるように、労働市場が逼迫した状況で、こうした特別措置が一つの選択肢を提供したのも事実である。また、こうした措置は、中長期的な展開のなかではじめて適切な評価ができるのではないかと考えられる。たとえば、支援を受けて帰国した人々は3年間来日できないことになっているが、その間、段階的に受入のための体制が構築されるのか、それとも入国・ビザ発行の規制が段階的に強化されるかにより、今回の政策が経済危機をきっかけに排他的な措置であったのか、「移民政策」において先進的な取組みであったのかがはじめて評価できると考えられる。また、帰国しても、長年日本での生活で労働者が積み上げてきた仕事の経験をブラジルで生かせないことがほとんどであり、公立学校で勉強し続けた児童は、母国で新たな「異文化」体験をすることになる。

2008年の経済危機は、日本における日系外国人の教育、社会保障、労働市場での位置づけを考えると次世代も含めて日本社会の底辺に固定化される可能性も否めないなか、ブラジル人の移住過程にとって一つの転換点であると考えられる。外国人住民への対応は、地方自治体が中心となっており、今後も大きな役割を果たすに違いない。他方で、今回の危機は、ナショナルレベルで外国人住民への対応を構築するための「きっかけ」をつくったようにも思える。日系外国人の帰国支援、日本語教育を促進するための「虹の架け橋」プロジェクトなど、いくつかの政策が日本政府により打ち出された。たとえば、2010年8月に文部科学省の日系定住外国人施策推進会議から出された『日系定住外国人に関する基本指針』では、日系外国人に対する雇用、教育面での受入体制の不備が今回の事態を招いた一つの要因であったことを明記している。これから、外国人住民のインテグレーションを促進するための国レベルでのシステムの出発点がここにあると期待したい。移住者にとっても、今後日本に定住するのか、それとも労働市場、日本社会の長期的な不況を受けて帰国するのか、選択を迫られ、生活設計の見直し、再構築を余儀なくされている。この意味において、経済危機は、今後の展望を描くためには、製造業に過度に集中した労働市場への依存が土台となった移住過程から「職業選択」の多様化、エスニックビジネスの建て直しと普及などを通じて路線転換の必要性を提示したように思える。今回の危機は、現況について考え、外国人の統合のための新たな政策的枠組の設計の必要性および移住過程の再考を政策当局、ホスト社会、移住者自身に突きつけているのである。

[ウラノ　エジソン]
ブラジル、サンパウロ州出身。筑波大学大学院人文社会科学研究科准教授。東北大学大学院経済学研究科博士後期課程修了（経済学博士）。国際社会学、労働社会学、ラテンアメリカ研究。一橋大学大学院社会学研究科フェアレイバー研究教育センター、シニア・リサーチフェロー。上智大学外国語学部ポルトガル語学科講師。
"The Social and Economic Support among Migrants and the Families Left-Behind in Transnational Contexts"（共著）, *International Journal on Multicultural Societies*, UNESCO, Vol.10, No.2, 2008.

興行から介護へ

在日フィリピン人、日系人、そして第二世代への経済危機の影響

高畑 幸

はじめに――経済危機の回避と移動の戦略

本稿は、経済危機が在日フィリピン人社会に与えた影響について明らかにしようとするものである。2008年末のいわゆる「リーマンショック」で日本やアメリカは大打撃を受けたが、フィリピンにおいては製造業の輸出の落ち込みはあるものの海外就労者からの送金は一貫して増え、結果的に国内経済のリスクを労働力輸出による利益が補う形が続いている。労働力輸出、そして先進国で暮らすフィリピン人移民の存在は、フィリピン経済のセーフティネットとして重要な意味を持つのである。

2009年末現在、日本には21万1716人のフィリピン人が外国人登録をしており、また2010年1月1日現在の不法残留者数が1万2842人と、合計22万4558人のフィリピン人が日本で暮らしている。彼らの多くが女性で、興行労働を経て日本人と結婚して定住し、日本人家族の一員となって生活した経験を持つ人々だ。一方、南米出身者と同様に、1990年の入管法改正により日本での長期滞在が可能となったフィリピン日系人も徐々に増加した。戦前の日本人移民の子孫、いわゆる「日系人」に加え、詳しくは後述するが、近年は1980年代以降生まれの日比婚外子を含む「新日系人」と呼ばれる人々も増えた。両者を比較して、前者は文脈により「旧日系人」と呼ばれる。かつては日本におけるフィリピン人の労働形態の主流は興行労働だったのが、近年は工場労働・介護労働へと移ってきている。このような経年的変遷を踏まえて、経済不況下での在日フィリピン人社会について考察したい。

結論を先取りすれば、在日フィリピン人にとって今も昔も変わらぬ課題は「両国の経済格差をいかに利用して暮ら

すか」である。在日フィリピン人のみならず、海外で働くフィリピン人に普遍的な課題とも言えよう。海外で暮らしながらフィリピン人に不動産投資をする人もあれば、1年のうち10カ月、海外で契約労働をし、残りはフィリピンでのんびりと過ごすという還流型出稼ぎ労働のライフスタイルをとる人もいる。そして2008年、日本で働く人すべてが何らかの形で経済危機による影響を受けた。それをいかに和らげるか。その「戦略」はこれまでの応用問題であり、経済危機を回避しながら地理的に近接する日本とフィリピンの両国で暮らすというトランスナショナルな生活様式が選ばれている。そして、こうつぶやく人がいるだろう。「ああ、フィリピンがあってよかった」と。

1 労働者から定住・永住者
――フィリピンから日本への人の流れ

アジア随一の労働力輸出国であるフィリピンは、人口8857万人（2007年国勢調査）に対して2009年には142万2586人の労働者を海外へ送り出した。[1] 労働力輸出は労働政策の一部であり、停滞する国内経済に伴う余剰労働力の出口として海外労働市場は重要な位置を占め続けている。それは同時に、世界的な景気動向により自国民の雇用が直接的影響を受けやすいことを意味する。事実、2008年末の世界的不況で、各国では多くのフィリピン人労働者が失業し、帰国を余儀なくされた。[2] 渡航前に多額の借金を背負っている海外就労者は多く、それを返済できぬまま帰国した労働者は経済的に逼迫した。そこでフィリピン労働雇用省海外労働者福祉庁（Overseas Workers Welfare Administration）は、帰国した労働者とその家族に緊急貸し付けを行うなどの救済策を講じている。[3]

一方、フィリピンから日本への人口移動に関しては、近年の変化が2点ある。第一に、2005年3月の法務省令改正により、興行労働者（エンターテイナー）の受入れが激減し、日本においてはフィリピン人「労働者」が減少したこと。第二に、定住・永住化がさらに進んだことだ（図1参照）。2006年に日比結婚件数は一時的に急増するものの、その後は減少傾向にある。日本で暮らす人々の在日年数が延びた結果、永住者の割合が増加している。また、2009年1月の改正国籍法施行により在比の婚外子に「帰国」の道が開けた。結果として、2009年現在、在日フィリピン人21万1716人のうち8万4407人（39・9%）、つまり在日フィリピン人の4割が永住者だ。日本においては、フィリピン人の位置づけは労働者から定

図1　フィリピン人登録者の主要在留資格者数の推移、1998年～2009年

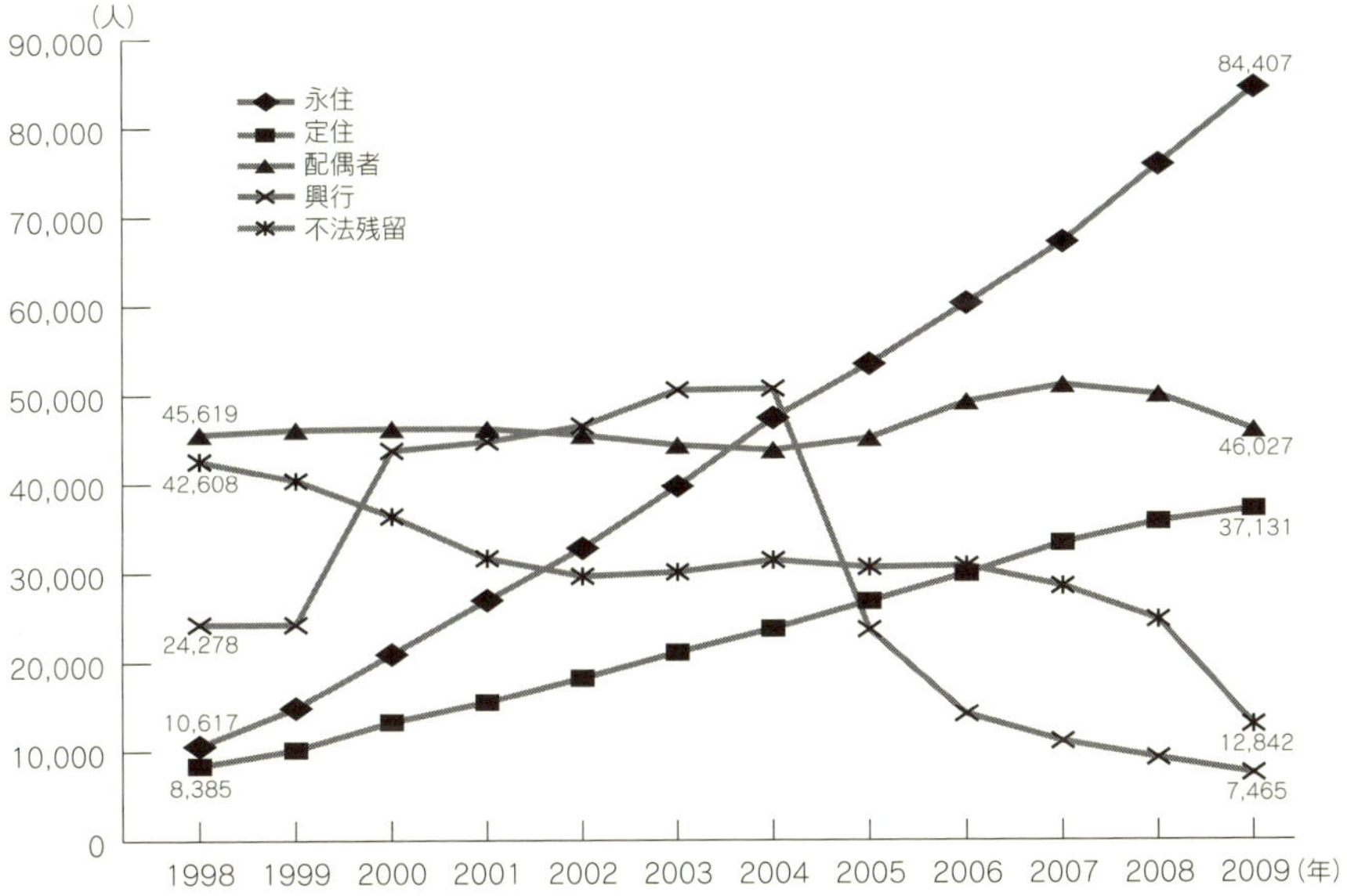

出典：入管協会『在留外国人統計』および法務省入国管理局「不法残留者統計」各年版より筆者作成。

住・永住者へと変容したのである。

以上の2点について、さらに詳しく説明しよう。第一点については、法務省令改正による興行ビザ発給の厳格化は、フィリピン人を日本へと送出する在日・在比の仲介業者にとって大打撃となった。従来は、興行ビザ発給のためにはフィリピン政府が資格認定した後に発行する芸能人手帳(Artist Record Book)を持っていれば日本の興行ビザがとれた。しかし、２００５年以降は芸能人手帳だけではなく、フィリピンで2年間の芸歴があることをかつての出演店の証明書等を添付して証明せねばならない。それまで、にわか仕立ての芸能人が多かった日本向けの興行労働者の多くがビザ発給要件に満たなくなってしまった。マニラにおいては、日本向けの興行労働者を育成・送り出していた業者の9割が廃業したと言われる。[4] 興行ビザでのフィリピン人登録者数は、２００４年に5万６９１人だったのが２００９年に７４６５人へと激減した。換言すれば、その後の経済危機で歓楽街の景気が落ち込むのを待たずとも、フィリピンの興行労働者送出しと受入れにおいては、２００５年にすでに労働者供給の激減による市場の急激な縮小が始まっていたのだ。

第二点については、上記のとおり興行ビザによる日本への入国と就労が難しくなったことで、日本人男性との結婚による日本への渡航熱が高まったことは想像に難くない。事実、日比国際結婚件数は2004年に8517件だったものが2006年には1万2150件と、2005年を境に急増した。しかしその後、結婚件数は2007年に9379件、2008年に7455件、2009年には5911件にまで落ち込んだ（厚生労働省人口動態統計）。「出会いの場」であったフィリピンパブが相次いで閉店したのだから、日比結婚も減ったのだろう。今後は、永住者の在日期間がさらに延びて彼らの加齢・高齢化が進むと思われる。すでに永住権を取得したフィリピン人女性たちが日本人と離婚し、日本人あるいはフィリピン人、それ以外の外国人と結婚して日本での生活を続けることもあろう。

　そして、もう一つ、定住・永住するフィリピン人を増やしているのが、2009年の改正国籍法施行に伴う新日系人母子の「帰国」である。1980年代後半から2005年まで続いた日本における若年フィリピン人女性の興行労働は、20代前半の女性たちが6カ月間の契約労働で出入国をくり返し、日本の繁華街を彩る結果となった。同時に、彼女らと客の日本人男性との間には多数の婚外子が誕生した。認知されることなくフィリピンで放置された母子が多かったのだが、国籍法改正により生後認知で日本国籍取得ができるようになった。

法務省民事局によると、改正国籍法施行の2009年における帰化許可者数は1万4785人（うち原国籍が韓国7637件、中国5392件、その他1756件）[5]、国籍取得は1572件で、うち321人がフィリピン国籍からの生後認知による国籍取得であった[6]。2008年の国籍取得者数は1386人、そして2009年は1572人なので、国籍法改正後は国籍取得者数が186人増えたことになる。また、上記の数字と重複するところもあるが、2009年1月1日から2010年4月30日の間に国籍取得届け出の受付数は1593件あり、うち1263件に国籍取得証明書が発行されている[7]。

　このような新たなる「日本人」と、その子を養うフィリピン人母とが続々と来日している。間をつなぐのは支援団体となるNPO法人や日本の人材派遣会社だ。いわゆる「就労支援」の経路をたどり、新日系人母子が日本各地の介護施設や工場で働きはじめている。子どもは日本国籍で、母は多くが定住の在留資格を得る。こうして、定住・永住層のフィリピン人がさらに増えていくのである。

　次に、経済危機が在日フィリピン人社会へ及ぼした影響についてみていこう。

2 在日フィリピン人社会への影響

(1) アルバイト収入の減少

日本人と結婚して定住した人々は、母国への送金のためアルバイトをするのが常である。日本での生活費をもっぱら夫が稼いでくれ、自分の収入は小遣いと送金用という生活ならばまだ楽だ。しかし、給与所得者の家庭で子どもが中学生・高校生になれば、日本での生活だけでも大変なところにフィリピンへ送金をするのは経済的な負担が大きい。したがって、家計の補助のためにも、フィリピン人女性はよくホテルの掃除やスーパーのバックヤード作業（野菜のパッキング等）、工場内労働のアルバイトをしている。

しかし、経済危機の後、2009年中に失職・転職をした人、その後も就職が決まらない人が増え、また時給が下がる、月収が減るといった経済的影響が出ている。たとえば、NPO法人在日外国人情報センターが2010年3月に実施した調査（在日フィリピン人向けエスニックメディア読者等を対象として無作為に電話調査を行い、回答者数は250）によると、回答者のうち82%が「日本人の配偶者」資格で滞在していた定住層の人々である。そして250人中もともと無職の38人を除いた212人のうち、63人（25・2%）が過去1年間に失職・転職を経験した。また、失職・転職をしていない149人（59・6%）のうち84人（56・4%）が、「月収が減った」と回答している。[8]

とはいえ、フィリピンへの送金は続けざるをえない。同調査によると、回答者250人のうち142人（56・8%）が2〜3カ月に一度送金をしており、その送金額は5〜10万円というのが157人（62・8%）と最多であった。

そして、フィリピンに送金するために、日本での生活費の切り詰めが行われる。日本で育ったフィリピン系日本人女性Cさんは「送金する母親」を間近に見て育った。現在は23歳になったCさんは、日本人父もフィリピン人母も働きづめで、自分が弟妹の親代わりだったという。彼女は高校生の頃を振り返って次のように語る。

（日本人の）お父さんはほぼ出張で、私が（弟妹の）親代わりだったっていう。…休みの日だけ、友達と遊んでいいよ、みたいな。（母は）昼はパートで夜はスナックですね。でも、（お金が）足りないって。（フィリピンに）お金を送ってましたから。（近くの高校を選んだのも）その時も、お母さん、朝も夜も仕事してたんで、家に近いほうがいいかと思って。まあ、きょうだいのお迎えとか、緊急の連絡とかがあったらすぐ行けるような感じで。[9]

(2) 生活保護受給世帯の増加

生活基盤が脆弱な移民世帯に、経済危機がより重くのしかかっている。2008年の厚生労働省福祉行政報告例によると、1カ月平均で5万1441人の外国人が生活保護を受給している。ちょうどこの年の外国人登録者数が221万7426人だったので、外国人の保護率は23・2‰ということになる。日本国籍者を含む全体の保護率が12・5‰なので、移住者の保護率は全体の約2倍という高さだ（移住連貧困プロジェクト 2010）。

日本人配偶者の失職や母子家庭で深刻な生活苦におちいった世帯は生活保護を受給している。高谷（2010）によると、在日フィリピン人を世帯主とする生活保護受給件数が近年急増しており、2008年に生活保護を受給しているフィリピン国籍の世帯主総数は2841世帯だが、うち2382世帯（84％）が母子世帯である。

在日外国人支援団体「移住労働者と連帯する全国ネットワーク」の「移住連貧困プロジェクト」が行った調査結果は、外国人母子家庭の困窮を鮮明に映している。そして、興行労働の後に日本人男性と結婚したが、夫からの暴力等で子どもを連れ命からがら逃げ出したフィリピン人女性たちが日本で暮らすことを「二つの家族を支える困難」と表現する。

同プロジェクトではフィリピン人のシングルマザー22人に聞き取りを行っているが、そのうち常勤経験者は3名にすぎず、大半は非正規雇用の経験しかなかった。食品加工等の製造業への従事である。これは日本人の生活保護受給世帯の非正規雇用比率よりも高く、生活保護は、日本人にとっては「最低限度の生活の保障」だが、フィリピン人シングルマザーにとっては「望みうるベストな生活水準を保障」するものと言えるかもしれない（高谷 2010）。

しかし、生活保護受給と移住女性が生きる世界とは必ずしも適合しない。その一つが、生活保護を受給しながら母国へ送金できないという決まりだ。そのため、生活保護を受給せずに、無理に無理を重ねて働く女性たちも多かったという（高谷 2010）。実際のところは、日本で暮らすフィリピン人女性たちには母国へ送金することが規範的に求められる。それが「二つの家族を支える」ということだ。かつて日本人男性との結婚生活がうまくいっていたころ、あるいは日本人夫が安定職についていた頃はそれが容易であったのが、経済危機により夫婦ともに不安定就労となったり母子世帯となる場合、前項で示したように、自然と子どもの生活にも影響が出るのである。

図2　フィリピン国籍を世帯主とする生活保護件数

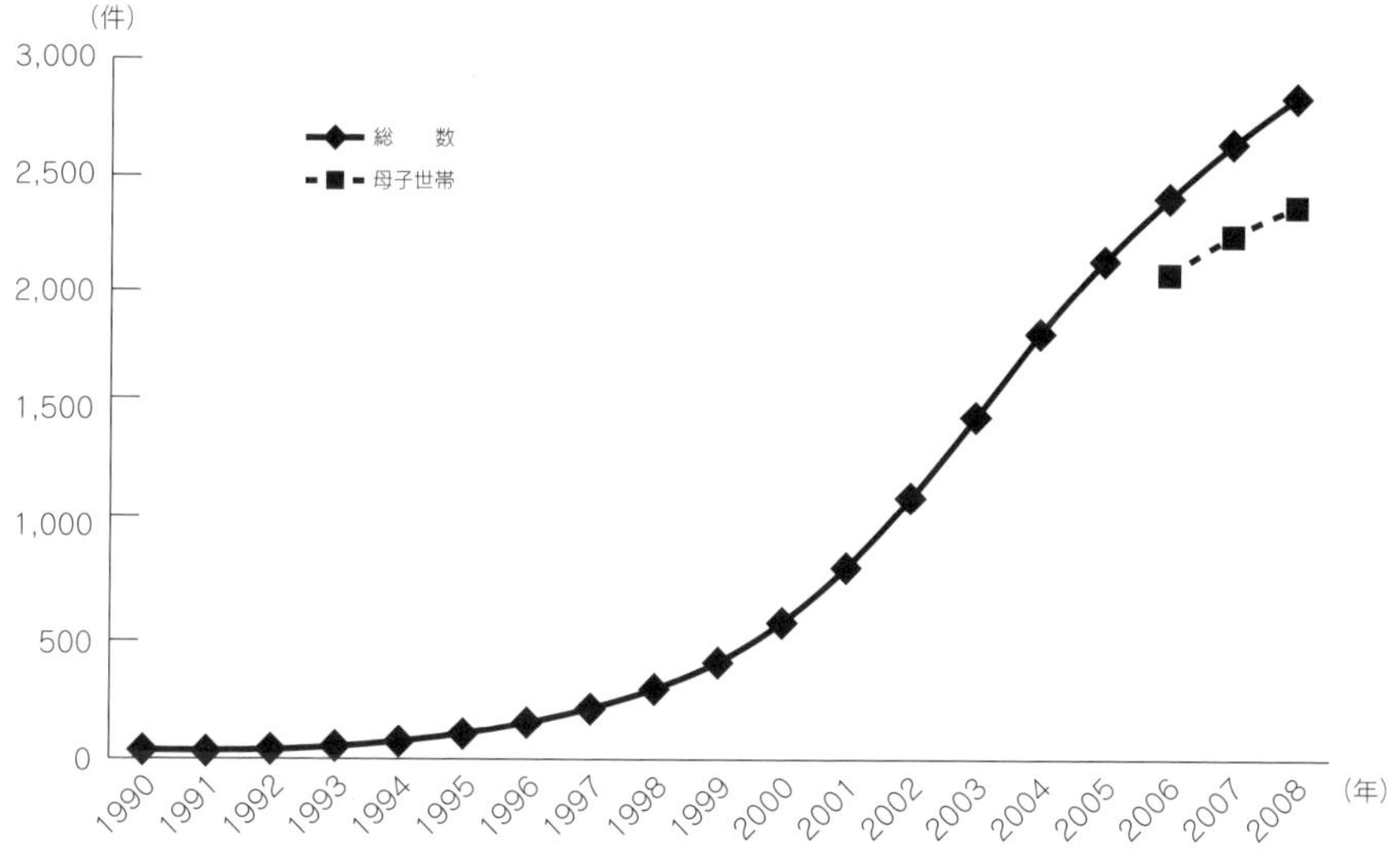

出典：高谷 2010, p.27.

(3) 興行から介護へ

経済危機の影響で歓楽街が衰退しているのは全国的な現象だ。フィリピン人にとってのエスニックビジネスとも言えるフィリピンパブやスナックの数が２００５年から減少し、また在日フィリピン人も加齢・高齢化傾向にあるため夜の仕事が難しくなることもあり、それまで夜にスナックでアルバイトをして比較的高給を得ていた女性たちが昼間の仕事へと移り、さらには介護の現場へ入ってきている。

在日10年程度かつ40代に近づいた在日フィリピン人の間で、２００６年頃から介護資格（ホームヘルパー2級）を取得する人々が増えた[10]。筆者らの調査によると、２００８年10月現在、同資格を取得した在日フィリピン人は約２０００人に上るとみられる。彼らの多くがかつて興行労働者として来日し、日本人との結婚を経て定住した人々である。同調査の回答者１９０人中、平均年齢は39歳（１９６９年生まれ）で、平均滞日歴は12年であった。そして、日本での初職が興行労働という人が１０８人（60・3％）と最多である。日本で興行労働や工場労働を経験し、新たに介護へ向かう動機として、「人の役に立ちたい」「社会的評価を得たい」といった意見が多く[11]、日本で仕事を通じての生きがいを求めていることがわかる。

また、長期的な雇用が見込める職場としても、中年となった在日フィリピン人の間で介護労働が重要な雇用先となっている。これは在日フィリピン人も新日系人も同様の傾向だ。結婚して定住し、子育てが終わった世代の在日フィリピン人も、2009年の国籍法改正により近年になって来日した新日系人母子も、母親世代は30代後半から40代だ。前者にとっては、年頃になった子どもがいると、母親が夜の仕事をしていることを隠したがるようになるため、社会的評価を求めて介護労働へ参入する。また後者にとっては、就労斡旋経路で来日するため渡航費を就労先から前借りしている。旅費を前借りさせてでも労働者を受け入れてくれ、さらに中年女性を雇ってくれる先は介護施設であることが多い。両者にとって、中年となった外国人女性が働ける場所として介護産業があるわけだ。しかし、日本人・外国人を問わず介護労働は比較的低賃金のため、昼間は介護をしながら夜はスナックで短時間でも働くといったダブルワークをしている女性が母子世帯の場合に多い。

(4) 第二世代への教育投資

日本人と結婚し、生活拠点が日本にあるフィリピン人女性の間で、日本の教育コストが高いことから子どもをフィリピンで大学進学させるケースが増えてきた。フィリピンの高等教育は英語が教育言語となるため、まず現地の私立大学に併設の英語学校で学ばせ、その後正規学生として学部へ入学させる。その間、フィリピンの親族が子どもの下宿を提供し、日本人父とフィリピン人母は日本で働いて仕送りをするという生活形態をとる。[12] また、日本人父のみが日本に残り、フィリピン人母と子がフィリピンへ生活拠点を移し、日本からの仕送りで生活しつつ子どもをフィリピンの学校に通わせる場合もある。[13] たとえば、マニラの私立大学生（下宿）が必要とする生活費はおよそ1万8000ペソ（約3万6000万円）で、学費は取得単位数にもよるが年間10万円程度だ。[14] 日本で子どもを大学へ通わせることを考えれば格安である。

これは、工藤（2008）が、日本人女性と結婚した在日パキスタン人の事例で指摘している、「経済的理由から家族の一部を生活費の安い海外へ移住させる戦略」とよく似ている。これはまた、外国人配偶者の出身国への家族全体の将来的な移住を「試行」する意味もあるだろう。在日パキスタン人の場合は、妻子をパキスタンに住まわせるのは「秩序が乱れた」日本社会から遠ざけてイスラム教徒として正しい道を歩ませるという動機もあるのだが、フィリピン人の場合は宗教的意図よりは教育環境（英語の習得目的）や経済的要因からこのような選択をすることが多いと思われる。
しかし、フィリピンで大卒後に期待していたほどの仕事に就けず再来日し、日本でアルバイトをしたり、繁華街でホステス等をする事例も見られる。[15]
関西に住むLさんはフィリピンで生まれ育ったが、母親が日本人と再婚したため13歳で来日した。日本で公立中学校を卒業し、私立高校に通ったが、2年生の時に中退してフィリピンへ帰国。母親は日本に残り、Lさんへ仕送りを続けた。その後、フィリピンでハイスクール卒業認定試験を受けて合格し、大学進学を果たした。大学卒業後、すぐに結婚して2人の子どもをもうけ、夫の実家の自営業で家族従業員として働くが、それにも行き詰まりを感じて、日本へ戻ってきた。２００９年のことである。高校を中退し日本を離れた後、フィリピンで9年間暮らしていたため、日本語の読み書きを忘れてしまったが、当時、永住資格をとっており、子どもを連れての再来日はスムーズだった。
現在のLさんは、昼間はコンビニでアルバイトをし、夜はフィリピン人の叔母が経営するスナックでアルバイトをしている。昼と夜のアルバイト生活である。いずれ日本語能力検定をとって正社員として勤めたいという希望を持っている。[16]

(5) 繁華街労働者の多国籍化

名古屋市中区にある栄東地区は、フィリピン人の興行労働者が多い繁華街であった。ここではフィリピン・コミュニティが相互扶助活動を展開し、フィリピン人による小規模自営業（食材店、衣料雑貨販売、レストラン等）が多かった。[17] こうしたエスニック自営業の顧客はフィリピンパブで勤める興行労働者や日本人男性客だったのだが、２００５年以降、興行労働者が激減したため、その売り上げが落ちている。閉店した店も多い。

フィリピン人が多い繁華街においては、興行ビザにより6カ月交代で若年女性たちが来日するからこそ、日本側の仲介業者の経営が成り立ち、航空券を手配する旅行代理店が従業員を雇い、彼女らを目当てに店へ通う日本人男性が店にお金を落とし、その店がビルのテナント料を払い、また店で働く在日フィリピン人の従業員（皿洗いや清掃係、管理職）の給与が出て、客のおごりで食べる興行労働者がフィリピンレストランや食材店にお金を落としていた。これらの産業が２００５年以降、打撃を受けており、今後も回復する見込みはない。

一方、在日フィリピン人数は増えているので、彼らは日本人や他の外国人と仕事を奪い合うことになる。女性ならば日本人夫に養われて自分は補助的な収入でも良いのだが、男性の失業は深刻だ。ブラジル人等、南米系の外国人と一緒に自動車の組み立てや部品工場で働いていた人々は派遣切りにあい、頼みのエスニック産業も縮小しているのだから。とはいえ、フィリピン人の多い栄東地区はフィリピン人に雑業を提供する場所でもあるので、各地から集まる男性たちが数少ないフィリピンパブやフィリピン人経営の店の「呼び込み」をして現金収入を得ている。さらには、2008年以降、この労働市場にも職を失った南米出身者が参入し、結果として繁華街の多国籍化が起こっているという。栄東地区で地域の役員をつとめる日本人男性は、次のように語る。

　去年（2009年）からガラッとこの地域が変わったよ。不景気の影響で。最近はビルもなかなかテナントが埋まらない。どこの繁華街でも大変だ。

　栄東のなかでも、北部は住人が少なく店が多い。不景気で店の収入が減り、最近はフィリピン人の客引きが大きな問題になっている。客引きはみんな男ばかり。（今では）フィリピン人といえば客引きというイメージになってしまった。ほかの外国人もいるけれど。かなり客引きの人数が増えて「怖い」という声をよく聞く。B通りが特に客引きの数がひどく、みんなあまり歩きたがらない。これまでこの街に住む外国の人たちと仲良くやろうとしてきたけど、これは大きな打撃で、（今までの多文化共生の地域活動の）すべてが台無しになってしまうんじゃないかと心配している。なんとかしなければ。[18]

　また、別の地域役員によると、この地域における近年の大きな課題として飲食店（スナック、バー等）への「呼び込み」や「客引き」の多国籍化があるという。すなわち、経済危機以前は外国人の「呼び込み」「客引き」は主に日本人男性あるいはフィリピン人男性であった。2006年に、「呼び込み」の態度が悪いのでフィリピン人男性に注意をしたいとの意向があり、地域役員らは同じ地区内にあるフィリピン・コミュニティの代表者を通じて話し合いの場を持った。そして、地域住民としては、呼び込み行為が目立つと地域全体のイメージ低下になるから、強引な呼び込みはやめてほしいと伝えている。しかし、それ以降、ブラジル人が経営する店が増えて、同時にブラジル人の呼び込みも増えた。ブラジル人と地域住民との間に接点はなく、彼らに対してどのように住民の要求を伝えて良いのかがわからない。また、フィリピン人とブラジル人の間で客の取りあいが見られるなど、繁華街における「民族間対立」が懸念されているという。[19]

また、従来のフィリピン人の「呼び込み」は超過滞在の男性が多かったのに対し、最近は超過滞在に加えてフィリピン人やブラジル人の在日二世青年が増加した。日本で中卒あるいは高校中退後に就職が難しく、行き場のない在日外国人の青年が繁華街に流れてきているようだ。

事実、首都圏でも在日フィリピン人の一・五世代（いわゆる「連れ子」）や第二世代の間で複数の不良グループができており、ドラッグ使用や万引きが行われていることは在日フィリピン人向け雑誌の記事にも見られる。これに対し、同じ立場にある青少年がＢｏＢＳ（Best of Both Sides）を結成し、フィリピンにルーツを持つ青少年が集まって、自らの文化的・教育的課題、そして職業訓練について学ぶグループとなっている（『Philippine Digest』2010.3）。

景気後退でこうした青少年は今後も増えると思われ、彼らが期せずして「不良外国人」とならないよう青少年対策が望まれる。

(6) 日系人労働者

一般的にブラジル人労働者は自動車産業への従事が多いとされるが、フィリピン人は食品加工（コンビニの弁当、サラダ、水産加工等）への従事が多く、時給が低い代わりに不況の影響を比較的受けにくいとされている。しかし、フィリピンから新規で来日する日系人・新日系人の受入れ企業が倒産したり雇用調整で受入れ不可能となるなど、来日までの「待機期間」が長期化している。[20]

とはいえ、フィリピンも日本以上に不況のため、すでに親族が日本にいる日系人の場合は、職を持つ在日親族を頼って次々と来日して生活拠点を日本へ移し、多人数で居住しながら不安定・短時間でも仕事をする。[21] また、職を確保している者が日本に残って就労の拠点を確保しつつ、失職した親族はいったんフィリピンに戻って景気の好転を待つ戦略がとられる（飯島・大野 2010）。

なお、厚生労働省の日系人向け「帰国支援事業」と「就労準備研修」は南米出身者が対象であり、フィリピン日系人には適用されないため、滋賀県では生活保護申請をする日系フィリピン人が相次いでいるという。龍谷大学のカルロス・マリアレイナルースらの調査（２０１０年2月実施、調査対象80人、うち男性17人、女性63人）によると、不況による失業や就労時間短縮で世帯収入が1年前と比べて減少したと答えたフィリピン日系人が約6割にのぼった。２００8年10月以降に失業経験のある人は4割にのぼり、失業中は1割だった。

雇用先は製造業が56％と多く、雇用形態は派遣労働が67

%と最も多い。不況への対応としては、親類のネットワークを頼って住居や仕事を変えたり、国や自治体の支援を活用しているという（京都新聞、2009年5月22日）。

フィリピン日系人は、定住者または永住者の在留資格を持つ。フィリピンでも日本でも自由に仕事ができる人々だ。彼らは日本国内で自由に移動ができるし、また大家族のため一つの親族集団が大きく、在日親族も多い。こうした親族ネットワーク、そして派遣労働という雇用形態が、彼らが日本語習得の機会や日本社会との接触を持たずとも生活できる現実を作り上げる。生活保護を含めた日本の制度を利用しつつ、フィリピンへ「一時避難」したり、日本で親族宅へ居候をしながら短期間の仕事をして食いつないでいる。

(7) 日本人夫の失職

日本人夫とフィリピン人妻の世帯が日本で暮らす場合、日本人夫が安定した仕事についているか否かは、その家族の暮らし向きに大きな影響を及ぼす。たとえば夫が土木建設関係の現場仕事等の場合には公共投資や不動産景気に左右されやすい。夫が製造業の派遣労働者の場合も同様に景気変動の影響を受けやすく、今回の経済危機で失職や収入の大幅減が見られた。ブルーカラー層の日本人夫は収入が減り、それまで家計の補助的な収入や送金のためにアルバイトをしていたフィリピン人妻が家計の大黒柱となる事例がある。

西日本に住むDさん（40歳）は、日本人男性と結婚した姉を頼って2005年に来日し、翌年知り合った日本人夫と結婚して定住するようになった。夫は当初、自動車部品工場で派遣労働をしており、Dさんは夜にフィリピンレストランでアルバイトをする程度だった。その後、Dさんの連れ子を日本へ呼び寄せ、家族3人で暮らしていた。しかし、2008年に夫が「派遣切り」にあい、それ以降は夫のみが東海地方にある電子部品工場へ単身で出稼ぎに行った。もちろん派遣労働である。夫の収入は減少する一方で、Dさんは自身と子どもの生活のため、またフィリピンへ送金するため、夜にスナックで本格的に働き始めた。夫は自分自身の生活費をねん出するので精いっぱいで、時にはDさんが夫へ仕送りをするほどだった。幸い、Dさんの連れ子は日本の学校になじみ、今では中学生になった。今後も日本で子どもを育てたいと考えているDさんは、永住権が取れたら夫と離婚して、母子2人で暮らしたいと考えている[22]。

結びにかえて――トランスナショナルな生活戦略

冒頭に、「在日フィリピン人にとって今も昔も変わらぬ課題が、両国の経済格差をいかに利用して暮らすかである」と書いた。そしてこれが本稿の主題である経済危機が在日フィリピン人社会に与えた影響への回答ともなる。つまり、彼らがある程度想定していた「フィリピンへの帰国・一時退避」が適宜実践されているのだ。

在日フィリピン人の多くが、当初は出稼ぎ者であった。そして、彼らの多くが、いつかは故郷へ帰って老後を暮らすことを夢見ながら送金し暮らしてきたのである。帰国のタイミングが、2008年末の経済危機だったという人もあろう。一時的にはフィリピンに戻るが、また別の国へ旅立つ人もいるかもしれない。在日フィリピン人社会は、世界に広がるフィリピン人ネットワークの一部だ。数世代にわたり国境を越えるトランスナショナルな生活戦略を作り上げた人々にとっては、日本は故郷に隣接する便利な移住地なのである。

在日ブラジル人と比較して、在日フィリピン人は「地の利」がある。つまり、フィリピンと日本は地理的に近接し移動コストが安い。同じニューカマーでも南米出身者とフィリピン人との違いは、この点につきるだろう。そのため、日本人と結婚し日本に生活拠点がある人（日本人の配偶者、定住者、永住者）ならば、日本で経済的に行き詰まれば往復3～4万円の格安チケットを買って生活コストの安いフィリピンへ「一時退避」することができる。また、日系人は日本への連鎖移動と在日親族集団内での相互扶助によりフィリピンの不況から「退避」して日本で暮らす人々なので、日本で生活に困ればまたフィリピンへ「退避」する。

これまで、「フィリピンに送金しなければならない」「（日比の）二つの家族を支える」という表現が何度も出てきた。読者のなかには「そんなに生活が苦しいならば、送金しなければ良いではないか」と考える人もいるだろう。それは少し違う。日本で働きつつ、フィリピンを「退避場所」として確保しておくためには、つねにフィリピンの出身家族との間にある心理的なパイプへ「カネ」という水を流し続けておく必要があるのだ。そうすることによって、いざという時に、出身家族は日本で育った子どもを預かってくれたり、大人たちを「帰省」させ「心の平安を取り戻す」場所を提供してくれる。そのような場所を維持する必要が彼らにはある。

こうした「移動による経済的困難からの退避」は、出移民や海外就労が珍しくないフィリピン人にとっては「移住労働の生活様式」の一部となっていると筆者は考えている。特に、労働者が海外に残り子どもをフィリピンに帰国させて親族に養育してもらうことは、これまでもアメリカやイタリアで暮らすフィリピン人労働者の間で指摘されてきたことだ（たとえばParrenas, 2001、長坂 2009）。在日フィリピン人も同様に、トランスナショナルな生活様式のなかで、日本とフィリピンの経済格差を利用し、また日本の社会保障制度（特に生活保護）を利用しながら経済危機以降を乗り切っていると言えるだろう。そして、中年となった彼らが働ける場として、日本の介護産業は重要な意味を持つ。

最後に、定住層向けの能力開発および職業訓練（介護職以外の就労先も作る）、そして日本で育った第二世代向けの教育支援・進路指導の継続、の2点を政策的課題として指摘したい。また、繁華街における治安の悪化と在日第二世代（フィリピン人、ブラジル人等）の増加は特に懸念されるところであり、今後、実態調査が進むことを期待したい。

注

1　フィリピン海外雇用庁サイト「2009フィリピン海外雇用庁年報」、www.poea.gov.ph

2　2010年3月3日、フィリピン海外労働者福祉庁における聞き取り。同庁は、フィリピン海外雇用庁を通じて海外就労する人々から会費を徴収し、それを緊急帰国費用や生命保険、留守家族の奨学金支給等をしている。www.owwa. gov.ph

3　2008年末以来、世界的経済危機の影響で帰国を余儀なくされた海外就労者を対象に、無担保で5万ペソを貸し付けることを決定した（生計手段創出または起業目的、2年で返済、80日以内ならば無利子）（2009年1月26日、www.GMAnews.tv）。

4　2010年8月24日、マニラ首都圏の日本向けの興行労働者の仲介業者においての聞き取り。

5　法務省民事局サイト「帰化許可申請者数等の推移」、www. moj.go.jp/minji/toukei_t_minj03.htmlによる。なお、帰化者の住所、氏名、生年月日は官報に告知される（国籍法第10条）が、国籍取得者の個人情報は明らかにされない。

6　2010年6月17日付、法務省大臣官房司法法制部司法法制課からのメールによる回答。

7　法務省民事局サイト「改正国籍法に伴う国籍取得届の状況（平成21年1月1日～平成22年4月30日）」、www.moj.go. jp/minji/minji41/minji174.htmlによる。

8　この資料は、NPO法人在日外国人情報センター事務局長・小池あきら氏の提供による。

9　2010年8月7日、横浜市内において聞き取り。

10　在日フィリピン人介護者の実態については、在日フィリピン人介護者研究会（2010）を参照。在日フィリピン人介護者調査は、ホームヘルパー2級資格を取得した在日フィリピン人対象、機縁法で郵送・留め置き・面接調査で回答を得たものである。

11　右記調査によると、介護資格（ホームヘルパー2級）取得の動機（3つ回答）は、①人の役に立ちたい（45・5%）、②社会的評価を上げたい（43・9%）、③チャレンジ精神（42・9%）であった。

12　たとえば、マニラの私立大学の附属英語研修コースでは、日本で育ったフィリピン系日本人学生が在籍している。2009年12月4日、同校を訪問したフィリピン系日本人学生からの聞き取り。

13　2009年3月1日、セブ市内での聞き取り。

14 デラサール大学サイト「外国人学生がフィリピンで生活するための費用の目安」。www.dlsu.edu.ph/students/international/survival/cost.asp

15 2010年4月26日、フィリピン人移住者センター（名古屋）においての聞き取り。

16 2010年3月26日、関西において聞き取り。

17 栄東地区のフィリピン・コミュニティについては、高畑（2010）を参照。

18 2010年9月19日、名古屋市内において聞き取り。

19 2010年4月26日、名古屋市内において聞き取り。

20 2009年7月22日、フィリピン日系人会ダバオ支部における聞き取り、および、2010年3月2日、新日系人ネットワーク・マニラ事務所における聞き取り。

21 2010年5月3日、滋賀県求職者総合支援センター職員への聞き取り。

22 2010年9月16日、西日本において聞き取り。

参考文献

飯島真里子・大野俊（2010）「フィリピン日系『帰還』移民の生活・市民権・アイデンティティ——質問票による全国実態調査結果（概要）を中心に」『九州大学アジア総合政策センター紀要』No.4, p.35-54

工藤正子（2008）『越境の人類学——在日パキスタン人ムスリムの妻たち』東京大学出版会、p.220-221

NPO法人在日外国人情報センター（2010、未刊）『在日フィリピン人250人アンケート』在日外国人情報センター

在日フィリピン人介護者研究会（2010）『2008在日フィリピン人介護者調査報告書』在日フィリピン人介護者研究会（事務局・静岡県立大学・高畑幸）

鈴木健（2010）「生活保護から見える移住者の貧困」『M-ネット』6月号（No.130）p.21-23

高畑幸（2010）「第5章 地域社会にみる多文化共生——名古屋市中区のフィリピン・コミュニティの試み」（加藤剛編『もっと知ろう!! 私たちの隣人——ニューカマー外国人と日本社会』世界思想社、p.146-172

高谷幸（2010）「在日フィリピン人シングルマザーの子育て」『M-ネット』4月号（No.128）26-27

長坂格（2009）『国境を越えるフィリピン村人の民族誌——トランスナショナリズムの人類学』明石書店 p.254-255

入管協会『在留外国人統計』各年版

Parrenas, Rhacel S., (2001) *Servants of Globalization*, California: Stanford University Press, p.112-113.

Philippine Digest, (2010) "BoBS: Ilaw at Tanglaw ng mga Kabataan sa Japan"（日本で暮らす青少年の光となり、たいまつとなる、BoBS＝2側面の最良なるもの）, *Philippine Digest*, March, pp.4-5.

＊本稿に含まれるデータの収集には以下の研究助成を利用した。文部科学省科学研究費（挑戦的萌芽研究、平成19～21年度）「在日フィリピン人の介護人材育成——ジェンダーと労働の視点から」（代表：広島国際学院大学・高畑幸）、同（基盤研究B海外、平成21～23年度）「移民1.5世の子どもたちの適応過程に関する国際比較研究——フィリピン系移民の事例」（代表：広島大学・長坂格）、同（基盤研究B一般、平成22～24年度）「東アジアにおける人身取引と法制度・運用実態の総合的研究」（代表：立命館大学・大久保史郎）。

［たかはた　さち］
静岡県立大学国際関係学部准教授。大阪市立大学文学研究科後期博士課程修了。博士：文学。都市社会学、エスニシティ論、在日フィリピン人研究。近著に「意味ある投資を求めて——日本から帰国したフィリピン人による出身地域での起業」（『移民のヨーロッパ——国際比較の視点から』（竹沢尚一郎編著、明石書店、2011）。

第4章

不況が明らかにしたパキスタン人中古車業者の実相

富山県国道8号線沿いを事例に

小林真生

はじめに

富山県を横断する国道8号線は県内の二大都市である富山市と高岡市を結ぶ県経済の大動脈である。田園地帯が続く二都市間で車を走らせると、はじめてそこを通った人は、両脇にさまざまな自動車や機材等が並べられた店が続々と現れることに驚かされるだろう。目を凝らせば、敷地内のコンテナ・ハウスの上や道沿いに掲げられた看板にはロシア語、英語が併記され、店名と思しき「〇〇インターナショナル」や「〇〇コーポレーション」といった名前がカタカナで書かれているのが見える。そこに“USED CAR”の文字があることで、その施設が中古車を扱っている店だとわかるのだが、日頃見かける中古車業者の店舗のようにカラフルなノボリやデジタル表示を模した金額提示、あるいは小奇麗な外壁などはなく、接客をするワイシャツを着た店員もいない。それに代わって殺風景な金網のフェンスで囲まれた店舗から白人男性と南アジア系の肌の色をした男性が連れ立って出てくるのが見える。多くの場合、その白人男性は対岸のロシアから同地に買い付けや輸送業のために訪れたロシア人、南アジア系の男性は店員であり、9割程度がパキスタン人、1割程度がバングラデシュ人である。[1]

通常、国道沿いに田園が続けば、コンビニエンスストアやガソリンスタンドが点在する光景が続く程度であろう。しかし、8号線沿いには中古車販売店だけでなく、廃業したコンビニエンスストアの店舗を利用したモスクがあり、かつて店名を知らせていた看板には「富山モスク」との表示が出ている。閉鎖的なイメージの強い農村地域にモスクが現れ、イスラム教に則った衣装をまとった者も珍しくない事業者が中古車を売買している様子は物珍しさが先に立つ。そして、その商売相手が日本海を挟んで暮らすロシア人であるという状況は、その特性を一層際立たせている。

しかし、地元住民や関係者、あるいは調査の関係で同地をしばしば訪れていた筆者からすれば、それは見慣れた光景であり、中古車がこれ以上敷地に入らないほどに所狭しと並べられていた以前の状況に比べると、彼らの事業が活気を失ってしまった印象を受ける。あまり知られていないが、２００８年12月まで同地は世界最大の中古車の現金取引市場であった。それを後押ししたのが、高岡市にある伏木港、富山市にある富山港、両市の間の射水市にある富山新港という３つの貿易港の総称である伏木富山港と８号線をつなぐアクセスの良さである。しかし、その好調な貿易は、２００９年１月にロシア政府が決定した関税引き上げを契機に大きく落ち込む。伏木税関支署の調べによれば、２００８年の伏木富山港のロシア向け中古車輸出実績は16万７２９９台（総額：約１０６９億円）であったが、２００９年度の実績は１万８７４２台（総額：約98億円）と、９割以上の売り上げ減少を見せた。

ただ、そのような状況にあっても多くの外国人事業者は、富山県を離れることはなかった。富山県内におけるパキスタン人の不況前後の外国人登録者数を見てみると、２００８年末には４３５人[2]、２００９年末には４２４人であり、その減少幅は僅かである。一方、同時期の県全体における外国人登録者数を見てみると、１９９０年度以降ではじめて１万５５３４人から１万４２３７人と減少傾向が示され、なかでも、４００１人から３２４７人に減少したブラジル人や６３２２人から５８９１人に減少した中国人といった労働者層が帰国や転出を選択したことが見えてくる。ただ、中古車業者が直面した９割以上の売り上げの落ち込みは他の外国人労働者が今回の不況で受けたなかでも非常に深刻なものである。それにもかかわらずなぜ彼らは同地で活動を続けたのであろうか。

これまでロシア向け中古車市場について、ロシア経済、あるいは資源循環の視点からの研究は多く進められてきた。しかし、貿易を担うパキスタン人中古車業者及びその生活に関するものとなると福田友子による一連の研究[3]がほとんどを占める。ただ、福田の研究は在日パキスタン人社会全体やパキスタン人が世界各国に形成した中古車販売ネットワークを詳細に分析するものであり、富山県に特徴的な事例については、余り取り上げられていない。そして、パキスタン人中古車業者の特性を、図らずも示すこととなった不況の彼らへの影響に関する論考はいまだ発表されておらず、その点でも本稿の意義はある。

そこで、本稿では、富山県で中古車販売業を営む外国人、なかでもパキスタン人を対象に分析を行っていく。具体的には、パキスタン人中古車業者が田園地帯に集まり、事業を拡大し、〝百年に一度〟とも呼ばれる不況を受け止めた経緯を概観したい。その上で、パキスタン人業者の判断の背景や独自性、及び受け入れ社会の状況についても検証を加える。それによって、①2008年秋以降の不況に直面した日系南米人とは異なる状況の発見や、②多数のパキスタン人が来日して以降のホスト社会との関係性の明示化、が可能となるであろう。

1 パキスタン人出店の経緯

(1) パキスタン人来日の背景

パキスタン人の来日が本格化するのは1980年代半ばのことである。それまでは日本製中古車や繊維品、装飾品などに関わる貿易関係者や学術関係者が生活する程度であり、1980年の時点で外国人登録を行っていたパキスタン人の数は日本全体で437人にすぎなかった。そして、1980年代半ば以降にパキスタン人の来日者数は急増したものの、彼らは非正規滞在のブルーカラー労働者であることが多く、統計上には現れない存在であった。

では、なぜ彼らは来日を選択したのであろうか。ホスト社会側の要因としては、1985年のプラザ合意に始まる円高を背景に日本がバブル景気に突入し、国内のブルーカラー市場で人不足が深刻となり、海外からの労働者を滞在資格が整わなくとも必要としていたことが挙げられる。そして、パキスタン人側の事情を見ると、幾つかの要因が複合的に関係している。第一に、パキスタン人が来日する上での有利な状況が挙げられる。終戦直後からパキスタンでは原綿の対日輸出が盛んであり、工業関連の輸出入関係が良好でもあったため、日本とパキスタン両国は1961年に査証相互免除協定を締結しており、査証や厳格な審査なしに日本への入国が可能であった。第二に、ヨーロッパへの移民制限である。第2次世界大戦後、西欧諸国は旧植民地を中心に移民を積極的に受け入れ、経済発展を成し遂げた。なかでも、独立以前にパキスタンを植民地支配していたイギリスへは多くのパキスタン人が移民した。ただ、イギリスをはじめ西欧諸国が家族呼び寄せを除く新規の入国を規制していったことで、パキスタン国内では新たな出稼ぎ先が求められていた。第三に、中東の不景気である。ヨーロッパの移民制限の遠因ともなった１９７０年代のオイルショックを契機とした先進国の不景気は、中東の石油生産及びそれに伴う好景気と裏表の関係にあった。そこで、パキスタン人労働者は同じイスラム圏である中東に出稼ぎに向かった。しかし、１９８０年代前半に石油価格が下落し、中東も不景気となったため、それに代わる新たな就労先が求められていた。

　そういったパキスタン人の要請や、外貨獲得のためパキスタン政府が国家として推進していた出稼ぎ奨励策の対象となったのが、バブル景気に沸く日本であった。本来であれば、パキスタン人にとって自国の公用語でもある英語圏や、イスラム教を背景としている地域で就労するという選択の方が望ましかった。しかし、その道を狭められた若者は地縁や血縁を頼りに言葉や習慣の違う日本での就労を選択したのである。

　そのようにして来日したパキスタン人は、関東地方を中心に就労を始め、バブル景気を下支えした。しかし、彼らをはじめバングラディシュ人、イラン人が主として生活した東武伊勢崎線沿いや、千葉県の一部では外国人労働者による女性暴行流言が発生する。そして、その流言は関東一円から全国へと「加害者」の国籍を変えつつ伝播していった。その現象は彼らへの関心と不安の双方が高まった表象といえるが、[4] 地域社会とパキスタン人との関係が希薄であることの証左でもあった。

　その後、１９８９年に日本とパキスタンとの査証免除協定が停止されると、ヒトの流れは逆流を始める。上記の地域社会の不安、工場労働が可能な法的資格を得た日系南米人の増加、外国人犯罪やその報道の増加等の要因から、非正規滞在者の取り締まりが厳しくなり、その多くが強制送還されることとなった。それ以降も日本での生活を継続したのは、取り締まりから逃れたものと、職場等で知り合った日本人女性と結婚し、安定した法的資格を得たものであった。

(2) 中古車輸出ネットワークの形成

　１９７０年代、パキスタン国内において日本製中古車の人気が高まり、一大市場が形成された。しかし、１９８０年にスズキの現地工場を保護するために、パキスタン政府が中古車の輸入を規制すると、中古車業に従事していた人々は他の販路を求めた。そこで、形成されたのが在外パキスタン人の有する法的資格を活用して、パキスタンの家族へ送付あるいは本人が持ち帰ってきた自動車を国内で販売する方式である。その他にも、徐々に国外の市場を対象にビジネスを始めるものも現れていった。その後、1990年代に入り日韓の自動車会社がパキスタンに現地工場建設を進めたため、1994年にパキスタン政府は中古車の輸入を実質的に停止したことで国外市場への注目が一層高まり、アラブ首長国連邦を仲介として、世界各地に同国人を配置し中古車の輸出入を行う国際的な中古車販売ネットワーク販売網が整備されていく。

そのネットワークを支えたのが、日本に出稼ぎに来ていたパキスタン人の地縁・血縁による連帯であった。日本で安定した滞在資格を得たものは、自らの工場労働者としての昇進や社会的地位の向上が望めないと考え、中古車関連業（日本人向け、在日外国人向けの小売業含む）を起こした。一方、強制退去や自ら帰国した者はアラブ首長国連邦あるいは販売所を設けた国で営業を始めた。そのネットワークを背景として、中古車輸出業は在日パキスタン人のニッチ（固有のすきま産業）となったのである。

(3) 富山での中古車市場開拓

全国的にパキスタン人が中古車ビジネスを始める中で、1991年に東京都で中古車販売業を営んでいた、あるパキスタン人業者がロシア向けの中古車輸出が活性化しているとの話を聞き、富山県を訪れた。その際、彼は次々に見知らぬロシア人に声をかけられる。そのパキスタン人は「日本人と顔も違うのがいたから、同じ外国人だって思って声をかけたのではないか」と回想するが、そこで彼は同地にロシア人向けの需要があることを確認した。当時、関東ではすでに多くのパキスタン人が自営業を始めていたものの、富山県に新たなビジネス・チャンスを感じた彼は、多くの日本人業者がすでにロシア向け中古車販売ビジネスを展開していた国道8号線のはずれに店舗を開いた。そして、彼の話やその後の順調な事業展開を仲間内で耳にした同国人は徐々に富山への出店を始める。それが現在、8号線沿いで中古車業を展開する古株の一団である。

2 ロシア人の中古車需要の発生

ここで、なぜ1990年代初頭に日本海沿岸都市でロシア人がパキスタン人に中古車について尋ね、約20年後、年間10万台を超える一大輸出産業となったのかについてロシア側の事情を見ていく。ロシア側の中古車輸入拠点として知られているのはウラジオストク市である。ウラジオストク港はソ連時代から太平洋艦隊が所属する軍港としても知られており、軍事関連産業は同市の基幹産業であった。しかし、冷戦の終結は軍事産業への予算配分の低下を招き、同市は新たな雇用を生み出す産業育成を模索していた。また、同港はナホトカ港と並び、日本への北洋材輸出港としても著名な存在であった。一方、日本側の北洋材輸入は国交正常化以前の１９５４年より伏木港と富山港がソ連との間で貿易を開始していたこともあり、富山県が常に全国一の拠点であった。そして、ペレストロイカによる経済自由化のなかで、北洋材を輸出していた船が帰港する際にスペースが生まれることに注目した船員が手荷物扱いの旅具通関として定められていた１人１台５万円以下の中古車を持ち帰り始める。それは経済上の混乱が続いていたロシア人船員のサイドビジネスとして定着していく。この動きが日本海沿岸で木材や水産物の輸出に携わっていたロシア人に広がり、各地で船員が中古車店を訪れる姿が目立つようになった。その後、極東地域の中古車需要の高まりや、中古車持ち出しに関する規制緩和に沿って、中古車輸入は船員の副業から、徐々に専門のバイヤーが来日して買い付ける本格的な輸入業へと変わっていった。

それらのロシア人が積極的に日本製中古車を輸入しようとした背景には、ロシアの国内事情もある。第一に、インフラの未整備である。人口密度が低く、土地が広大な極東地域の道路は都市部を除けば十分に整備されておらず、壊れにくい自動車への需要は高かった。第二に、国産車の性能である。社会主義時代、海外他社との競争を経なかったロシア国産自動車は日本車に比べ、走行機能や暖房機能の面で故障が発生しやすかった。そこで、国産車より性能が良く、新車に比べれば安価な日本製の中古車への需要が高まったのである。

その需要と日本からの中古車輸入が拡大するに従い、ウラジオストク市では10万人程度（沿海地方全体では20万人程度）[5]が中古車関連業に従事するようになった。政治腐敗やマフィアの跋扈が進み、中央からの開発予算が滞る状態が続いた１９９０年代以降、[6]ウラジオストク市をはじめとする極東地方の住民にとって、修理・販売・海運等の中古車関連業は独自に築き上げた軍事産業に変わる基幹産業となったのである。しかし、そのようにして築いた産業も、２００９年１月に世界同時不況に伴い、①ロシア政府が自国産業育成のため行った中古車輸入時の関税の大幅引き上げ、②ルーブル安、③ロシア国内の融資の縮小[7]により、大きな打撃を受ける。それは中央の援助無しに産業を育てて来た関係者にとって、中央政府に自らが切り捨てられたとの認識を持つ事態であり、関税引き上げ直前の２００８年12月14日にはウラジオストク市内で６０００人が集まるデモが行われ、翌週のデモではモスクワからＯＭＯＮ（特殊警察部隊）100名が派遣され、多数の参加者や報道関係者が拘束される事態が起きた。それ以後、表立った反発は見られなくなったが、ロシアの日本製中古車の輸入関連業が自国の政策判断ときわめて連関していることが見えてくる。

3 富山県に業者が集ったホスト社会側の事情

ロシアへの中古車輸出は日本海沿岸の多くの港湾で、船員の付随的な経済活動として始まった。しかし、その中で富山県の国道沿いと伏木富山港が一大拠点となったのにはパキスタン人やロシア人の事情だけでなく、同地が有していた背景もある。現在、ロシア向け中古車業者が出店している地域（旧小杉町地域や旧新湊市地域）は1960年代までは、洪水が発生すれば塩害が起きるような水郷地帯であった。また、伏木富山港の中で富山新港は1968年に新設された港であり、かつて富山新港建設以前に新湊市を調査した福武直によれば、同市は「その産業基盤からいって全体として低調の一語につきる状態の町」[8]と評価される農村にすぎなかった。

そこに1960年、旧大門町出身の正力松太郎が社主を務めた読売新聞社が中心となった百万都市建設構想が持ち上がる。これは太平洋ベルト地帯への重点的な開発から外れた地域の活性化をめざしたものであり、地方の要請とも合致したことで、1962年には「新産業都市建設促進法」が制定されるほどの広がりを見せた。そこで注目されたのが、河川と港湾を有する富山市と高岡市という富山県の二大都市を結ぶ新湊市であった。その計画では、富山新港に工場を誘致することがめざされ、①工場の新設を可能にし、農家の負担を軽減し、余剰労働力を生み出す水郷地帯の乾田化、②港湾の整備、③輸出入する積荷を全国に運搬できる交通手段としての国道8号線の整備、が実行に移された。一方、その実施内容を現在の中古車販売業者の視点に照らし合わせてみれば、①自動車を展示できる地盤の確かな土地の存在、②大量の中古車輸出が可能な港湾の存在、③全国の卸業者から集めた中古車を効率よく搬入でき、販売後の車を近くの港へ運べるアクセスの良い国道の存在、というビジネス環境が整ったことでもあった。

また、乾田化を果たした地域は1970年代以降、着実に稲作地帯として発展していった。しかし、1970年に始まった減反政策により、転作が奨励されるなど、当初予想されていた程に乾田化による経済効果は少なく、高齢化・兼業化も進んだため、現金収入を求める農家が増加した。そこで、8号線周辺に土地を有する一部の農家は中古車業者に月額5～20万円程度で土地を貸すようになる。環境が整い、貸し手も多い8号線周辺はこうして中古車販売業者の集中地となった。

つまり、これまで見て来たように、同地に業者が集中したのは、パキスタン人、ロシア人、ホスト社会住民それぞれが自らの生活に根差して、その産業を必要としたためであり、特定のグループの独断で事業が発展していったのではない。

4 富山県におけるロシア向け中古車輸出の歴史

(1) 転換期（1990年代半ば～2000年）

当初、富山県におけるロシア向け中古車販売は日本人業者によって担われていた。それは各地の港湾都市においても同様であったが、徐々に状況は変化していく。ロシア国内の需要と、ウラジオストク市内で中古車販売業や修理業者が発展したことによって、買い付けが船員の専売事業ではなくなり、専門のバイヤーが大量あるいは高額な車種の買い付けを行うようになったのである。その背景には、第一に、1995年に船員の旅具通関の制限が緩和され、3台30万円以内の購入が認められたこと、第二に、ロシア経済が安定し始め、求められる車種が高級化していったことが挙げられる。

そして、取引量の増加により、煩雑な書類作成が増え、外国人事業者との薄利多売競争も起きたことでロシア向け中古車販売業を「割に合わない」と感じる日本人業者も増えていった。一方で、それらの事態を他国との中古車輸出ですでに経験しており、下記のように8号線沿いでは初期投資も少なく済むことから、多くのパキスタン人中古車業者が一層富山県に集中し始めたのである。

ここで、当時より確立された富山県におけるパキスタン人中古車業者の特色を挙げておく。第一に、複数国に跨るパキスタン人特有の販売方式とは異なり、ロシアとの対岸貿易にほぼ特化[9]して事業が行われている点である。そして、取引相手国であるロシア側にパキスタン人業者がほとんど存在していないことも従来の手法とは異なっている。

第二に、ほとんどの店舗が通常の建造物ではなく、コンテナ・ハウスで代用されている点である。これは、初期にパキスタン人事業者が国道8号線の立地の良さに注目した際、同地が新規の建築物建設が規制される「市街化調整区域」であったため、地元不動産業者の「建築物ではなく移動可能なコンテナ・ハウスであれば出店できる」との助言に従い、その形式が定着していったことが起源となっている。ただ、そのため大半の店舗には自動車の修理や各種整備を行う設備はない。これに関しては、ロシアでは輸出後ハンドルの左右変更等を行う必要から、ウラジオストク市内の整備産業も確立しているため、支障は生じていない。一方で、その状態ではアフターサービスを重視する日本人の要望には応えられないため、８号線沿いの中古車業者は日本人の顧客を想定していない。稀に店主が知人の日本人から頼まれて、質の良い中古車を入手した際に当人同士で売買することもあるが、ビジネスとしては日本人は顧客ではない。

第三に、多くの日本人が事業に関係していることである。前掲のように、パキスタン人中古車業者の顧客には日本人はいないものの、中古車の卸し業者、卸先から店舗への陸送業者、ロシア向けの通関業務を行う海運会社などの事業周辺には日本人業者が多い。そして、近年では一部の事業所が税金等の書類作成や通常業務補助のために、日本人を雇用するようにもなっている。また、中古車業者は税金面で日本社会との関係も深い。県に対しては法人事業税及び法人県民税が支払われ、国税としては消費税[10]が支払われる。富山県経営管理部税務課が富山県内の自動車販売業関連で、代表者名が外国人と見られる法人からの税収を集計したところ、２００６年には約５６００万円であり、２００９年にはその2割程度であった。最も輸出量の多かった２００８年の統計はないが、当時は相当額が納税されていたものと思われる。

ロシア向け中古車販売ビジネスの概要が確立したのはこの時期であるが、同時に関連するトラブルも見られ始めた。国道沿いの店舗へ荷降ろしをする積載車が原因となる渋滞、農耕機器などが通る農道への在庫駐車、店舗から駐車車両がはみ出すことによる隣接する農地での農耕車への作業妨害、簡易トイレの下水や車用オイルの農業用水への流入、ロシア人船員によるゴミのポイ捨て等である。しかし、それらのトラブルに対して、周囲の日本人住民はパキスタン人事業者が日本語に堪能であることをほとんど知らず、助言が十分にできないことも多かった。ただ、当時は１９９８年のロシアの通貨危機もあって、中古車輸出量もそれほど多くなかったため、問題は拡大しなかった。そして、当時の住民の不満や不安は、彼らの顧客であり、以前から目にしていたロシア人船員に向けられることが多く、事業者であるパキスタン人に対してはそれほど目立ったものにはなっていなかった。[11]

また、20世紀も終わりに近づく頃には、少なからぬ業者が賃貸していた事業地や自宅を購入し始める。彼らの多くは現在も富山県に残り事業を継続しているが、その定住傾向を示すものの一つとして、1999年に設立され、2001年に現在の場所に建設された「富山モスク」が挙げられる。モスクは現地で生活しているパキスタン人がすべてムスリムであることもあり、彼ら同士の情報交換やさまざまな連帯の契機となっているが、国道沿いに建てられたことで、地域住民に対して彼らの文化的背景を明らかにする効果もあった。地域の反応としても、モスクは宗教施設であるため、地域のルールを守れば存在自体を問題視することはない。

(2) 拡張期（2001年～2008年）

富山県にパキスタン人が集住していることは、関係者や地元住民以外からは、ほとんど知られていなかったが、その事実を広く世間に知らしめたのは、2001年5月、モスクにあったコーラン等が国道沿いに破り捨てられたことに端を発する「コーラン破り捨て事件」である。これは当時、ある日本人業者の撤退に対して、彼と懇意であった右翼団体がパキスタン人中古車業者への反発を強め、イスラム教では忌避される豚の頭部を店舗の前に投げ捨てる等の嫌がらせを行っていた経緯から、当該組織が行ったものと見られていた。しかし、捜査が進められるうちに、事件はパキスタン人男性との交際を父親に反対された日本人女性が父親に迷惑をかけようと起こしたことがわかった。ただ、その経緯よりも注目されたのは、多くのパキスタン人が富山県庁や東京の外務省に抗議を行った点である。換言すれば、その事件は富山県にパキスタン人が集住していること、ならびに、彼らの連帯が全国規模に及んでいることを明らかにした。

そして、同年11月に富山地裁で事件の裁判が行われたのであるが、治安上の懸念を感じた司法当局は傍聴席の前に8枚もの防弾ガラスを並べる対応をとった。その裁判にはパキスタン人は誰も出席しなかったが、日本人側の対応は、事件の衝撃と彼らへの無理解を図らずも表すこととなった。彼らが地域に居住していたとはいえ、彼らの有する文化的背景は認知されていなかったのである。

21世紀に入ると、ロシアへの中古車輸出は急激にその量を増やしていく。図1は伏木富山港からロシアへ輸出された自動車台数の伸びを示したものである。しかし、2005年まで自動車輸出は正規の通関手続きに1本化されておらず、旅具通関でも輸出が行われていたため、正確な数値がつかめないことから、中古車だけでなく、新車・バス・トラックも含めた全自動車台数を挙げた。2007年からは伏木税関支署で中古車に限定した数値も集計されているが、全自動車台数との関係を見れば、自動車輸出のほとん

図1　ロシア向け自動車輸出統計（伏木富山港）

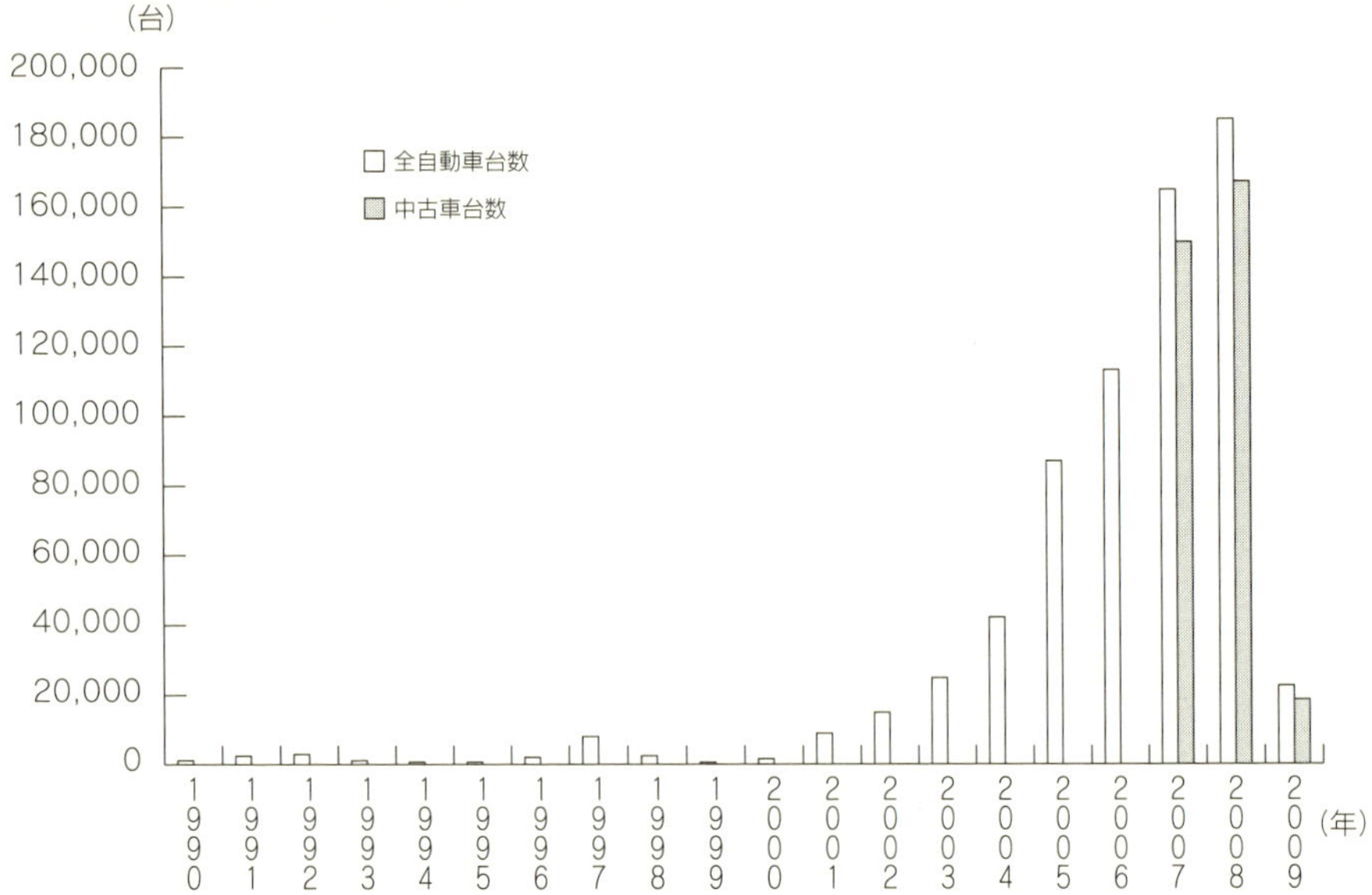

出典：財務省ホームページ「財務省貿易統計」、および伏木税関支署「ロシア向け中古乗用車の輸出」（2010）を基に筆者作成。

どが中古車によって占められていることがわかる。そして、輸出量の増大に伴って1995年には5人であった富山県内のパキスタン人の外国人登録者数も2000年には64人、2005年には265人と増加していった。

しかし、そうした産業の発展は同時に新たな問題もひき起こした。第一に挙げられるのは、ロシア向け中古車に日本国内からの盗難車が紛れるようになったことである。その情報に関しては以前から不安が囁かれていたが、2002年7月26日に出港前のロシア向け船舶から盗難車7台（パキスタン人中古車業者店舗からの盗難車が内6台）と、未通関の自動車が26台が発見された。この事件ではパキスタン人中古車業者が被害を訴え、税関が動いた経緯があり、彼らは被害者であった。ただ、それまで更地で営業していた彼らも盗難対策をとらざるをえず、頑丈な有刺鉄線付きフェンスや門、あるいはサイレンやサーチライトの設置、スタッフの24時間常駐などが行われるようになった。一方で、スタッフの常駐は業務時間の延長も招き、一部夜間に荷降ろしを行う業者も見られた。元来の目的は盗難対策として始まったものの、それらの行為は周囲の日本人住民に強い違和感や不満を生じさせた。

第二に挙げられるのは、強盗事件の発生である。先述のように、伏木富山港周辺地域は世界一の中古車現金取引市場であった。これは、ロシアルーブルの信用が低いこともあって、信用取引ではなく、米ドルによる直接取引が主流であったことが理由である。それにより、①買い付けに訪れるロシア人、②外国人事業者、③通常の銀行業務では数百万円単位の両替を個人事業者が頻繁に行うことは難しいため中古車販売店舗を回る日本人両替業者の3者が大量の円やドルを持って往来することが多くなった。そこに目をつけた強盗犯はターゲットの予定を下調べし、移動中に金銭を強奪するようになる。特に2003年の下半期には4件の事件が発生し、日本人両替商が3500万円相当を奪われる事件も起きた。先の事例同様、この事件でもパキスタン人は被害者であったが、多額の強盗事件の頻発は地域住民にその業態ではなく、彼ら自体への反発を生んだ。通常、近隣で日本人に対する強盗事件が頻発した場合、加害者あるいは事件を未然に防げなかった警察に批判が向けられることが多く、被害者への批判はほぼなされないことを考えれば、ある意味でそれが地域の意識を表象しているといえよう。

そして、第三に挙げられるのが、前掲のトラブルの深刻化や無ナンバー走行の発生である。無ナンバー走行に関しては、中古車の輸出量が一層増大した2005年あたりよりり頻繁に見られるようになった。これは8号線での積載車による積み下ろしが交通渋滞をひき起こしていたことで注意を受けた一部の業者（陸送業者と中古車販売業者）が脇道に積載車を停め、無ナンバーの状態の中古車を運転して店舗へ搬入する形式をとったものである。このような保険もかからない車両が国道を走行している事態は地域から一層の反発を招いた。しかし、この事態が横行してしまったのは、実行者はもちろんのこと、それに対する指導や取り締まりを十分に行わず、ルール指導を同国人業者に依存した警察にも問題があった。

そうしたトラブルの増加は地域社会に反発と交流という二つの流れをひき起こすこととなった。まず、反発を背景として、外国人中古車業者により地域が荒廃したとする1万3393人の署名が県に提出されたことである。ただ、署名の表題地（大江・西高木）、あるいは「射水市迷惑駐車等の防止に関する条例」に基づき指定した迷惑駐車等防止重点地区（白石含む）に範囲を広げても、その人口は2000人強にすぎない。たとえ、子どもを含むすべての住民が署名したとしても、署名を行った多くの人々は現地のパキスタン人事業者とは直接関係のない人たちである。実際、富山市や高岡市でも署名が集められ、電車を使い同地へ出勤・通学する射水市民へも駅前で署名が行われた。ここでは多くの署名者にとって、マスメディアの報道がパキスタン人中古車業者に対する意識を形成したことに注意が必要である。[12]

また、この署名活動で注目されたのが、コンテナハウスの取り扱いである。当初は、ある意味「法の抜け穴」を利用して設置されたものであったが、それが「不法な状態で営業を行っている」として、業者を規制するための理由ともなった。ただ、署名運動では修理施設があることで国道沿いに出店が許可された日本人の経営する日本人相手の中古車販売業者や新車ディーラーは批判の対象とはされておらず、パキスタン人事業者に土地を貸している地主や不動産業者にも批判は向けられず、トラブルを起こしていないものも含めたパキスタン人中古車業者にすべての批判が集中する構造があった。

一方で、彼らと接点を持とうとする人々も生まれた。2000年から行政と地域の代表者が中心となって始めた、各事業者に対する啓発パトロールがその契機である。その後、パトロールに徐々に古株の日本語が堪能なパキスタン人も参加するようになり、同業者に地域の要望を知らせ始めた。日本人の参加者の1人は「今まで話をするとエキサイトすることもあったが、同国人同士であれば、割に穏やかに問題が解決した」とパキスタン人事業者を評価し、問題を起こす業者は一部にすぎないと指摘している。他にも、各種交流会や犯罪対策のために警察・自治会・中古車業者が共催した「犯罪追放セーフティーゾーン緊急対策会議」などでも、日本人参加者がパキスタン人の日本語能力に気づき交流が始まることもあった。

そして、2005年に5つの自治体（新湊市、小杉町、大門町、大島町、下村）が合併し射水市ができると、パトロール等の諸活動に参加していた主要メンバーも含める形で条例策定のため、2006年から「安全で快適なまちづくり懇話会」が形成され、2007年には「射水市安全で快適なまちづくり条例」が制定された。その後、前掲の「射水市迷惑駐車等の防止に関する条例」や「射水市空き缶等のポイ捨て防止に関する条例[13]」等の条例も制定され、協議内容が市の広報に掲載されるなど地域との連携も模索された。

それらの条例制定後は、行政や警察も中古車業者に関わる物事全般に一層関与を強め、パトロールや地域住民の通報協力もあってトラブルは減少していったが、最も大きな要因は2009年1月のロシア側の関税引き上げであった。

(3) 停滞期（2009年〜現在）

2009年1月以降、前掲のように大幅に貿易量が落ち込んだことでパキスタン人中古車業者は富山県からの（あるいは日本からの）撤退か、事業の継続か、という判断を迫られるようになった。その際、東京や大阪などの大都市に本社を置き、伏木富山港周辺地域の好調な売れ行きに注目して、社員を派遣していた業者は早々に引き上げを決定した。彼らの多くは外国人登録を本社のある都市部に残したまま同地に転勤していたため、射水市内の店舗数が２００９年の１年間で２０５軒から１５４軒に減少したにもかかわらず、[14]外国人登録者数がほとんど減少しなかったものと考えられる。

では、事業の継続を選択した業者はどのように営業を続けたのであろうか。店舗数の減少と外国人登録者数の維持という面や、聞き取り調査から見えてきた手法としては、店舗の共同経営が挙げられる。近年では、ロシアからｅメールで注文を受け、専用のインターネット回線上のオークションで卸業者から中古車を購入し、店舗陳列のないままとめて港から輸出する形態をとることも多く、盗難事件や強盗事件がしばしば発生した頃のように、店舗に車両を置き、多額の現金をやり取りする方式でなくとも営業が可能になった。また、彼らは宗教上の連帯を有し、富山での生活歴が20年近くに及ぶことから、その縁を生かし共同で事業が行われることもある。

また、もう一つの営業方法として挙げられるのが、輸出先をロシアに限らず、在外パキスタン人のいる他地域（ニュージーランド、カナダ、南米諸国、アフリカ諸国など）に求めたり、部品をそれらの国に輸出する方式である。その中では、アラブ首長国連邦が輸出中継地であることもある。これは日本海沿岸地域以外でパキスタン人が展開してきた中古車輸出の手法である。つまり、彼らはロシア向けにほとんど特化した輸出形態から、多くの同国人が行っている方式も併用するようになっている。ただし、彼らは伏木富山港周辺地域を離れようとはしていない。同地を拠点としつつ、景気の変化に合わせて自らの方向性を決定している。

ここで、彼らが業態を変化させつつも、なぜ伏木富山港周辺地域での生活を継続させたのかという点を考えてみたい。まず、中小自営業者としての経営上の判断がある。パキスタン人事業者は伏木富山港が持つ８号線と港とのアクセスの良さや、ロシアとの長期にわたる関係などを勘案し、ロシア側の政策転換などで状況が好転するまで、厳しい状態が続いても他の業態で急場を凌ぐことが将来的な事業好転の可能性を潰えさせないとの意思を有していた。事実、２０１０年上半期は徐々に中古車輸出は好転してきており、以前よりも富山県のパキスタン人業者が全国の対ロ中古車輸出量に占める割合は高くなっている。[15]これは短期的な利益追求ではなく、富山に住みつつ事業の継続を志向してきたパキスタン人中古車業者がもたらした成果であろう。

彼らが富山での営業を継続した背景としては、社会的な要因も大きな位置を占めている。第一に、家族の特性が挙げられる。他の外国人労働者とパキスタン人中古車業者を分けるものとして、配偶者の出自がある。たとえば、日系南米人の場合、単身で来日するものもいるが、母国で築いた家族と来日する場合も多い。そのため、家庭内では母語、母文化が生活の基盤となっている。一方、パキスタン人の場合、彼らの母語を知らないことが多い日本人女性と結婚したため、子どもも含めて家庭内の共通言語が日本語である場合が多い。その上、彼らの子どもは絶対数が少ないため、独自の教育機関を作れず、地元の公立校に通い、彼らの文化的背景の大きな部分を占めるイスラム教に関する知識が十分ではないことも多い。たしかに、他の移民の事例でも二世以降は徐々に居住する国の文化に適応していくものであるが、パキスタン人の子弟の場合、母親の文化圏で生活しているため、パキスタン社会への適応に不安がある。そのため、パキスタン人事業者は経済的に多少厳しくなったとしてもパキスタンに帰国するという選択は容易には採りづらかったのである。

第二に挙げられる要因は、さまざまな地盤を富山県で築いたことである。目に見えるものとしては、家屋や事業所である。順調に事業を展開してきた彼らは、不動産を購入し、より安定した生活を志向してきた。もちろん、これには日本で育った配偶者やその家族の意思も影響していると思われるが、居住地も派遣会社から斡旋されることも多かった外国人非正規労働者に比べ、パキスタン人中古車業者はその土地を離れるとの判断を下すことに一定の歯止めがかかる環境にあった。また、古株の中心人物は長期にわたり同地で事業を展開し、その日本語能力等から市の条例作成に関わり、多くの事業者が地域住民とのパトロールや懇談会にも積極的に参加したように、地域での信用も築いていた。

そして、彼らの富山における生活歴は長いものですでに20年に迫っており、上記のような具体的な要因だけでなく、地域に対する愛着が生まれていることも見逃せない要素であろう。あるパキスタン人業者は筆者とのインタビューの中で、「東京とか、別の街に自動車の買い付けに行っても、夜になると富山に帰りたくなるし、車で帰るなら北陸道、電車なら越後湯沢の駅から『はくたか』（筆者註：越後湯沢と金沢をつなぐ特急電車名）に乗ると、何かホッとするよ」とその気持ちを表現していた。それらの要素が複雑に影響し合いながら、彼らは伏木富山港周辺地域に残り、事業の継続を模索していったのである。

ここでパキスタン人中古車業者の地域への定住志向を示

写真1　2010年6月4日のデモの様子（筆者撮影）

す事例を二つ紹介したい。一つ目は、２００９年春に開校した「トヤマ・インターナショナル・イスラメック・スクール」である。

これは地元の公立学校に通っている彼らの子弟に対して、放課後にイスラム教の基礎を教えるために作られたものであり、私塾のような位置づけの施設である。通常の学校教育と並立させるものであり、他の外国人学校のように公立学校と別のカリキュラムを設けるものではない。イスラム教徒であるパキスタン人中古車業者と結婚した日本人女性は教義に従い、イスラム教徒となるが、父親は事業に励んでおり十分に教義等について子どもに伝えることができなかった。その状況を改善するため不況以前から企画されていたのが、当該施設である。

もう一つは、デモの手法の変化である。２０１０年６月４日（金曜日）、富山モスクにおける集団礼拝の後に同年４月にアメリカのアニメ「サウスパーク」の中でムハンマドに熊の着ぐるみを着せたことに関する抗議デモが行われた。元来、偶像崇拝を禁じているイスラム教徒にとって、像を描くことだけでなく、それを風刺の対象としたことは受け入れ難いものであった。そして、その事実を含め、イスラム教徒への理解向上を願い、彼らはデモを起こした。写真１を見てもらえればわかるように、彼らは、①イスラム教への理解向上、②自分たちが富山あるいは日本の居住者であり、地域を愛しているとのアピールを同時に行っている。2001年のコーラン破り捨て事件の際には単に怒りを表現するだけであったが、現在は意思の表明と同時に、「周囲から自分たちが、どのように捉えられているか」というまなざしを同時に持ち、イスラム教に関する知識の乏しい日本社会のなかで奇異の目で見られる事態を避けようとしている。これは彼らの店舗、前述のイスラム学校、モスクの表には必ずカタカナ表記がなされていることとも方向性を一にしている。なかでも、モスクの駐車場に関しては、日本語表記の方が大きく、礼拝参加者に場所を示すよりも、地元社会に対して自らが地域社会で問題視されている迷惑駐車をする存在ではないことを表明する部分が大きい（写真2）。

5 トラブルの減少と認識の不変性

ロシア向け中古車輸出の大幅な減少は前掲のように、短期的に伏木富山港周辺地域で営業していた業者の撤退と、定住志向を持つ業者の方向転換という傾向を見せた。そしてその動向は、従来パキスタン人中古車業者と地域社会と

写真2　国道沿いの富山モスク駐車場の看板（筆者撮影）

の間に発生した摩擦の原因となったトラブル減少と大きな連関を示してもいた。筆者が射水市生活安全課にて、従来トラブルを起こしていた業者の特性を聞いたところ担当職員は、①地域との関わりを持たない、②日本語が通じない、③行事に出てこない、という要素を挙げた。これらは、短期的に同地で営業をしていた業者に見られる特徴でもある。そして、ビジネス・チャンスがあると考え、とりあえず業務を開始した業者も含まれよう。ただし、新規の出店がほとんどない現状では、試験的に業務を始める場合は激減してしまっている。

また、同地で最も早く事業を始めたパキスタン人事業者は「私も真ん中に入って色々伝えていたが、どうしてもミステイクはある。それに、仕事もあって忙しいから、毎日教えることもできない」と状況を説明し、新規で事業を始めた同国人に対しても、「新しく入ってきた人に対しては、先輩としてアドバイスしている。そうしたら、彼らも徐々にわかるようになった。彼らも他の外国人とかと同じで、先輩の言うことは聞く」と話していた。そして、周囲の日本人との摩擦の要因として、彼らを特別視し、直接トラブルの回避方法を教えない場合も多いことを挙げている。つまり、従来のトラブルの要因の多くは一部の地域に馴染まない（定住志向のない）事業者と、経験の浅い事業者が起こしていたものであり、現在のように伏木富山港周辺地域に止まる意欲のある人が残っている場合、トラブルはほとんど起こらなくなっている。もちろん、これには、行政の関与の増加、自治会・パキスタン人・行政の3者で行ってきた啓発パトロールの効果も関係していると思われるが、図らずも中古車輸出の激減が彼ら周辺に起きていたトラブルの実態を浮かび上がらせた面が強い。

一方で、署名活動も起きたほど反発の強かった地域住民の間には、そのような認識はほとんどない。貿易量が減少したため、トラブルが減少したという単純な見方で、状況を判断しており、表面上運動が沈静化しているにすぎない。換言すれば、地域に残ることを選択したパキスタン人事業者と、従来から彼らを個人化できるほど接点の無かった地域住民との間には現在も認識の断絶が存在しているのである。

6 エスニック・ビジネスと地域社会

筆者はその断絶が生じた原因の一つにパキスタン人が伏木富山港周辺地域で行う業態があると考えている。パキスタン人は中古車関連業でニッチを確立したが、それを他の外国人の事例と比較すると、その特性が明らかとなる。まず、日本社会でエスニック・ビジネスを形成した集団としては、在日コリアンが挙げられる。日本企業に就職する際に差別的境遇に置かれた彼らは、焼肉・パチンコ・廃品回収業・サンダル製造などの自営業に活路を見出した。彼らは、①差別を回避するため出自を明らかにできなかったこと、②植民地時代に日本語力を持ったことを背景に、数十万人に上る同胞と並び、日本人も主要な顧客として捉え、事業を発展させてきた。それは同時に、店主と日本人関係者や従業員との間に相互理解が生まれる副次的な効果もあった。

次に、日系ブラジル人の場合を見てみると、彼らは来日当初より出自に関して隠すことはなく、集住傾向を持っており、顧客のほとんどがブラジル人を中心とする南米出身者の飲食店やスーパー、衣料品店等を中心にエスニック・ビジネスを発展させていった。そして、店員と顧客の会話は主にポルトガル語で行われていた。しかし、２００８年の秋以降の不況の影響で非正規雇用で就業していた多くのブラジル人が職を失うこととなり、同国人を対象としていたビジネスは多くの顧客を失う。そのため、店側としては、その不足分を埋めるために、日本人を顧客とする場合もしばしば見られるようになった。たとえば、店の内外にカタカナ表記を増やしたり、日本語がわかる（あるいは日本人）スタッフを雇用したり、サッカー・ワールドカップの日本代表戦や地元のＪリーグのチームの試合の店内放送を行うなど、集客に向けた手法を模索している。そのような努力をしているいくつかの店舗（富山県高岡市および群馬県大泉町）で２０１０年夏に店員に話を聞いたところ、この２年ほどで日本人顧客が増加した、との回答が多かった。不況以後も定住を志向する日系ブラジル人が展開するエスニック・ビジネスは徐々に、これまで検討はされながら、実行に移せなかった日本人顧客の取り込み[16]を行い、地域社会との接点となる店舗も珍しいものではなくなっている。

一方、パキスタン人中古車業者は不況後も顧客の構成は一層国際性を増した部分はあるものの、日本人を顧客とする中古車販売に対して、少なくとも伏木富山港周辺地域においては非常に消極的である。そのため、彼らは周辺に居住する日本人との接点を持たず、彼らの業態に関して、関係者からの理解は深まりながら、周辺住民からは十分な理解が得られていない。また、彼らの最大の理解者である日本人配偶者は宗教上の規範もあって、それほど表に出ることがないため、中古車業者が事業の合間に行うパトロール活動、交流会等での関係がある日本人以外とは地域社会では接点が薄くなっている。もちろん、ここにはホスト社会が抱える問題も多いのであるが、ビジネス形態、および悪化した地域社会との関係を考えれば、パキスタン人中古車業者は他の外国人労働者の場合よりも一層の接点形成を必要としている存在であることも確かであろう。

おわりに

パキスタン人中古車業者は同国人が形成してきた国際的な中古車販売ネットワークを基盤としつつ、ビジネス・チャンスを見逃さない先見性や、地域社会やロシア極東地域の事情もあって伏木富山港周辺地域で発展を遂げて来た。そして、世界同時不況がロシア政府を通じて同地を直撃したものの、パキスタン人中古車業者は富山への愛着や同地を離れ難い個別の事情などもあり、地縁・血縁・宗教上のネットワーク、自営業である強み、あるいは既存の販売網を生かして柔軟に営業手法を変えながら事態に対処してきた。その姿は、１９８０年代半ばにパキスタン人が大量に来日して以来、築きあげてきた彼らの生活を反映するものでもあった。

一方、エスニック・ビジネス、子弟の教育などで母国と同様の状況を維持しようとし、日本企業が形成した産業構造の中に組み入れられてしまった少なからぬブラジル人は帰国を余儀なくされた。もちろん、彼らに不可避の事情や日本の移民政策の不備があったことは言うまでもないが、１９９０年以降に急増したブラジル人の選択してきた生活が、現在の状況を生んでもいる。

ただ、射水市の日系ブラジル人も含めた日本全体のブラジル人集住地域において常態化している「顔の見えない」状態がパキスタン人にも起きており、その他、同地のロシア人船員や中国人研修生に対しても、その意識にあまり違いがない。不況によってパキスタン人中古車業者の意思や業態は一層明らかとなった面があるが、従来から残る日本社会全体の課題も積み残されたままである。その意味では、ニューカマーを受け入れて25年が経過した日本社会は、行政の十分な関与不足、相互理解促進の機会不足によって、パキスタン人中古車業者が有する職業上の柔軟性・定住志向・高い日本語能力等によって得られる効果を損ねさせてもいる。そして、現在もその対応は変わらず、富山県や射水市では地域の反発が沈静化したために積極的な施策展開を行っていない。しかし、これでは他の外国人労働者の場合と同様に、景気が回復したならば同様の事態がくり返される危険性がある。不況により一層可視化した問題点を改善することは、外国人労働者を本格的に受け入れて25年が経つ日本社会の積み残した課題への回答なのではないだろうか。

注

1 その他、多くはないが、ロシア人や日本人も同地でロシア向け中古車輸出業を営業している。
2 富山県の外国人登録者数は以下全て、当該年の富山県『とやまの国際交流』より。
3 福田（2007）あるいは、福田（2009）など。
4 詳しくは、廣井（2001）。
5 『毎日新聞』２００９年5月8日（朝刊）。
6 ウラジオストクの１９９０年以降の状況に関しては堀内（2010）。
7 岡本勝規（2009）「ロシア政府による完成車輸入関税引き上げに対する中古車輸出業者の対応」（北東アジア学会第15回学術研究大会配布資料）。
8 福武（1965, p.42）。
9 業者の中には、ロシア向けの中古車販売と並行して、アラブ首長国連邦をはじめ複数地域との貿易を行っているものも一部存在していた。
10 消費税は仕入れの際に納税されるが、ロシア向け中古車販売店の多くは免税店であるため、輸出証明を税務署に提出すれば、該当分は還付される。
11 小林（2006）。
12 当時の同地の住民意識に関しては、小林（2008）。
13 射水市（2007）『広報いみず』5月号。
14 射水市生活安全課作成資料「海外向け中古車販売業者の状況」より
15 ２００９年上半期と比べ、伏木富山港からの対ロシア中古車輸出台数は2万５６５台で2・9倍の回復を見せ、２００８年には32％であった全国の輸出台数に占める割合は、49％まで増加した。
16 片岡（2004, p.18-19）。

参考文献

片岡博美（2004）「浜松市におけるエスニック・ビジネスの成立・展開と地域社会」『経済地理学年報』No.50
小林真生（2006）「環日本海経済圏における対外国人意識――伏木富山港周辺地域の市議会議事録を手がかりとして」『アジア太平洋研究科論集』No.11
――（2008）「地方の港湾都市におけるロシア人船員に対する意識の特性――北海道稚内市の事例を中心にして」『アジア遊学』No.117
桜井啓子（2003）『日本のムスリム社会』筑摩書房
樋口直人（2006）「多民族社会の境界設定とエスニック・ビジネス」庄司博史・金美善編『多民族日本のみせかた――特別展「多みんぞくニホン」をめぐって』国立民族学博物館
廣井脩（2001）『流言とデマの社会学』文藝春秋
福武直編（1965）『地域開発の構想と現実 Ⅰ』東京大学出版会
福田友子（2007）「トランスナショナルな企業家たち――パキスタン人の中古車輸出業」樋口直人・稲葉奈々子・丹野清人・福田友子・岡井宏文『国境を越える――滞日ムスリム移民の社会学』青弓社
――（2009）「パキスタン人移民の社会的世界」東京都立大学大学院社会科学研究科博士学位論文
堀内賢志（2010）『ウラジオストク――混迷と希望の20年』東洋書店

［こばやし　まさお］
国立民族学博物館共同研究員。早稲田大学大学院アジア太平洋研究科博士後期課程修了。博士：学術。主な著作に「対外国人意識改善に向けた行政施策の課題」『社会学評論』（日本社会学会編、2007）、「日本の地域社会における対外国人意識に関する社会学的考察――北海道稚内市と富山県旧新湊市地域を事例として」（早稲田大学博士学位論文、2010）など。

II
制度と運動

第5章

越境労働と社会保障

経済危機のなかで顕在化する移住労働者の社会保障問題

下平好博

1 問題の所在

合法的にわが国に滞在する外国人にとって、1981年の難民の地位に関する条約（難民条約）批准以来、わが国の社会保障制度は外国人にも平等に開かれた制度となっている。にもかかわらず、その実態を見れば、問題山積と言わざるをえない。たとえば、外国人労働者のなかでもっともその法的地位が安定しているといわれる日系外国人労働者でさえ、職場の社会保険に加入する者は少ない。その理由は、彼らの多くが間接雇用という形で非正規労働に従事し、その結果、労働者として当然享受すべき権利を保障されていないことにある。また、定住化が徐々に進みつつあるとはいえ、彼らの多くが依然〈出稼ぎ労働者〉として行動し、目先の賃金の多寡に目を奪われ、社会保険料の支払を躊躇することにある。したがって、不測の事態が生じた場合、外国人労働者の多くは親族のネットワークに頼るか、あるいは貯蓄を切り崩すことで生活せざるをえない。

2008年9月に起きたリーマンショックは、この状況をさらに悪化させた。というのも、派遣労働者や請負労働者として製造業の生産現場で働いていた日系外国人労働者を中心に、「派遣切り」「雇止め」という形で外国人労働者の多くが次々と職を失ったからである。彼らの最初の受け皿は本来雇用保険であるべきだったが、後述するように、それに加入していない者も多く、また失業期間が長期化するなかで、たとえ失業給付を受けることができた者であっても所定の給付期間が切れて生活に困窮する者が続出した。

この事態を受けて政府は2009年4月、急場の策として、日系人離職者を対象に帰国支援事業を開始した。だが、同年6月以降、申請者の数が激減したために、本事業をわずか1年で打ち切っている。そして現在、日系人離職者とその家族が集中して生活する基礎自治体では、生活保護を申請する日系外国人世帯が激増しており、すでにその数が生活保護世帯総数の1割を超える基礎自治体も少なくない。

以下では、①この20年の間にわが国で働く外国人労働者のプロフィールがどのように変わったのかを概観した後に、②外国人に対するわが国の社会保障制度がその建前と現実との間にどれだけ開きがあるのかを明らかにし、③さらにリーマンショック後の雇用崩壊が日系外国人労働者の生活にどれだけ大きな影響を与えたのかを解明する。そして、④ようやく始まった日系人就労準備事業をはじめとする日系定住外国人施策が持つ意義と限界を示すことにしたい。

2 わが国で働く外国人労働者像の変貌

本題に先立ち、わが国で働く外国人労働者のプロフィールをみておこう。というのも、それを調べることで、「外国人労働者」と一括りにされる人々のどの層にターゲットを絞れば、今後有効な対策がとれるかが明らかになるからである。

わが国で外国人労働者問題が顕在化したのは1980年代の後半以降のバブル景気の最中であった。当時、真っ先に問題となったのは、①観光ビザで入国し、不法残留者として働き続けるバングラデシュ人やイラン人、また②留学生や就学生として来日し、法が定めた時間を超えてアルバイト就労を続ける中国人や韓国人、さらに③興業ビザで来日し、資格外就労を行うフィリピン人やタイ人であった。

この頃と比べると、約20年の歳月を経て、わが国で働く外国人労働者像は次のように大きく変貌した。

(1) まず、わが国の外国人労働者政策の基本方針は、1988年の第6次雇用対策基本計画以来、〈専門的・技術的分野の外国人は可能な限り受け入れるが、いわゆる単純労働者の受け入れについては、慎重に検討する〉とされてきた。だが、この基本方針とは裏腹に、これまで単純労働者の供給源として不法残留者が大きな役割を果たしてきたことは周知のとおりである。しかしながら、図1に示したように、不法残留者の数は1993年の約30万人をピークに以後減少傾向をみせ、とくにこの10年間の減少は著しく、2010年には9万1778人と、10万人台を切るに至っている。政府は、2004年に始まった「不法滞在者5年半減計画」が功を奏した結果であるとしているが、不法滞在者の7割近くを占める、いわゆる短期滞在ビザで入国し、不法に就労を続ける外国人労働者の数はこの10年で確実に減ったといえるだろう。

（2）他方、このような不法残留者の減少を補うように一貫して増加してきたのが、自動車産業や電器産業の下請け企業で単純労働者として働く日系外国人労働者と、研修・技能実習という名目で国際競争力を失った繊維産業などの限界企業で同じく単純労働に従事する研修生や技能実習生であった。図1は、ブラジル国籍とペルー国籍の外国人登録者数、ならびに研修ビザと特定活動の在留資格を持つ外国人登録者数によって両者の動きをそれぞれみたものであるが、日系外国人と研修生・技能実習生の数がとりわけ2000年代に入ってから激増していることがわかる。また、実際にわが国で働く外国人労働者数を調べた厚生労働省の外国人雇用状況報告でも同じことは確認できる。すなわち、日系外国人労働者の数は1996年の10万6728人から2009年には12万1941人に増えており、また技能実習生として働く者の数も1996年の2万1033人から2009年には8万5856人へと増加している。

このように、不法残留者の減少は、日系人というサイド・ドアから、また研修生・技能実習生というバック・ドアからそれぞれ合法的に入ってきた単純労働力によって穴埋めされた、とみることができよう。

（3）さらに、日本人との婚姻を通じて、わが国に定着する労働力が少なからず存在することにも触れておかなければならない。

図1には、ブラジル国籍者を除く、「日本人との配偶者等」の在留資格をもつ人々の数が併せて載せてあるが、これをみると、漸増傾向にあり、その数はすでに20万人規模に迫る勢いをもっている。なお、ここでブラジル国籍者を除いた理由は、ブラジル人の場合、当該の在留資格を持つ者の多くが日系二世であることにある。一方、その他の国籍者については、中国、フィリピン、朝鮮・韓国の順で続いており、これらの人々の多くが文字どおり日本人との国際結婚を通じてこの地位を手に入れたことがわかる。

（4）最後に、経済活動のグローバル化を反映して、高度人材としてわが国で働く外国労働者の数もこの20年で確実に増加する方向にある。図1に示したように、興業を除く専門技術職の在留資格をもつ登録外国人の数は一貫して増加しており、とくに21世紀に入って急増する傾向にある。

また、これらの高度人材の急増と関連して、これまでアルバイト就労を通じてわが国の労働市場のなかでもっぱら単純労働力と考えられてきた留学生・就学生が、ここへきて高度人材の予備軍とみなされるようになってきたことも、最近の新しい動きといえよう。

図2に示したように、2000年代に入って以降、「留

図１　わが国で働く外国人労働者像の変化

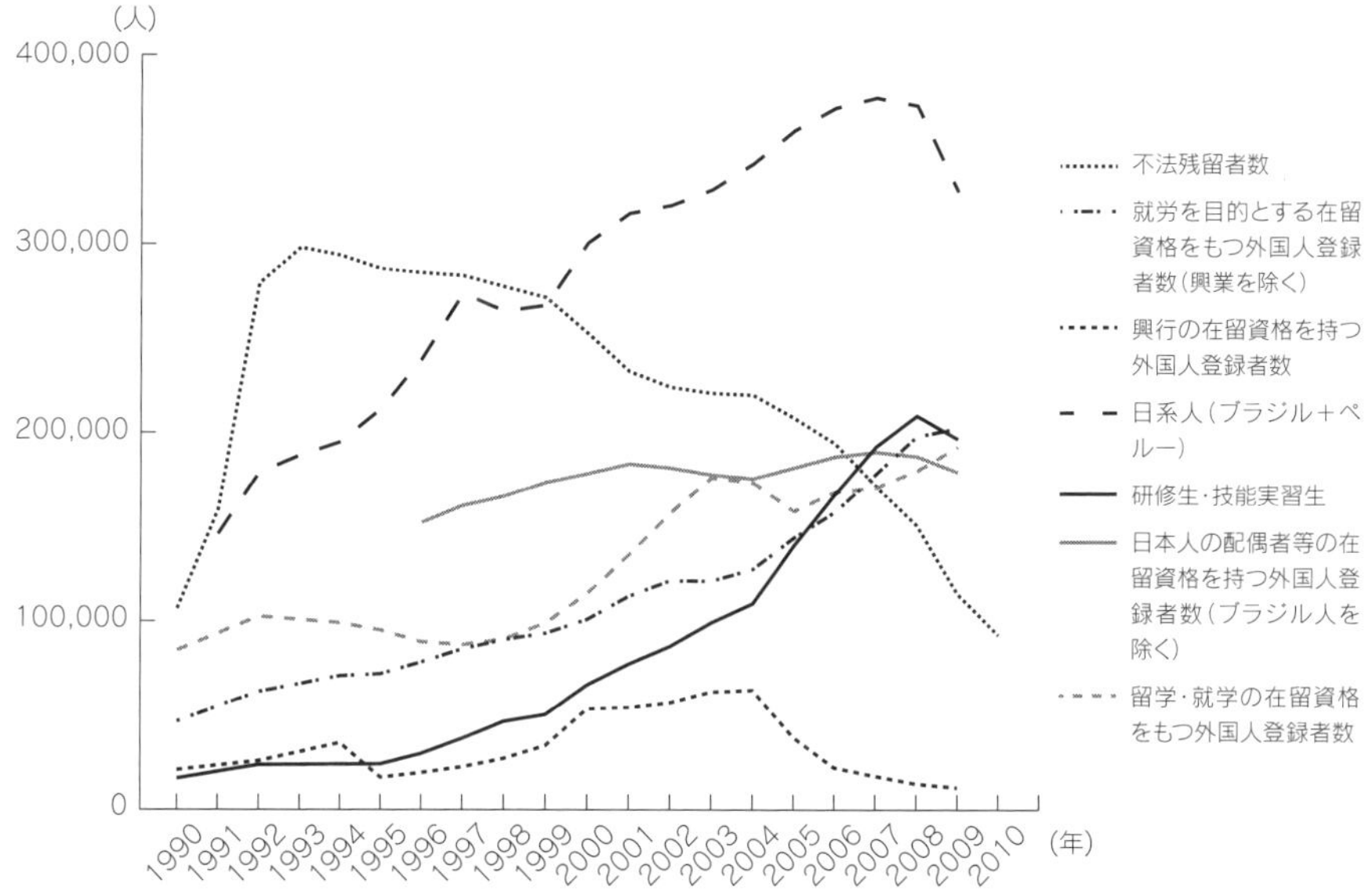

出典：法務省入国管理局『登録外国人統計』および『不法残留者数』各年度版より。
注：「就労を目的とする在留資格をもつ外国人登録者数（興行を除く）」には外交・公用は含まれていない。

図２　留学生等の日本企業への就職状況

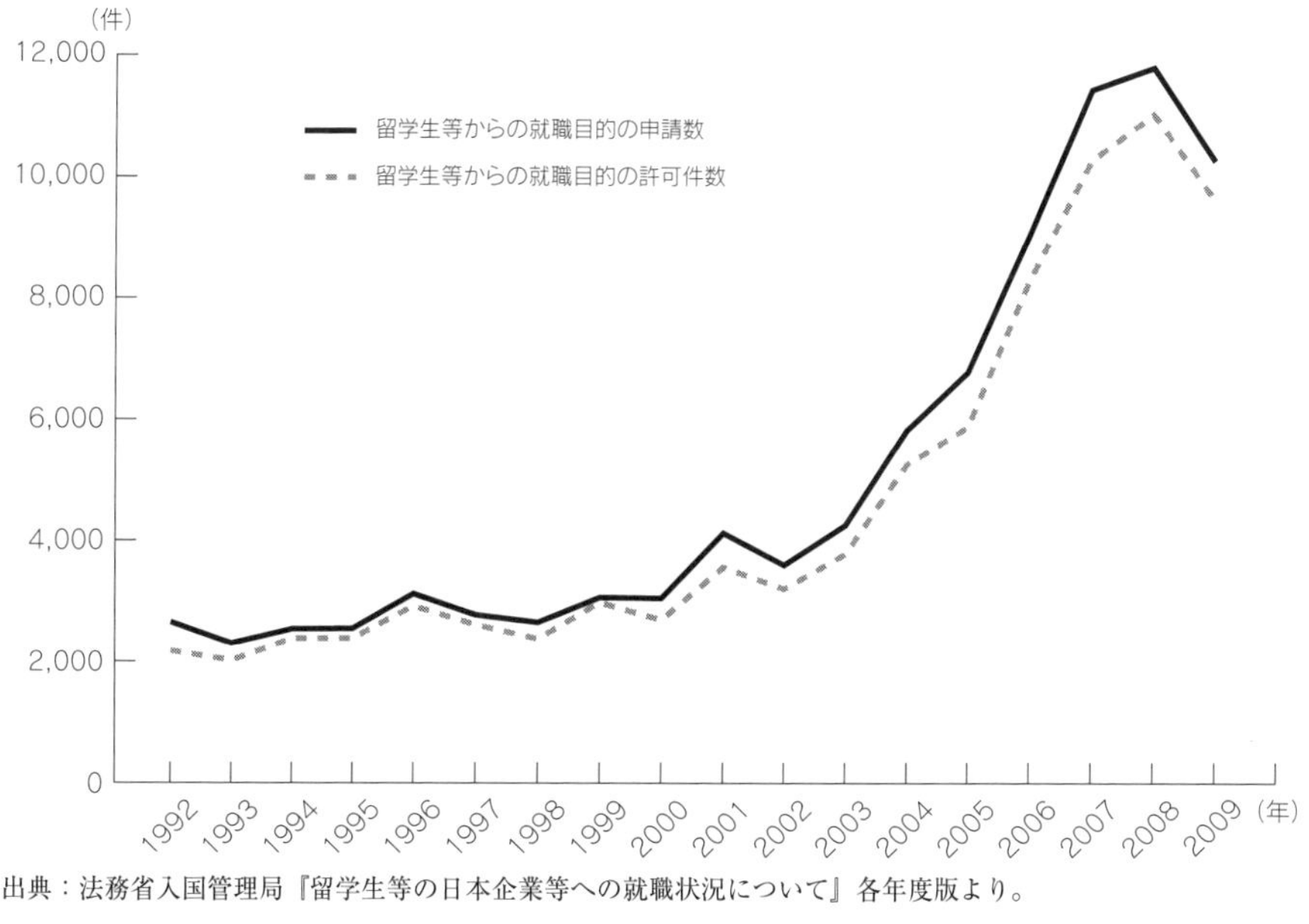

出典：法務省入国管理局『留学生等の日本企業等への就職状況について』各年度版より。

学生等」の在留資格から文化系であれば「人文・国際」へ、また理科系であれば「技術」へ在留資格を変更申請する者が急増している。またその場合、在留資格の変更申請を行う留学生の大半が中国をはじめとするアジア諸国からの留学生であり、彼らの母国語能力ならびに母国に関する知識がアジア進出を図る日本企業にとっていまや不可欠なものになりつつあることを示している。

3 外国人への社会保障

以上のように、わが国で働く外国人労働者の中軸は、①専門技術労働者とその予備軍である留学生・就学生、ならびに②日系外国人労働者と研修・技能実習生からなる単純労働者の二つに集約されるとみることができる。もしそうであれば、外国人への社会保障をめぐる争点は、これらの二つのグループに社会保障の権利をいかに保障するかにある。[1]

ただし、冒頭でも述べたように、1981年の難民条約批准以降、わが国の社会保障制度は原則国籍要件が撤廃され、職域の社会保険制度はもちろんのこと、国民年金や国民健康保険を含めて外国人の加入をみとめている。また近年、長年の課題であった公的年金の通算協定が主要先進国との間で次々と締結され、いわゆる年金保険料の掛け捨て問題もようやくその解決の糸口を見出しつつある。[2] したがって、残された問題は、外国人労働者を雇い入れた使用者の法令順守をどこまで徹底させるか、また税を使って支出される社会保障給付、たとえば生活保護の受給権を外国人にどこまでみとめるかにある。

(1) 社会保険への加入状況

高度人材としてわが国で働く外国人労働者の場合、その多くが正規職員であり、彼らの社会保障の受給権が大きな社会問題に発展することは少ない。すなわち、当該の外国人が健康保険・厚生年金保険の適用事業所に常用で雇用され、その所定労働時間が週30時間以上、所定労働日数が月17日以上であれば、健康保険と厚生年金保険の被保険者となる。また雇用保険についても、所定労働時間が週20時間以上で、1年以上の雇用が見込まれる場合には、強制適用となる。

一方、留学生・就学生についてはもともと、アルバイト就労が例外的にしか認められない在留資格であるため、職域の社会保険を適用することは難しい。したがって、彼らの多くは、1年以上の居住を前提に居住地の国民健康保険に加入するケースが多い。また、国民年金にも同時に加入できるが、学生である彼らがあえてそれに加入するケースは少ない。

就学という身分でいえば、研修生についても、同じことがいえる。すなわち、「研修」という在留資格は、わが国の公私の機関で産業上の技術・技能を習得する者に与えられる在留資格であって、２０１０年7月の入管法改正以前までは、「研修」の在留資格で働くことはみとめられていなかった。そのため、研修生を受け入れた団体もしくは企業は、彼らを地元の国民健康保険と国民年金に加入させ、1年間の研修後、技能実習生に移行してはじめて、彼らを労働者として扱い、職域の社会保険（労災保険、雇用保険、健康保険、厚生年金）に加入させる建前となっていた。

しかしながら、このような法の趣旨を度外視して、研修生・技能実習生をはじめから低賃金労働者として活用する悪質な団体や企業が後を絶たず、社会保険への未加入はもちろんのこと、賃金の未払いで摘発される業者さえ存在した。そこで、２０１０年7月の入管法改正では、座学講習修了後ただちに、研修生を文字どおり労働者として扱い、労働関連法規の対象とする新しい制度がスタートした。この改正が研修生・技能実習生の社会保険への加入を促すことにどこまで効果を発揮するかはいまのところ定かではないが、これまで不正行為の温床といわれてきた同制度が一歩改善されたことはまちがいない。

ところで、いちばんの問題は、業務処理請負業者や人材派遣業者からの派遣という形で製造業の生産現場で働くことの多い日系外国人労働者が、冒頭でも述べたように、職域の社会保険に加入する権利をもちながら、ソーシャルセーフティネットから漏れていることにある。

この点については、彼らが集住する自治体を中心に数多くの実態調査が行われているので、その代表的なものをここに紹介しておきたい。

まず、全国の基礎自治体のなかでも最も多い、約2万人という数の日系人を抱える静岡県の浜松市では、１９９２年から継続的に日系人労働者を対象にした生活実態調査が行われてきた。[3] それらの調査の質問項目には必ず社会保険への加入がたずねられているが、たとえば最も古い１９９２年調査結果と最も新しい２００９年調査のそれとを比較しても、そこに大きな前進はみとめられない。すなわち、職域の社会保険（厚生年金・健康保険）に加入している日系人労働者は、１９９２年の20・0%から２００９年の24・7%へと、さほど伸びていない。また、国民健康保険に加入する者の割合は、１９９２年調査が42・0%であるのに対して、２００６年調査では30・0%と逆に低下している。そして、旅行傷害保険を含めいずれの医療保険にも加入していない者が、１９９２年調査で28・4%、２００６年調査で32・0%と、かえって事態は悪化する傾向にさえある。

浜松市に次いで大きい、約1万3000人という日系外国人人口を抱える愛知県の豊橋市でも、ほぼ同様の結果が報告されている。すなわち、同市で2003年に行われた調査によれば、職域の健康保険に加入する者が12・3%、国民健康保険に加入する者が21・4%とそれぞれ低く、逆に旅行傷害保険を含めいずれの医療保険にも加入しない者の割合は34・4%にも達している[4]。

また、静岡県が日系外国人が集住する県下の5市を対象に行った2007年の調査でも、職域の健康保険に加入する者が35・0%、国民健康保険に加入する者が27・0%とそれぞれ低く、いかなる医療保険にも加入していない者の割合は26・0%となっている[5]。

このように、ひとたび家族のなかに病人が発生すればただちに生活に影響しかねない、医療保険への未加入の者が3割前後もおり、もし彼らに高額医療費を負担する能力がなければ、そのつけは彼らを診察した医療機関もしくは彼らが居住する基礎自治体に及ぶことになる。

ところで、日系外国人労働者の雇用環境が悪化するなかで、彼らは雇用保険によってどの程度守られているのだろうか。2009年の浜松調査は、雇用保険への加入についても調べているが、それによれば、その加入率は63・2%と予想外に高い。他方、前述の2007年の静岡県調査では、加入が39・0%、未加入が43・0%、不明が18・0%と、雇用保険への加入率はけっして高くない。さらに、2009年に滋賀県が日系外国人が集住する県下の2市で生活する日系人求職者を対象に行った調査では、雇用保険受給中が67・7%、申請中が9・2%、受給終了が1・5%、受給なしが17・7%となっており、この数字を見るかぎり、今回のリーマンショックで解雇された際に雇用保険の恩恵に与った者の割合が比較的高かったことを示している[6]。

以上のように調査によって異なる結果が生じた背景にはおそらく、①各調査の精度の違い、②調査時点の相違、③調査対象者の違いがそれぞれ関係していると考えられる。とくに、2007年から2009年にかけて東海地域で日系人の雇用保険加入率が4割から6割へと伸びていることを考えると、日系人労働者の派遣元企業が派遣先企業でかれらが「派遣切り」あるいは「雇止め」されることをあらかじめ見込んで、彼らを積極的に雇用保険に加入させた可能性は捨てきれないといえよう。

(2) 外国人と生活保護制度

一方、社会保険ではなく、税を使った社会保障給付については依然、国籍要件が課されているものが多い。とくに、生活保護法はその典型である。ただし、在日韓国人・朝鮮人などの「特定永住者」ならびに日系人などの「定住者」には同法が準用され、貧困に陥った場合、生活保護給付が支払われてきた歴史がある。

問題は、冒頭でも述べたように、2008年9月のリーマンショック以降の世界的な景気後退のなかで日系外国人労働者が次々と失業し、ある者は雇用保険が切れて生活に困窮した結果、またある者は雇用保険という受け皿を経ずにストレートにこの生活保護制度へ転落する者が急増したことであった。しかも、これまでは生活保護を申請する場合、稼働能力のある失業者はその稼働能力を理由に門前払いされてきたのであるが、2008年の暮れから2009年の年頭にかけて、超党派の政治家を巻き込んで東京の日比谷公園で年越し派遣村が開設された結果、以後そのような生活保護行政のあり方が大きく見直されることとなった。すなわち、厚生労働省は2009年3月18日、「職や住まいを失った方々への支援の徹底について」と題する通達を、また、2009年12月25日には、「失業等により生活に困窮する方々への支援の留意事項について」と題する通達をそれぞれ各都道府県、指定都市、中核市宛に発令している。そして、失業者への迅速な救済を求めたこの二つの通達が契機となって、生活保護法における稼働能力の扱いが柔軟になり、こんにち、失業中の日系人外国人労働者にも生活保護の申請を容易にしているといわれている。

節を改めて、この間の事情を詳しくみておきたい。

4 リーマンショックと日系定住外国人の大量失業

リーマンショック後、日系外国人労働者はどの程度のスピードで、またどの程度の規模で失業していったのであろうか。まず、図3は日系外国人労働者が集住する各県において、いわゆる「派遣切り」「雇止め」がどの程度のスピードで増えていったのかをみたものである。

これをみると、各県とも2008年の10月から翌年の4月にかけて「派遣切り」および「雇止め」の件数が激増していることがわかる。そして、それ以後は、伸びは比較的に緩やかなものになり、今日を迎えている。また、「派遣切り」「雇止め」の累積件数でいえば、自動車産業とその下請け企業が集中する愛知県が5万人弱とダントツに多く、これに長野県と静岡県が続いている。そして、かつて派遣労働者や請負契約労働者として働き、今回の不況で失職した者の総数は全国規模でも30万人に迫る勢いをもっていることがわかる。

もちろん、この30万人という数字には、日系外国人労働者だけが含まれているわけではない。そこには当然、日本

図3 「派遣切り」および「雇止め」の累積件数の推移

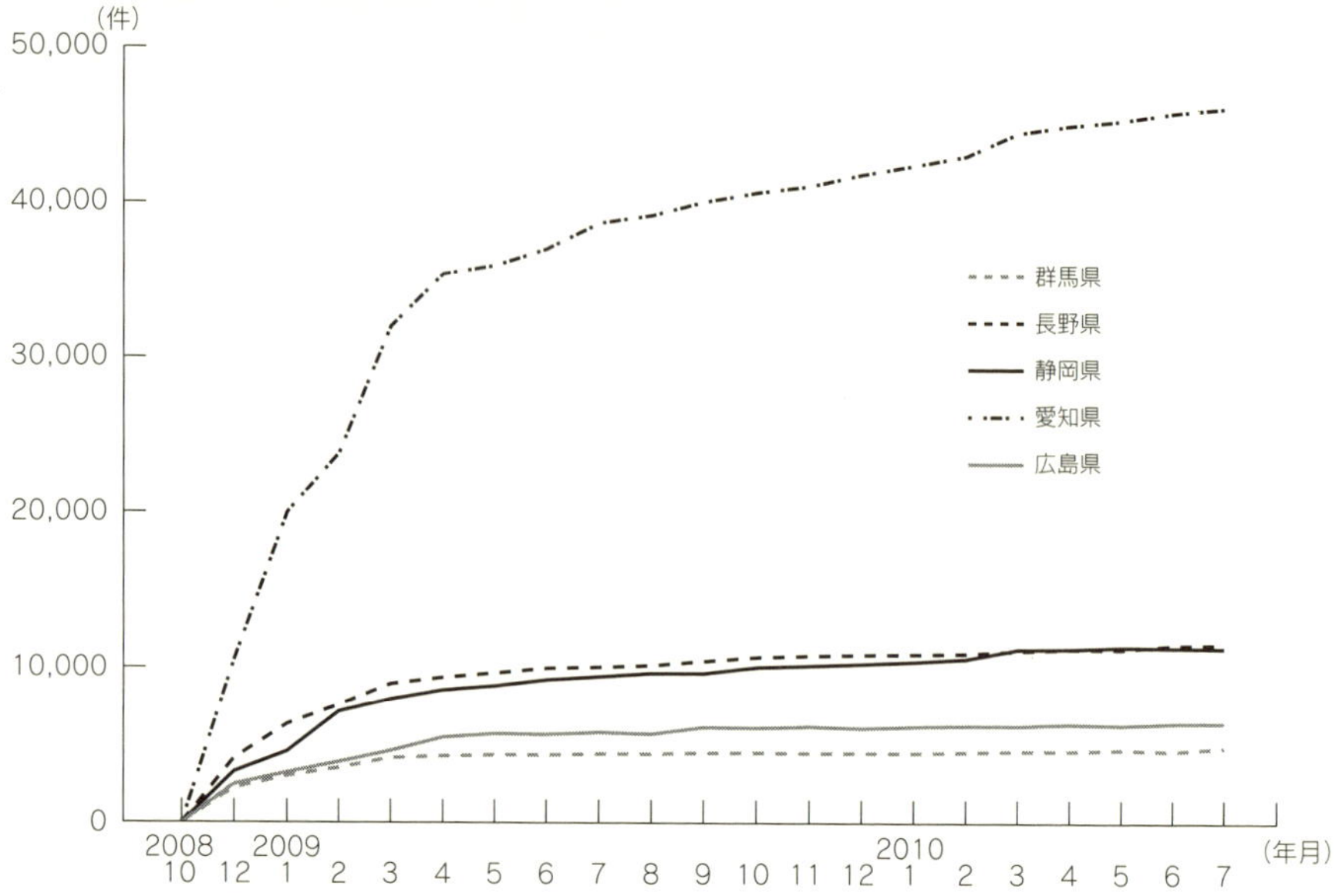

出典：厚生労働省『非正規労働者の雇止め等の状況』各月号より。

人の派遣労働者や請負契約労働者も含まれている。そこで、急速に増えた「派遣切り」「雇止め」によって、日系外国人労働者がどの程度の影響を被ったのかをみるために、各地のハローワークが把握している日系人の求人・求職データを調べてみた。

図4がその結果である。ここでは、名古屋地域、愛知県、静岡県の3地域における日系人の新規求職件数と日系人の就職件数とがそれぞれ掲げてある。[7] なお、ここでいう「新規求職件数」とは、過去1カ月間の求職件数を意味し、また「就職件数」とは、ハローワークの紹介を通じて就職に結びついた月単位の就職件数である。したがって、両者を比較することで、日系人への労働需給が逼迫しているのか、あるいは弛緩しているのかがわかる。

これらの3地域とも、日系人の新規求職件数は2008年の暮れから急増し、2009年の1月から4月にかけてピークを迎えている。他方、日系人の就職件数はこの間一貫して低調に推移し、したがって、その差が失業者として累積されていったとみることができる。だが、2009年の5月以降になると、日系人の新規求職件数は急速に減少し、同年暮れまでには、リーマンショック発生前の水準にまで落ち込んでいる。

問題はこれをどうみるかだが、考えうる一つの可能性は、

図 4　日系人集住地における日系人新規求職件数と就職件数の推移

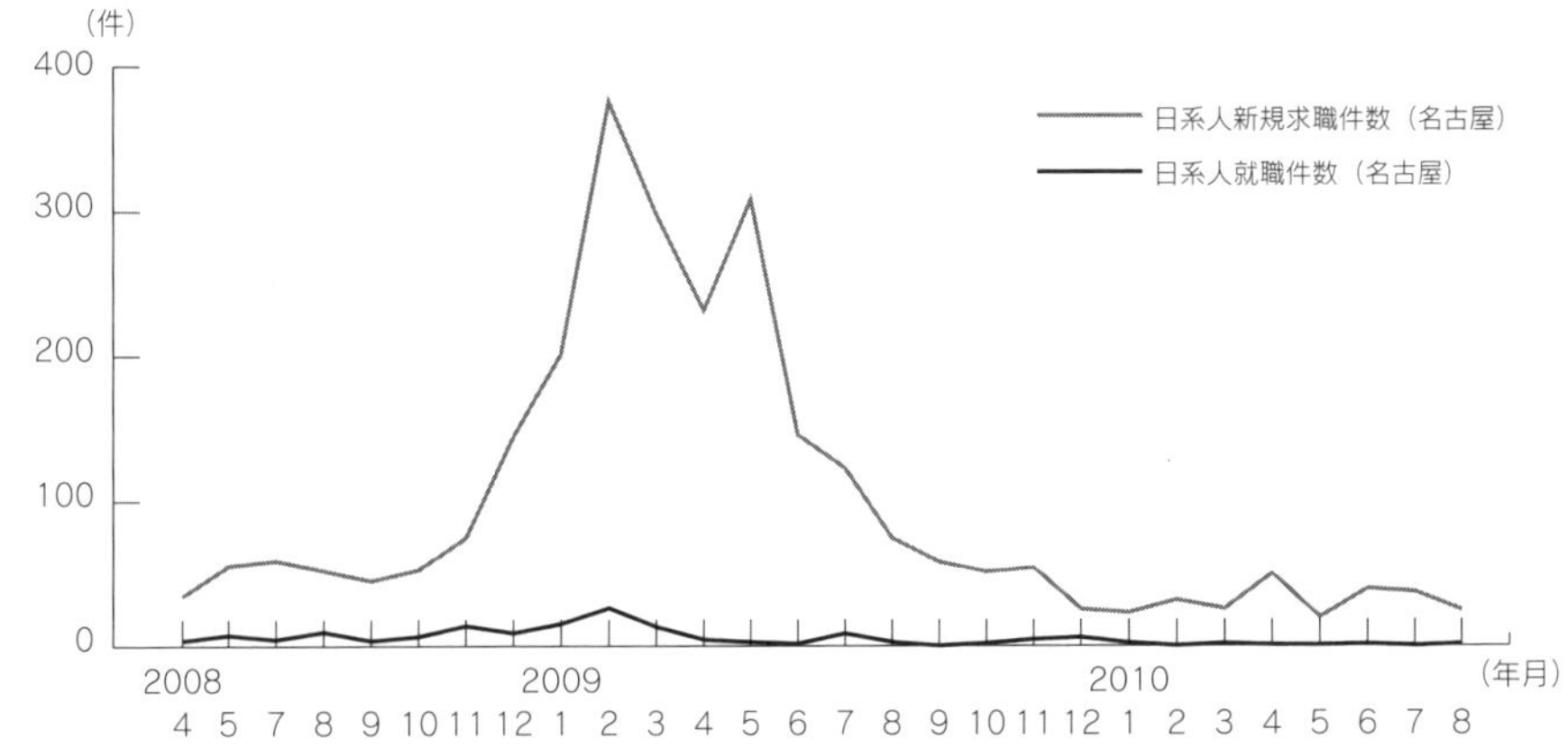

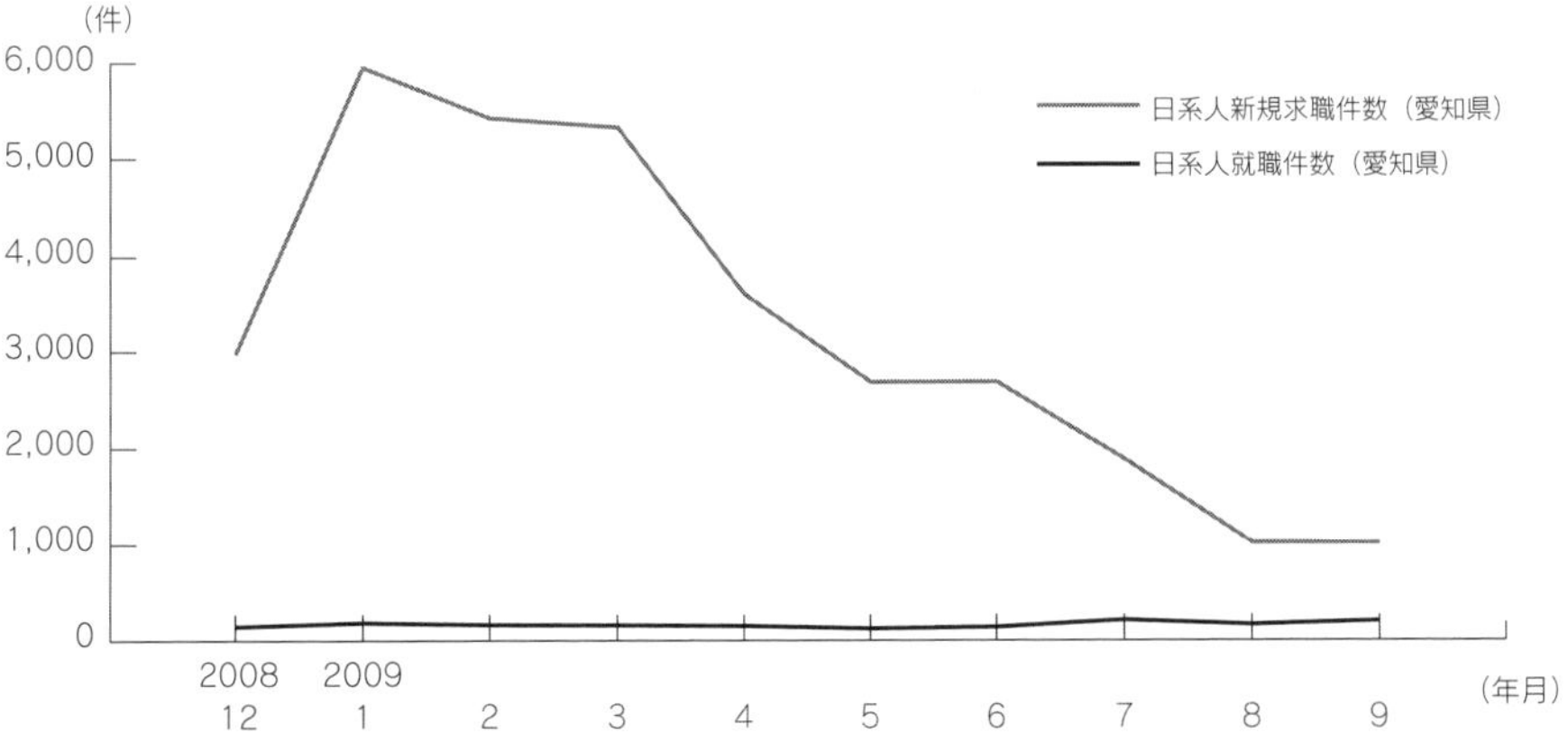

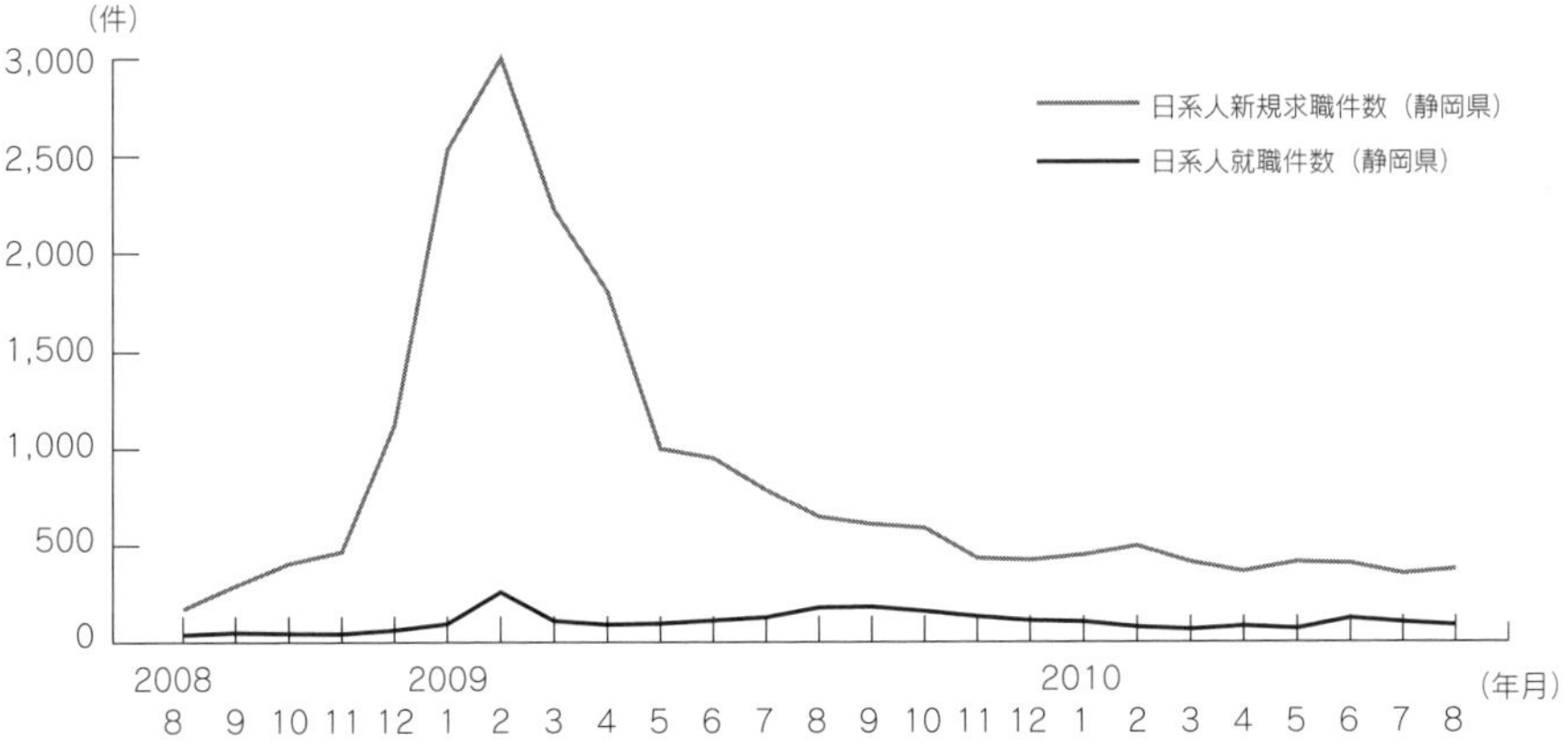

出典：名古屋外国人雇用サービスセンター、愛知県労働局、静岡県労働局よりそれぞれ入手。詳しくは注 7 を参照。

日系人がハローワーク以外のルートで徐々に再就職したというものである。だが、筆者が日系人集住地区のハローワーク担当者との電話インタビューで得た感触では、このような希望的観測をもつこと自体難しいと言わざるをえない。むしろ、長引く不況のなかで、日本での再就職を諦めた者から帰国を決意し、また日本に留まることを決めた者でも、求職意欲を失い、徐々に労働市場から退出していったとみる方が正確といえよう。

このことを裏付けるように、日系人が集住する基礎自治体ではいま、生活保護を申請し、それを実際に受給する日系人世帯が急増している。図5は、生活保護データを提供してくれた愛知県豊田市のケースであるが、世帯数でみても、また人員数でみても、生活保護を受給する外国籍住民の割合が2009年1月から10月にかけて急速に高まっていることがわかる。しかも、その比率は現在もなお高止まり状態にある。豊田市に生活する外国人の人口比率は3・4%であるので、外国籍の生活保護受給者が世帯ベースで全体の約10%、人員ベースで全体の約15%に達しているという事実は、まさに異常な事態といえる。

これと同じことは、静岡県の浜松市でも起きている。浜松市の生活保護課の話では、日系ブラジル人を中心に2010年8月現在、480の日系人世帯が生活保護を受給しており、その数は浜松市の全生活保護世帯の1割にも達するという。また、それを人員ベースでみると、全体の15%にもなるということであった。なお、浜松市に居住する日系人の数はブラジル国籍者とペルー国籍者を合わせ浜松市の人口の2・5%であるので、これまた異常な事態とみることができよう。

5　日系定住外国人対策の始動と問題点

リーマンショックを契機に、輸出に依存した日本の製造業が大きな打撃を被り、大量の日系外国人労働者を解雇してゆくなかで、政府は2009年1月、内閣府に定住外国人施策推進室を設置し、同月末に「定住外国人支援に関する当面の対策」を発表した。また、同年4月には、定住外国人施策推進会議をスタートさせ、「定住外国人支援に関する対策の推進について」を発表している。

いずれの施策案も、①教育対策、②雇用対策、③住宅対策、④帰国支援策、⑤国内外における情報提供の5つを柱にしているが、この時点での政策の目玉は、雇用対策の一環として実施される日系人就労準備研修と、日系人離職者に対する帰国支援事業であった。

なお、後者の帰国支援事業は、2009年4月1日からス

図5　豊田市における外国籍住民の生活保護受給状況

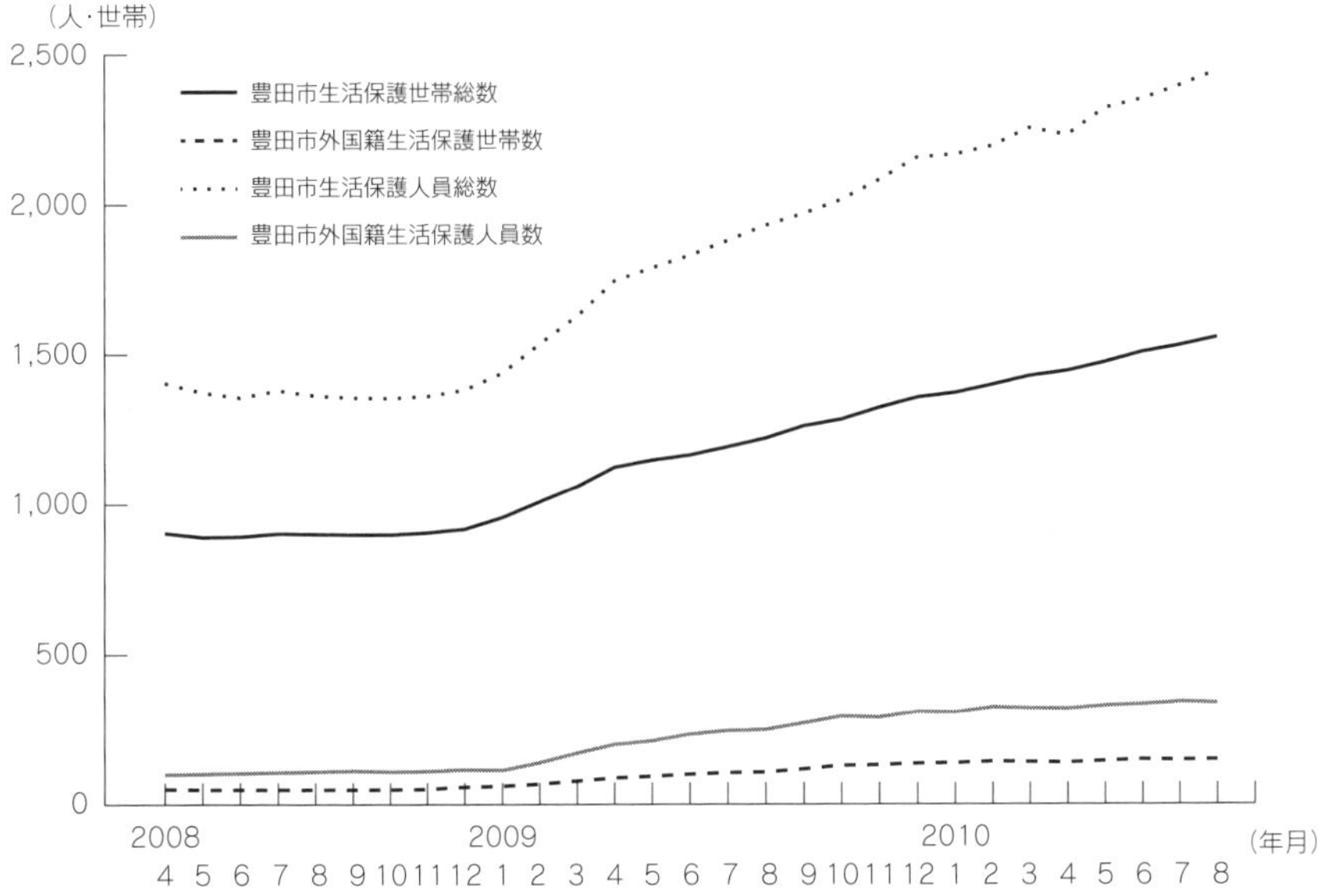

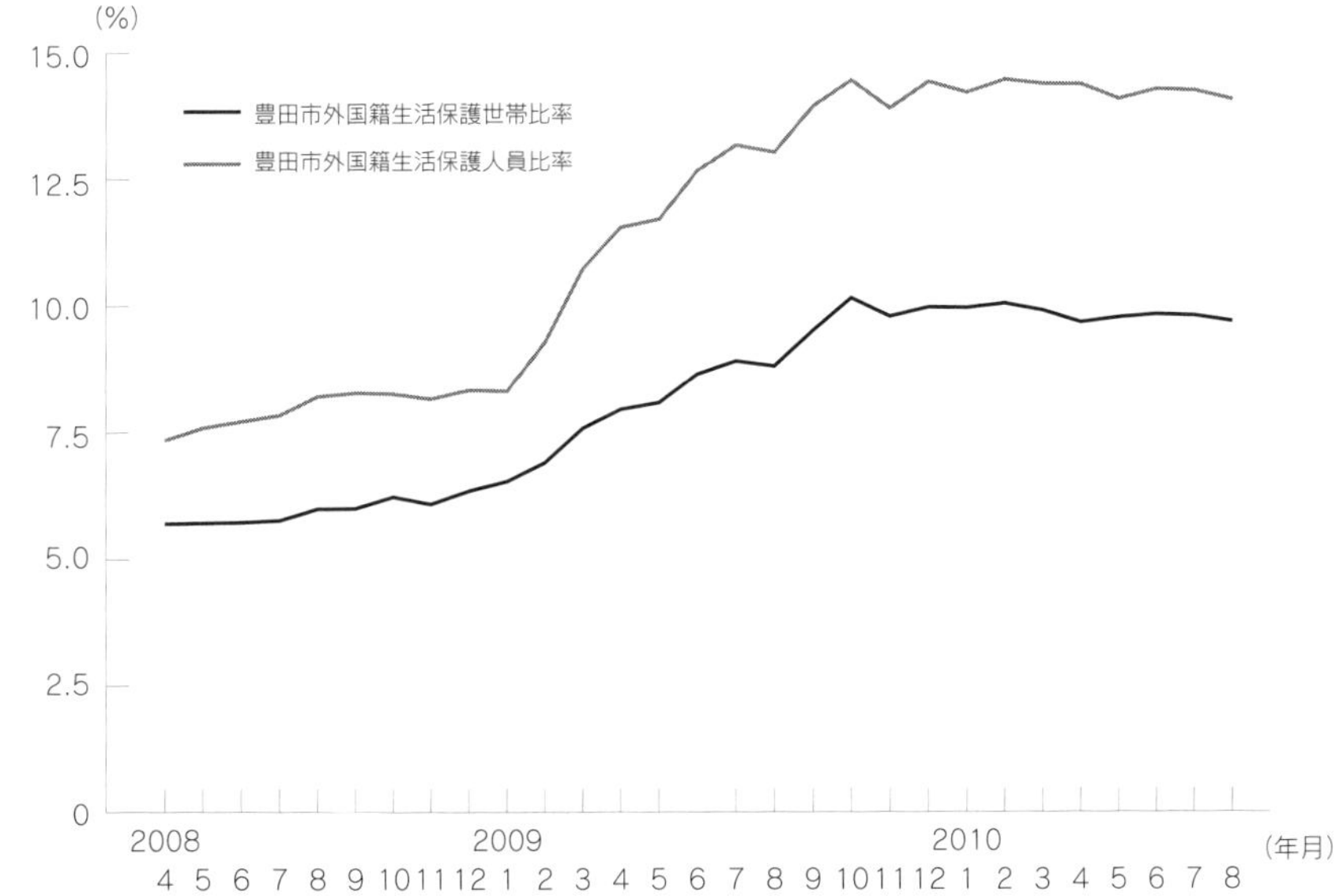

出典：豊田市福祉保健部生活福祉課より入手。

タートしたが、同年6月以降、申請者の数が激減したため、2010年3月末をもって打ち切られている。ただし、本制度を使って、実に2万1675人の日系外国人労働者とその家族が帰国したことは、わが国の外国人労働者政策が依然、ローテーション政策をとるべきか、あるいは定住を前提にした社会的統合政策をとるべきかの選択において、明確な判断を下すことができないことを示すものといえよう。

他方、日本語能力の向上を柱にした日系人就労準備研修は、これまで製造業の生産現場で働いてきた日系外国人労働者が日本語を習得する機会がなく、彼らの日本語力の欠如が再就職する際の大きなネックになるとの判断から考案されたものである。本事業も2009年4月1日からスタートしているが、2009年度末までに14県63市町村で開講された344コースにおいて延べ6298人の受講者があった、と報告されている。また、本事業は2010年度も引き続き実施することが決まっており、今年度は対象をさらに18県に広げて、年間5000人以上の参加者を見込んでいる。

ところで、定住外国人施策推進会議は、2010年8月末に突如、「日系定住外国人施策に関する基本方針」を発表した。ここでは、先の2つの施策案をさらに進めて、日系外国人を「日本社会の一員」としてはじめて位置づけ、2010年度末までに具体的な行動計画を策定するとしている。

だが、同基本方針を作成した内閣府の担当者から聴いた話では、この時期にそれをあえて発表した背景に、外国人集住都市会議をはじめとする自治体からの強い圧力があったという。また、それは人口対策とか単純労働力の確保とか長期的な展望に立って作成されたものではなく、とりあえず日系人が現在抱える困難を緩和するための政策指針という意味合いが強いということであった。

さらに、驚くべきことだが、政治主導を掲げる民主党政権下にあって、本方針の作成に政治家が積極的に関与した痕跡はない。先の内閣府担当者は、2009年夏の政権交代が今回の基本方針の発表とはまったく無関係であると明言しており、行政は不偏不党の立場で本方針の作成に関わったと答えている。したがって、定住外国人施策推進会議が出した今回の方針がただちに、今後のわが国における外国人労働者政策の基本方針になるとみることはできない。それはあくまでも、日系人が集住する自治体が国に求めた急場の対策にすぎない。

その点を踏まえた上で、定住外国人施策推進会議が示した基本方針のどこに問題があるのかを最後にみておきたい。まず、日系外国人労働者が抱える問題の根幹に、彼らが日本の労働市場の底辺に置かれているという現実がある。

日本の製造業は、グローバル化による熾烈な国際競争に勝ち残るために、彼らを①正社員の基幹労働者を補填する二次的な労働力として、また②コストを削減できる安価な労働力として、さらには③不況の際にさっさと解雇できる景気調整弁として使ってきた。そして、この現実は日系外国人労働者が日本の生産現場に入って20年が過ぎたいままったく変わっていない。

他方、これとは対照的に、国は当初から日系外国人労働者とその家族に「定住者」「日本人の配偶者等」「永住者」といった在留資格を与え、移動の自由はもちろんのこと、わが国で自由に就労できる特権的な地位を保障した。この結果、日系人が集住する自治体は、リーマンショック後の景気後退のなかで企業とのつながりが切れた日系人たちが抱える生活困窮問題を、一手に引き受けざるをえない事態に直面することになった。

先の基本方針では、「日系定住外国人を雇用する者の責任として、企業や経済団体が日系定住外国人支援に一定の役割を果たすことについて、どのような方策が可能かについて検討する」とされているが、真っ先に検討されなければならないことは、日本の企業が日系定住外国人を「人的資産」として捉え、基幹労働力化していくことであろう。この点を度外視して、日系人の定住化を前提にした施策を講じても、それは徒労に終わるだけである。

たとえば、日系外国人労働者の社会保障をみても、彼らが派遣労働や請負労働という形態で雇われているうちは、職場の社会保険にも加入できないことはすでに述べたとおりである。他方、特権的地位が与えられた彼らには国籍要件がある生活保護法が準用されており、そのため、ひとたび失業すると、ストレートに生活保護制度へ転落する可能性がある。また、彼らは健康保険や国保には入っていても、厚生年金や国民年金には入っていないケースが多いため、老後、無年金で生活する危険性が高い。生活保護制度は勤労者に比べ、無年金で生活する高齢者には比較的に寛大であるので、そうなると日系人が集住する自治体のなかには、この増え続ける生活保護費の財政負担に持ちこたえられない自治体が出てくることも当然考えられよう。

加えて、日本企業は日系外国人労働者を使い捨てにしてきたために、巷間伝え聞くところによれば、「日系人40歳定年」という説も広がっている。もしこのような状況をこのまま放置すれば、日系外国人労働者は中高年に到達する前に労働市場から退出してしまい、そこに大量の不就業層が発生する危険がある。さらに、そうした状態に陥った日系外国人が、もし働かずして生活保護を申請することになれば、日本人との均衡処遇からみても、それは将来に大きな禍根を残すことになろう。

日系人を含め、外国人労働者を「人的資産」として捉えるような、抜本的な制度の見直しがいま必要となっているといえる。

注

1　日本人と国際結婚した外国人の社会保障の権利についても言及する必要があるが、彼らあるいは彼女らが日本人の配偶者の被扶養者たる地位を得ることができればその問題は大方解決するので、ここでは割愛する。

2　日本政府が公的年金の通算協定を結んでいる国はドイツ、イギリス、韓国、アメリカ、ベルギー、フランス、カナダ、オーストラリア、オランダ、チェコ、スペイン、イタリア、アイルランドの13カ国である。また日本政府は2010年7月29日、14番目の締結国として、ブラジルとの間で年金の通算協定を骨子とする社会保障協定の署名を行っている。ただし、この協定が近く発効することによって恩恵を被るのは、日本にすでに滞在している日系ブラジル人労働者ではなく、新たにブラジルから日本へ派遣される労働者である。

3　浜松市がこれまで南米日系人を対象に行ったアンケート調査は、以下のとおりである。「浜松市における外国人の生活実態、意識調査――南米日系人を中心に」（1992年調査）「日系人の生活実態・意識調査96」（1996年調査）「外国人の生活実態意識調査――南米日系人を中心に」（1999年調査）「浜松市におけるブラジル人市民の生活・就労実態調査」（2003年調査）「浜松市における南米系外国人の生活・就労実態調査」（2006年調査）「浜松市経済状況の悪化におけるブラジル人実態調査」（2009年調査）。

4　ここでいう豊橋市の調査とは、「日系ブラジル人実態調査」（2003年）のことである。

5　ここでいう静岡県の調査とは、浜松市・磐田市・掛川市・菊川市・富士市の5市で生活する日系人を対象にした「静岡県外国人労働実態調査」（2007年）のことである。

6　ここでいう滋賀県の調査とは、「経済危機に伴う外国人住民の雇用・生活状況調査」（2009年）のことである。

7　名古屋市における日系人の求人・求職データは、名古屋外国人雇用サービスセンターから入手した。また、愛知県全体の日系人求人・求職データは愛知労働局職業安定部職業対策課から、静岡県の日系人求人・求職データは静岡労働局職業安定部職業対策課からそれぞれ入手している。なお、静岡県の数値は、県内12カ所のハローワークのうち、外国人雇用サービスセンターをもつ次の7つのハローワークで得られた数字である。すなわち、浜松、静岡、沼津、清水、掛川、磐田、富士がそれにあたる。

参考文献

岩村正彦（2007）「外国人労働者と公的医療・公的年金」国立社会保障・人口問題研究所『季刊・社会保障研究』Vol.43, No.2, p.107-118

グレーター・ナゴヤ・イニシアティブ協議会（2009）『グレーター・ナゴヤ地域における外国人労働者の受入環境整備・人材育成に関する調査』

第5次出入国管理政策懇談会（2010）『今後の出入国管理行政の在り方』

中部経済産業局（2007）『東海地域の製造業に働く外国人労働者の実態と共生に向けた取組事例に関する調査報告書』

独立行政法人労働政策研究・研修機構（2009）『外国人労働者の雇用実態と就業・生活支援に関する調査』ＪＩＬＰＴ調査シリーズ、No.61

法務省（2010）『第四次出入国管理基本計画』

［しもだいら　よしひろ］

明星大学人文学部人間社会学科教授。法政大学大学院社会科学研究科社会学専攻博士後期課程単位取得満期中退。近著に『脱成長の地域再生』（共著、ＮＴＴ出版、2010）、『グローバル化のなかの福祉社会』（共編著、ミネルヴァ書房、2009）など。論文に「転機に立つオランダの移民統合政策」（『季刊労働法』No.219, 2007）など。

第6章

外国人労働者をめぐる社会運動の変化と展開

2008年以降の経済不況下を中心に

山本薫子

問題の所在と背景――本論文の構成

2008年秋に発生したいわゆる「リーマンショック」とその後の世界同時不況にともなう日本経済の疲弊は日本で就労する外国人にも大きな打撃を与えた。本書は2008年以降の経済不況下における外国人、移住労働者の社会状況を対象としているが、本稿では雇用面で打撃を受けた外国人たちをめぐる社会運動の展開とその背景に焦点を当てる。その際、特に大量解雇などその雇用問題に大きな注目が集まったブラジル人を中心に論を進める。

なお、本稿では2008年秋以降の事象のみを対象とするのではなく、それ以前、具体的には1990年代以降の日本における外国人の雇用、社会運動をめぐる社会状況、制度の変化を視野に入れて議論を進める。2008年以降に外国人労働者に関して起きた事象について確認する際、すべてを世界同時不況とリンクさせて理解しようとすることには慎重になるべきである。重要なことは、その事象がどのような社会的、制度的な変化を背景としており、それによってどのような問題として認知されてきたのか、事実の確認にもとづいて把握することである。

本稿では以下のような構成で論を進めていきたい。第1節では、ブラジル人を中心とした外国人の生活面での定住化進展と雇用面での非正規化を確認する。第2節では、主に1990年代以降の外国人支援活動の変化と、各地でのコミュニティ・ユニオンの増加を例にあげて、近年の労働運動の変化を確認する。そして、第3節において2008年以降、主にブラジル人労働者をめぐる雇用変化と彼ら彼女たちの労働運動との関わりについて確認した後、第4節では労働以外の分野における社会運動の展開について論じる。

なお、本稿で外国人労働者をめぐる社会運動について論じる際、労働問題だけではなく生活支援や教育問題への取り組みなど、労働者とその家族に関する諸問題に関わる運動、活動を広範に対象とする。また、その主体についても従来型の労働組合だけではなく、コミュニティ・ユニオン、NGOなどの市民団体、キリスト教会などの宗教団体を含む諸団体を、外国人労働者をめぐる社会運動を担うアクターとして位置づけている。

1 外国人をめぐる定住化の進行と雇用の非正規化

1980年代後半以降の日本社会では、いわゆる「ニューカマー」を中心として年々外国人人口が増加し、2008年末には外国人登録者数が221万7426人であったが、これは過去最高の数値であった[1]。また、当初は「出稼ぎ」を目的に来日した外国人のなかには日本での滞在が長期化する者も多く、日本人との結婚も増加した[2]。また1990年の入管法改正を背景とした南米日系人の来日と日本への定着、国際結婚の増加などを主な背景として、日本での就労に制限のない「定住者」「永住者」「日本人の配偶者等」といった資格を有するニューカマーが次第に増加した[3]。一方、特に2000年代以降、超過滞在者（不法残留者）に対する取り締まりは厳しさを増し、2004年からの5年間で超過滞在者数は約22万人から約11万人と、ほぼ半数に減少した[4]。

つまり、全体的な外国人人口増加のなかで安定した在留資格を有する外国人の割合が相対的に増し、滞在長期化を背景とした日本での定住化の進行も進んだのがこの20年間の状況といえるだろう。このことは、日本で生まれ育った外国人の子どもたちが増加していることも意味する。日本社会に馴染み、すでに日本が実質的な母国となっている子どもたちの増加は、その親たちが日本での生活をさらに長期化させる（せざるをえない）ことの要因ともなっている。

一方、1990年代以降の外国人をめぐる雇用という観点から見たとき、まず指摘できるのが非正規化の進行と外国人研修生（技能実習生）の増加である。前者については必ずしも外国人だけに当てはまるものではなく、日本社会全体において指摘できることであることはいうまでもない。[5] また、そのなかでも派遣労働者の増加が近年、特に指摘されている（高井・鴨 2009）。

雇用の面だけでいえば、外国人労働者の問題は非正規労働者の問題とも重複しており、さらにブラジル人に限っていえば派遣労働者の問題とも大きく重なる。特に、１９９０年の出入国管理及び難民認定法（入管法）改正によって新設された「定住者」資格によって来日した日系南米人の多数が派遣労働者として自動車関連産業を中心とした製造現場で就労している。

いわゆる「２００９年問題」[6] が２００８年末から２００９年春にかけての「派遣切り」の背景にあることはすでに指摘されているが、その多くが製造業に従事し、外国人全体に占める人口比も大きいブラジル人もこのときに解雇の対象とされた。なお、解雇に至る過程やその後の経済的、社会的困難についてはすでに多くの報道、ルポルタージュなどで報告されている（安田 2010）。

また、外国人研修生制度について橋本（2010）は、製造業分野において実習生等を活用する企業は、日本人従業員に対して支払う賃金が同業・同一地域に立地する非活用企業よりも低い傾向があること、すなわち賃金競争力に劣る企業が制度を利用する傾向が強いことを指摘している。こうした事柄を反映して、より安価な労働力への志向として南米人労働者から外国人研修生へと「置き換え」「雇い替え」を進める企業が増えている、という報道もある。[7]

また、賃金の差に加えて、製造業等の現場においてより若年の労働者が歓迎される傾向にあることに対し、日系人労働者の相対的な高齢化を要員とみなす指摘もなされている。丹野（2009）は、日系人は三世までが就労資格を有するが、四世以降は就労資格を与えられていないことに触れ、工場の労働力需要が20歳代後半から30歳代前半に集中しており、日系南米人は労働市場が求める労働者から10歳ほど高齢化してしまっているとしている。つまり、日系南米人の高齢化に対する代替という位置づけが、工場サイドから外国人研修生に対してなされているのである。

２００９年10月現在で「外国人雇用状況」届け出がなされた外国人労働者56万２８１８人のうち、ほぼ半数にあたる25万３３６１人（45・０％）が身分に基づく在留資格（「永住者」「日本人の配偶者等」「永住者の配偶者等」「定住者」）を有し、外国人労働者全体のほぼ3割にあたる16万２５２５人（28・９％）が派遣・請負労働者として就労している。[8]

まとめると、就労に制限のない在留資格を持ち、日本での滞在が長期化する外国人が増加し、さらに日本で生まれ育った外国人の子どもたちが増加する一方、雇用という観点から見たとき、派遣労働など依然として不安定な雇用形態で就労している外国人労働者が一定数存在している。こうした生活面での定住化と雇用の不安定から生じる不均衡の問題が、２００８年末以降に各地で頻発した大量解雇といった局面でどのような課題を新たに提示することになったのか、以下で検討していく。

2 外国人支援活動の展開とその変化

(1) 外国人支援団体の組織化とネットワーク化の進展（１９８０年代後半～１９９０年代）

日本における外国人、とりわけ１９８０年代から増加したニューカマーをめぐる社会運動としては労働問題、生活問題に焦点を置いた支援運動が行われてきた経緯があるが、その多くは日本人らによって担われてきたものである。ニューカマーの多くがその意識において移住、定住のために来日したのではなく、短期的な出稼ぎの予定であったことが、彼ら彼女たちが主体的に自分たちの権利を日本社会で訴えたり、組合を結成する例があまり見られなかったことの主要因と考えられる。

駒井（2004）、高須（2009）らによってすでに指摘されているように、日本の外国人労働者支援活動は資格外就労者への支援から始まっている。ニューカマーが増加した時期は日本経済が好況期（バブル景気）を迎えていたときにあたり、特に労働災害やその保障問題をめぐって外国人労働者の支援を行ったのは、東京、大阪、横浜など主要都市における労働組合関係者や市民活動家、宗教家などであった。こうした人々はそれぞれに外国人支援団体を結成し、その後の景気低迷にともなって外国人をめぐる労働問題が解雇、賃金不払いなどへ移行する過程においても彼ら彼女たちに対する支援を行うと同時に、日本社会に対して外国人労働者の権利を訴える活動も積極的に行っていった[9]。

これらの支援団体は、外国人労働者の組織化も積極的に進めた。特に、労働組合にその傾向は強く、具体的に挙げれば、１９９０年代には首都圏で全統一労働組合外国人労働者分会、全国一般労働組合東京南部、神奈川シティユニオンらは資格外就労者を含む外国人労働者を１００名を超える規模で動員し、抗議行動などを行っている（高谷2009）。また、同時期に関西圏においても「ゼネラルユニオン」「ユニオンみえ」「武庫川ユニオン」などを中心に外国人労働者の組織化が進められた。また、１９９７年には全国各地の外国人支援団体とユニオンによって「移住労働者と連帯する全国ネットワーク」（移住連）が結成され、労働問題を含む外国人に関わる問題の解決と権利獲得のための情報交換や各省庁へのロビーイング、政策提言などが積極的に行われるようになった。

(2) 外国人問題の多様化と支援団体の専門化（2000年代）

労働組合による外国人支援体制の確立

2000年には東京都内で「首都圏移住労働者ユニオン」が発足し、さらに2006年には同ユニオンが代表を務めるかたちで「全労連・外国人労働者問題連絡会」が発足した。このような事例からも指摘できるように、2000年代に入って既存の労働組合が組織的に外国人労働者支援に取り組む体制が確立し、各地のユニオンがそれぞれの地域の支援団体などと協力しながら外国人の労働問題の解決を図ると同時に彼ら彼女たちの組織化に努めるといった動きへとつながっていった。

外国人問題の多様化と支援団体の専門化

一方、先述した外国人支援団体のなかには、その支援対象および組織基盤を超過滞在者を中心とした外国人に置いているところもあり、このことは先述した2000年代半ば以降の超過滞在者数の減少によって支援団体の活動範囲が狭められたり、基盤の弱体化に結びつく結果ともなった。また、全体的な外国人人口の増加、出身国・地域の多様化、定住化にともなう「外国人問題」の多様化（労働から生活全般、教育などへの問題の広がり）も進行した。このことによって、支援者、支援団体の側も言語や出身地域等の別なく外国人問題全般を担う総合的な対応よりも、支援対象を特定の国・地域出身者に限定し、さらに特定の分野に専門を特化させた支援体制をとるほうがより外国人からの相談、支持を受けやすくなってきた。同時に、在留資格を有する外国人を対象とした支援団体のなかには、自治体からの事業委託を受けるかたちで活動を展開する団体も現れてきた。このように、ニューカマーを対象とした外国人支援活動が開始された1980年代後半当時と比べると、支援対象や取り組む問題の多様化にともなって支援団体の専門化が見られるようになった。

3 2008年以降の不況下における外国人の状況と労働運動

(1) ブラジル人社会の状況

2008年秋以降の世界同時不況は日本経済にも大きな打撃を及ぼしたが、そのなかでも特に自動車産業を中心とする製造業への影響は甚大であった。その結果の一端として派遣労働者として雇用されていた多数のブラジル人が解雇されるという事態が各地で頻発したが、この背景にいわゆる「2009年問題」があることはすでに指摘したとおりである。結果として、ブラジル人が多く居住する各地域では失業者が急増し、ハローワークには再就職紹介を求めて大勢の人々が列をつくった。

では、2008年以降に外国人人口はどのように変化したのか。2008年末の外国人登録者数は先述したとおり過去最高の数値（221万7426人）となっているが、ブラジル国籍者について見れば31万2582人で、前年比で4385人の減少となっている。さらに、翌年の2009年末における外国人登録者数は218万6121人であり、これは前年2008年末よりも3万1305人（1・4％）の減少となっている。同年、都道府県別に見ると32の府県で外国人人口が減少した。国籍別に見ると、2009年末現在においてブラジル人は26万7456人であり、前年から4万5126人（14・4％）の減少であった。ブラジル人人口は1999年から2007年までの9年間にわたって増加を続けてきたが、2008年、2009年と2年連続して減少に転じている。また、ペルー人は2008年に5万9723人で前年から27人増加しているが（1998年から11年間連続で人口増加）、2009年には5万7464人と前年から2259人（3・8％）減少した。さらに都道府県別に見ると、特に静岡県（前年比で9・5％減）、岐阜県（同9・3％減）、滋賀県（同11・5％減）などでの外国人登録者数の減少が著しいが、これらはいずれもブラジル人住民の多い地域として知られている。

ブラジル人労働者の解雇が相次いだ2008年末から2009年初頭にかけて、静岡県、群馬県、山梨県など各地でブラジル人、日本人らによるデモが行われ、日本政府・企業に対して生活支援、雇用保障を訴えた。こうしたデモをブラジル人が行うことはこれまでほとんど例がなく、そのため新聞、テレビなどのマスメディアでも大きく報道されたが、実際にはデモの多くはブラジル人のみで構成されているのではなく、既存の労働組合や市民団体などが呼びかけるかたちで実施されたものが多かった。たとえば、2

009年2月に群馬県太田市で行われたデモは太田地区労働組合協議会が主催して実施されたもので、近接する埼玉県、栃木県などからも日本人組合員が応援に駆けつけている。

これに対し、2009年1月に東京・銀座で行われたデモにはおよそ300人以上が参加したが、これは滞日ブラジル人支援などの活動を行っているNPO法人「ABCジャパン」（神奈川県横浜市鶴見区）内に設置された、「SOSコミュニティ東京集会実行委員会」の主催によって行われたものである[10]。また、このデモに際しては、元サッカー選手ラモス氏などブラジル出身の著名人も応援メッセージを寄せている[11]。

(2) 外国人労働者の労働組合参加の高まり

各地のコミュニティ・ユニオンへの参加

労働運動という観点で見たとき、2008年以降の不況による大量解雇がブラジル人に及ぼした大きな影響の一つは、労働組合への加盟や新たな組合（分会）の結成だといえよう。2008年12月には「JMIU（全日本金属情報機器労働組合）外国人労働者部会」が結成されると同時に、同分会が主催して派遣労働者として就労する外国人の解雇・契約切り撤回を求める集会が浜松市内で開催された。この集会には東海4県で就労、生活するブラジル人、ペルー人労働者とその家族、日本人支援者らが参加した。JMIUは全労連に加盟する産業別労働組合で、全国に支部、分会を持っており、そのうちの一つとして「外国人労働者部会」が結成された。

先述したように、東京などでは1990年代に全統一労働組合外国人労働者分会、全国一般労働組合東京南部などが結成されており、外国人による労働組合が活動を行っている。ただし、これまでの外国人労働者による労働組合は、欧米諸国出身の語学教師や専門職者を中心とした組織、主にアジア地域出身の外国人を中心とした組織に大別され、ブラジル人労働者によるものはほとんど例がなかった。

南米日系人の組織化という観点で見ると、「カトリック横浜教区・滞日労働者と連帯する会（SOL）」が解散したのち、その一部である「ラテン・デスク」スタッフと協力して主にペルー人労働者への支援、組織化を図ってきた例として、神奈川シティユニオンが指摘できる。同ユニオンは1990年代はじめから外国人労働者の組織化を図ってきた労働組合の代表的な存在だが（小川 2000 上下）、当初はニューカマーのなかでも韓国人、フィリピン人といったアジア地域出身者で港湾、建設、町工場などで就労する外国人労働者を主な対象としていた。特に、神奈川県を中心とした地域の韓国人労働者の間では「対企業交渉能力が高く、より高い補償金を獲得できる労働組合」という評判が伝わっていたことなどもあり、1990年代半ばには全相談件数の6割以上が韓国人労働者によるものであった。[12]

しかし、韓国本国の経済発展などを背景とした相対的な韓国人労働者の減少にともなってシティユニオンへの韓国人からの相談は1990年代末から徐々に減少し、2009年には全相談数536件のうち韓国人からの相談はわずか2件のみであった。これに対し、1996年には33件（全相談数204件）であった中南米諸国（ラテンアメリカ）出身者からの相談は2000年前後から増加し始め、2009年には515件（同536件）と95％以上を占めるまでにいたっている。

シティユニオンに加入している外国人のうち中南米諸国出身者を国籍別に確認すると、2009年についてはペルーが最大で330件、その次がブラジルで129件、次いでボリビア33件となっている。先述したような経緯があり、もともと同ユニオンは神奈川県を中心とするペルー人コミュニティとの間に知られた存在であり、信頼関係も構築されているためにペルー人労働者から多くの相談が寄せられており、2008年以降もその件数は伸びている。同時に、近年は特にブラジル人からの相談も急増の傾向にある。2005年に27件（全相談数299件）であったブラジル人からの相談は2006年に30件（同264件）、2007年に69件（368件）、2008年に94件（同518件）と増加を続け、2009年には129件（同536件）であった。神奈川シティユニオンのスタッフによれば、ペルー人、ブラジル人を中心とする中南米諸国出身者の大半は自動車、電気、食品加工などの製造業の現業職として就労しており、特に2008年以降は解雇に関する相談が増加している。[13]

また、神奈川シティユニオンと同様に、2008年以前から外国人労働者支援を行ってきた各地のコミュニティ・ユニオンにおいても2008年末以降、解雇に直面した外国人労働者からの相談が相次いだ。2008年12月には、大手機械製造販売会社の長浜市内の工場で派遣労働者として働き、解雇通告を受けたブラジル人らが加盟する「アルバイト・派遣・パート関西労働組合」（大阪市）は、雇用継続や有給休暇の未取得分の金銭補償などを求めて団体交渉を行っている。[14]

さらに、自分たちで労働組合を結成する動きも見られた。2009年2月には自動車関連部品製造販売会社の滋賀県内にある工場に派遣されていたブラジル人、フィリピン人、日本人などの労働者約80人が、契約途中で解雇通知を受けたとして未払い賃金の支払いや就職あっせんなどを求めて労働組合を結成している。[15] また同年同月には、茨城県内でも派遣労働者として大手住宅設備機器メーカーで就労していたが解雇を通告されたブラジル人約50人がＪＭＩＵの支部を結成し、派遣会社に解雇撤回を、メーカーに正社員としての雇用をそれぞれ求めた。[16]

雇用喪失にともなうブラジル人労働者の労働組合参加

それまでに既存の労働組合と関わりのあった一部を除き、多くのブラジル人は大量解雇に直面したことではじめて日本で労働運動とつながりを持った。逆にいえば、それまで雇用条件などに対する不満があっても待遇改善要求など、そのことへの直接的な対応はせず、派遣業者を通じて別の職場に移動することで問題を回避しようとしてきた者が多かったということでもある。

この背景には、労働組合を通じた交渉や裁判が時間もコストも要する場合が多く、少しでも収入を得たいという意識が強いブラジル人は次の就労先が確保されるのではあればそちらを選択する、といった事情が指摘できる。これは必ずしもブラジル人が自分たちの労働者としての権利に関する意識が低いということではなく、派遣会社の労働者管理方法にも要因を見いだすことができる。ある派遣会社では、ブラジル人と日本人の勤務時間をずらすなどして両者を接触させないようにすることで、ブラジル人に待遇の違いに気づかせないようにしてきた、意図的に「情報弱者」とすることで「コントロールしやすい」状態にしてきたのである。[17] このことは、社会保険未加入の問題が長年にわたって表面化してこなかったなど、ブラジル人の労働者としての権利が保障されてこなかったことにも大きく関連しているといえよう。

関連して、大半の派遣会社は通訳スタッフを抱えており、日本語があまりできなくても就労、生活の両面で困らないような環境がつくりあげられている。このため、日本での滞在年数が長期化しても日本語の読み書きなどがほとんどできないブラジル人は珍しくない。こうしたいわば自己完結型のシステム内で生活することは、安定して就労が可能であるときにはさほど問題にはならなかったかもしれないが、解雇などによっていったんそのシステムから切り離されたとき、自力での雇用確保は困難となる。各地のハローワークには、２００８年末以降、再就職先を求めて訪れるブラジル人が増加したが、その際、日本語能力の低さが障壁となっているケースも多い。[18]

まとめると、その多くが派遣労働者として就労していたブラジル人など中南米出身者は派遣業者が構築した自己完結的な就労、生活システムに置かれることによって日本語能力、日本の法律や自らの労働者としての権利に関わる知識など日本社会で行きていくために必要なさまざまな情報資源を身につける機会が狭められていた。そのため、彼ら彼女たちが日本で労働運動に関わることもほとんどなかったが、2008年の経済不況にともなう大量解雇に直面した際にはじめて外国人支援団体やコミュニティ・ユニオンの支援を受けて労働問題に対処する例が各地で多く見られた。この背景には、先述したように、2008年までに非正規労働に関する問題が大きな社会問題として認識され、既存の労働組合とは別に個人で加入可能なコミュニティ・ユニオンが各地で結成され、地域密着型の対応をしてきたことと、2000年代に入ってからそうしたユニオンと各地の外国人支援団体、支援者とのネットワークが形成されていたことが指摘できる。

4 社会運動としての外国人の生活支援活動

(1) 雇用喪失にともなう生活問題の発生

2008年末以降のブラジル人労働者を取り巻く社会状況の変化のなかでまず取り上げられたのは雇用問題であったが、同時に雇用喪失にともなう住居喪失やブラジル人学校に通学する子どもの退学など、生活全般に関わる問題も同時に発生していた。

ブラジル人労働者の雇用喪失がすぐに生活全体の問題に結びついてしまった背景には、先述したような日本語の読み書き能力の不足、福祉制度などをはじめとする日本の制度、法律に関する知識の不足に加えて、日本での収入を母国への送金にあてる者が多く（イシ 2006）、全体として低貯蓄の傾向にあったことが指摘できる。一方で、近年は日本での定住化を見据えて「永住者」資格を取得し、住宅を購入するブラジル人も増加しており、こうした外国人のなかには住宅ローンを抱えたまま失業し、経済的に困窮する者も少なくなかった。

また、居住の問題も深刻であった。失職したブラジル人の多くがまず直面したのが住居喪失の危機である。ただし、これはブラジル人労働者だけに限った話ではなく、2008年末に東京・日比谷公園で実施された「年越し派遣村」には、「派遣切り」に遭ったことによって同時に住居も喪失してしまった多くの非正規労働者たちが支援を求めて訪れている。職住一体型の雇用形態にともなう居住の貧困の問題については、非正規雇用の増加にともなって近年、大きな社会問題ともなっている（稲葉 2009）。ブラジル人は派遣業者を通じて日本での就労先、住居を確保するケースが大半であり、構造的にこうした不安定居住の問題を内在しているといっていいだろう。

また、2008年末以降、ブラジル人学校に通学していた子どもたちのなかには親の失業によって学費が払えず、退学する者が次々に現れてきた。[19] また、そうした子どもたちの増加によって学校経営そのものが立ち行かなくなり、閉校に直面する学校も出てきており、学費の工面が可能な子どもたちも含めた教育保障の問題となっている。

(2) 生活支援活動の展開

浜松市は2008年12月に緊急経済対策を発表し、ブラジル人社会と結成した実行委員会「フォルサ・ブラジレイロス（がんばれ！ブラジル人）会議」に300万円を出資している。また、2008年末以降、全国26市町で構成する外国人集住都市会議に加盟する自治体の多くで就職支援の日本語教室や資格が取得できる講座などが開催された。また、静岡県掛川市では、市と国際交流センターが市民に呼びかけて食料品を集め、失業した外国人住民に配布している。[20] 滋賀県でも2009年3月に県社会福祉協議会が外国人住民支援のために生活必需品の提供を住民に呼びかけている。[21]

このような自治体などによる支援策実施に加えて、地域のNPOらによる支援活動も積極的に行われた。愛知県豊田市のNPO「保見ヶ丘ラテンアメリカセンター」は2009年2月、ブラジル人らが多く住む市内の保見団地で炊き出しや生活相談を行う「1日派遣村」を実施した。[22] 翌3月には静岡県浜松市において「トドムンド浜松派遣村」が行われたが、これは外国人支援団体（「外国人労働者と共に生きる会・浜松」）、労働組合（「静岡県西部地区労働組合連合」）に加えて、地域の司法書士のグループ、貧困問題に取り組むグループらが協力して実施したものである。「派遣村」では食料支援に加えて、雇用、労働、借金に関する法律相談、生活保護、生活全般に関する相談、健康・医療相談を実施し、各分野の専門家が対応にあたった。

こうした食料支援や「派遣村」開催など、いわば緊急の支援活動は2008年末から2009年4月頃までの半年程度の間に集中して実施されたが、その後は福祉制度に関する説明、生活保護申請の援助を支援団体などが行い、生活保護を受給しながら求職活動を行うブラジル人も出てきた。[23]

日本政府は2009年4月にブラジル人らを対象とした「帰国支援金」制度を開始し、各地のハローワークで説明会を開催したが、再入国に制限を課したことが主な要因となり、各地ともに出席者数は低迷した。群馬県太田市のハローワークで開催された説明会でも出席者は少なく、県内での申請数は同年4月末現在で30件に満たなかった。[24]

(3) コミュニティの維持、再生に向けた取り組みへ

2008年末から多くのブラジル人労働者が大量解雇に直面したが、同年3、4月をめどに大手自動車メーカーの在庫調整が進み、減産幅の縮小が進み始めたことから、製造業各社では雇用調整した人員を再度呼び戻す動きも一部で見られるようになった。[25] ただし、以前にその工場で勤めていた元従業員や熟練工、比較的若年でかつ日本語ができる者が優先的に雇用される傾向にあるため、それ以外の労働者が再就職の機会を得ることは容易ではない。

また、長期にわたって失業が続き、経済的に苦境にあるブラジル人への支援物資の提供は2009年半ば以降も続けられている。[26] ブラジル人のこうした状況に加えて、同年夏以降には日本人失業者が援助物資を求めて訪れる事態にもなった長野県内の支援団体では、日本人も含めた地域の貧困問題解決に向けて地域10数団体によるネットワークを2009年10月に結成した。[27]

こうした状況のなか、介護職などへ新たな就労先を求めるブラジル人も出てきた。個人的に介護職へ転職するブラジル人もいるが、[28] ブラジル人が中心に出資して2009年9月に組織された愛知県内の協同組合では、介護ヘルパーの育成を通じて介護職分野における雇用の確保を図っている。[29]

2008年末以降、日本で暮らすブラジル人は帰国などによってその人口を大幅に減少させた。地域によっては、コミュニティの解体とも呼べる状況に直面しているブラジル人社会もある。名古屋市を主な放送範囲とする在日ブラジル人向けFM放送局は、景気悪化にともなうスポンサー企業の撤退などを理由として2009年7月に解散している。[30] エスニック・メディアは母語での情報提供にとどまらず、外国人社会におけるコミュニティ意識の形成、維持にも重要な役割を果たすことが多く、それが失われることはエスニック・コミュニティにとって大きな痛手となる。

一方で、大量解雇に直面したことによってはじめて日本の労働運動、コミュニティ・ユニオンとつながり、自分たちが置かれてきた雇用環境の問題点、労働者としての権利を意識したというブラジル人たちも多かった。また、長期滞在を前程としたとき日本語を学ぶことの重要性、日本の法律、制度に関する知識を得ておくことの必要性をあらためて感じたというブラジル人も見られた。

この間のブラジル人を取り巻く事柄は、雇用問題に端を発すると同時に住居、教育を含む生活全般に関わる深刻な問題として社会的に認知された。このことによって、労働組合、外国人支援団体、教会、各市民活動団体、学校関係者などが相互に情報交換を行う支援ネットワークが確立した地域もある。また自らで雇用創出の試みを行うなど、地域での長期的な生活を見据えた活動を行うブラジル人グループも登場した。

今回の雇用危機に直面した際、さまざまな理由から帰国よりも当面は日本にとどまり続ける選択をしたブラジル人のほうが多数であった。ブラジル人によるエスニック・コミュニティと、彼ら彼女たちが日本人住民と暮らす地域コミュニティという両方の視点でとらえたとき、地域での生活を維持し続けていくことを可能とするためには、正社員化などの雇用の安定、居住の保障が必要である。その多くが派遣労働者として就労するブラジル人たちの雇用の不安定と、それにともなう居住の貧困の問題は今回の大量解雇に際して顕著にあらわれた。また、ブラジル人学校へ通学する子どもたちの教育保障に合わせて、その子どもたちが将来、日本での就労、生活にじゅうぶん適応することができるような日本語教育、法律・制度など日本社会の仕組みに関する教育も欠かせないだろう。

厳しい国際競争のただ中にある日本の製造業は、今後も非正規雇用を利用し続けると予想されるが、雇用喪失が個人、家族の生活の破綻、そしてコミュニティの解体にこれ以上つながることのないよう、地域社会におけるセーフティネットづくりが早急に求められている。また、ブラジル人をはじめとするニューカマー外国人については近年、高齢化の問題も指摘されはじめた。長期的な視野でとらえたとき、外国人を含む住民の生活安定を図ることが持続可能な地域づくりの根幹となっていくと考えられる。すでに報告されている各地でのネットワーク化の取り組みがその基盤として機能していくことを期待したい。

付記：本稿は2010年9月に執筆されたものだが、その後2011年3月に発生した東日本大震災は日本で暮らす外国人の雇用、生活にも多大な影響を及ぼした。多くの外国人支援組織は被災した外国人の支援活動に震災直後からあたっているが、これらの団体には災害にともなう倒産、雇用調整にともなって失職する外国人労働者からの相談も全国から寄せられている。震災とその後の原発事故などを理由に帰国する外国人もおり、特に被災県では外国人人口の大幅な減少が見られる。東日本大震災とその後の経済的低迷、社会的混乱は、２００８年以降の経済不況とはまた異なる側面から外国人の労働、生活に影響を及ぼしているが、それらについては稿を改めたい。（２０１１年６月）

注

1　法務省入国管理局「平成20年末現在における外国人登録者統計について」２００９年7月。

2　２００９年の日本国内における結婚総数（婚姻件数）70万７７３４のうち約４・９％にあたる3万４３９３が（日本人と外国人のカップル）であった。なお、１９８０年は結婚総数77万４７０２のうち国際結婚は７２６１件（０・９％）であった。各年とも数値は厚生労働省「平成21年人口動態統計年報　主要統計表」（２０１０年9月）による。

3　２００８年末現在において一般永住者は49万２０５６人（外国人登録者数全体に占める構成比は22・2％）、定住者は25万８４９８人（同11・7％）、日本人の配偶者等は24万５４９７人（同11・１％）であった。いずれも法務省入国管理局調べ。

4　法務省入国管理局「不法滞在者5年半減計画の実施結果について」２００９年2月。

5　ここでいう「非正規雇用」とは、パートタイマー、アルバイト、契約社員、派遣社員等期間を定めた短期契約で職員を雇う雇用形態を指す。

6　２００７年に改正された派遣法改正によって製造派遣は派遣期間が3年まで認められることとなったが、２００９年3月がこの期限であった。3年の受け入れ期間を超える企業は製造派遣からの受入をいったん停止して3カ月間のクーリング期間を置く必要があるが、その間の操業が止まることになり、企業としては大きな損失につながる。派遣から請負へ変更するか、直接雇用として雇い入れることが対策として指摘されていたが、２００８年秋に発生した世界金融危機による不況に乗じるかたちで企業側が派遣労働者の契約解除、契約更新停止（派遣切り）を進め、多数の派遣労働者が失業した。

7　「南米労働者を解雇、低賃金のアジア研修生に『雇い替え』次々　滋賀の工場」京都新聞・夕刊、２００９年8月15日

8　厚生労働省「外国人雇用状況の届出状況（平成21年10月末現在）について」２０１０年1月。

9　１９８７年 に「A.P.F.S.（Asian People's Friendship Society）」と「アジア人労働者問題懇談会」が東京で、「寿・外国人出稼ぎ労働者と連帯する会（カラバオの会）」が横浜でそれぞれ結成されている。また、１９９１年に大阪で「すべての外国人労働者とその家族の人権を守る関西ネットワーク（ＲＩＮＫ）」が結成されている。

10　「SOS Community 使い捨てやめろ！デモin銀座」２００９年1月24日。 http://www.youtube.com/watch?v=7Mj79QZ7Qzo

11　「SOS Brasil Community ラモスからのメッセージ　情報訂正版」２００９年1月9日　http://www.youtube.com/watch?v=AGDsjL4lag

12　１９９６年は全相談数２０４件のうち１３８件（67・6％）が、１９９７年は全相談数１７７件のうち１１６件（65・5％）がそれぞれ韓国人によるものであった（神奈川シティユニオン 2010）。

13　２０１０年9月に実施したインタビューより。なお日本人からの相談を除いた外国人相談数を見ると、２００８年は全５３２件のうち３１６件（59・4％）、２００９年は全４８５件のうち３５８件（73・8％）が解雇に関するものであった（神奈川シティユニオン、前掲書）。

14 労働者らが団体交渉　長浜、派遣会社に雇用継続など求める」京都新聞、２００８年12月25日。

15 「タカタ彦根製造所、契約途中で解雇通知　派遣80人が労組結成」京都新聞、２００９年2月2日。

16 「ブラジル人が労組を結成　トステム土浦の派遣労働者茨城県」日本経済新聞、２００９年3月9日。

17 ＮＨＫ「かんさい熱視線：私たち〝使い捨て〟ですか――広がる日系人の解雇」（２００９年1月23日）での派遣業者のコメント。

18 「再就職に言葉の壁　一関在住のブラジル人」岩手新聞、２００９年2月23日。

19 「派遣切り、教室がらがら　長野のブラジル人学校」朝日新聞、２００９年2月19日。

20 「掛川で失業外国人らに食料品を配布　来月7日に第2回目も」中日新聞、２００９年2月22日。

21 「県社協：失職外国籍住民の支援へ生活必需品の提供を住民らに呼びかけ」毎日新聞・滋賀版、２００９年3月19日。

22 「1日派遣村でブラジル人支援」読売新聞、２００９年2月22日

23 「生活保護：諏訪の失職ブラジル人が申請　相談含め7世帯」毎日新聞・長野版、２００９年4月9日。

24 「ハローワーク太田　日系人ら申請少なく　帰国支援は低調」（東京新聞、２００９年5月4日）。報道では、南米系旅行代理店の群馬県内にある支店のコメントとして、解雇された２００９年3月末から雇用保険が切れる6月末までがブラジル人の帰国者ラッシュで、特に3月がピークであり、帰国支援金制度が始まった4月には帰国希望者の大半はすでに帰国していた、という見方を紹介している。

25 日本銀行は、２００９年7月の「地域経済報告」において、北海道を除く各地域での景気下げ止まりを指摘し、輸送機械（自動車、同部品）部門での減産緩和、持ち直しの動きを報告している。また、ＮＨＫ「かんさい熱視線：ブラジル行き片道切符――帰国支援事業という名の手切れ金？」（２００９年7月19日）では、２００９年6月以降に取引先から新たな求人を受ける派遣業者の姿を紹介している。

26 「外国人失業者に支援の手　県内教会、住居や食事を」下野新聞、２００９年6月22日。

27 「外国人労働者支援を拡大　『ＳＯＳネットワーク上伊那』設立」読売新聞、２００９年10月9日。

28 「派遣切り：日系ブラジル人の夫が失職、一家の柱妻がヘルパーに」毎日新聞・岡山版、２００９年4月3日。

29 「派遣切り日系ブラジル人らの協同組合、介護事業に参入へ」読売新聞、２０１０年1月15日。

30 「在日ブラジル人向けＦＭ放送局解散　名古屋」中日新聞、２００９年7月17日。

参考文献

李憓珍（2006）「現代日本の外国人労働者問題とコミュニティ・ユニオン――神奈川シティユニオンを事例として」社会政策学会第112回大会報告レジュメ

イシ、アンジェロ（2006）「日系ブラジル人のトランスナショナルな生活世界：第2章デカセギによる送金の実態と影響」（北海道大学大学院教育学研究科教育社会学研究室『外国人集住地域の社会学的総合研究その1』p.23-40

稲葉剛（2009）『ハウジング・プア』人文社会科学書流通センター

ウラノ、エジソン（2007）「在日ラテンアメリカ人労働者の組織化の可能性――神奈川シティユニオンの取組み」『労働法律旬報』No.1650, p.54-64

小川浩一（2000）「日本における外国人労働者の組織化――神奈川シティ・ユニオンのケース・スタディを通して（上）」『労働法律旬報』No.1481, p.41-49

――（2000）「日本における外国人労働者の組織化――神奈川シ

ティ・ユニオンのケース・スタディを通して（下）」（『労働法律旬報』No.1483, p.24-28
神奈川シティユニオン（2010）「神奈川シティユニオン労働相談情報in労働弁護グループ神奈川」
駒井洋監修・編著（2004）『移民をめぐる自治体の政策と社会運動』明石書店
坂本恵美（2008）「豊田市保見ヶ丘地区のＮＰＯ法人の取組み」『自治体国際化フォーラム』No.229, p.15-18
曾良中清司・町村敬志・樋口直人・長谷川公一（2004）『社会運動という公共空間――理論と方法のフロンティア』成文堂
高井晃・鴨桃代（2009）『どうする派遣切り――２００９年問題』旬報社
高須裕彦（2009）「社会運動ユニオニズムの可能性――日米を比較して」社会政策学会第１１８回大会報告レジュメ
高谷幸（2009）「脱国民化された対抗的公共圏の基盤――非正規滞在移住労働者支援労働組合の試みから」『社会学評論』No.60（1），p.124-140
タロー、シドニー（2006）『社会運動の力――集合行為の比較社会学』彩流社
丹野清人（2007）『越境する雇用システムと外国人労働者』東京大学出版会
――（2009）「官製雇用不安と外国人労働者――外国人から見えてくる非正規雇用に今突きつけられている問題」『寄せ場』No.22, p.36-52
中部経済産業局（2007）「東海地域の製造業に働く外国人労働者の実態と共生に向けた取組事例に関する調査報告書」
日本銀行（2009.7）「地域経済報告――さくらレポート」
橋本由紀（2010）「外国人研修生・技能実習生を活用する企業の生産性に関する検証」RIETI Discussion Paper Series 10-J-018
福井祐介（2003）「コミュニティ・ユニオンの取り組みから――ＮＰＯ型労働組合の可能性」『社会政策学会誌』No.9, 20, p.89-102
――（2005）「日本における社会運動的労働運動としてのコミュニティ・ユニオン――共益と公益のあいだ」『大原社会問題研究所雑誌』No.562/563, p.17-28
村山敏（2009）「日系外国人労働者の派遣切りと闘う神奈川シティユニオン」『労働運動研究』No.406, p.10-15
安田浩一（2010）『ルポ　差別と貧困の外国人労働者』光文社
山原克二・ゼネラルユニオン（2007）『非正規労働者の乱――有期・派遣・外国人労働者の闘い』アットワークス

[やまもと　かほるこ]
山口大学准教授などを経て、２００８年より首都大学東京都市環境科学研究科准教授。東京都立大学大学院社会科学研究科社会学専攻博士課程単位取得退学。博士：社会学。主な著作に『講座・福祉社会９　貧困と社会的排除』（共著、ミネルヴァ書房、2005）、『横浜・寿町と外国人――グローバル化する大都市インナーエリア』（単著、福村出版、2008）、『非正規滞在者と在留特別許可』（共著、日本評論社、2010）など。

Ⅲ
諸外国の事例

経済危機下の外国人労働者をめぐる政策的排除と現実

韓国の事例分析

李賢珠

はじめに

アメリカのサブ・プライムローンの破綻に端を発するグローバル経済危機は例外なく韓国にもその影を落とし、経済成長率の下落と雇用市場の悪化をもたらした。経済危機は、景気に左右されやすい単純労務に就業し、不安定な雇用形態にある外国人労働者[1]に与える打撃が大きい。また各国政府は、自国労働者の就業機会を確保するために、外国人労働者に対して排他的とも映る政策を採用することがある。本稿で扱う韓国でも、経済危機とそれに続く国内労働市場における雇用環境の悪化に応じる形で、政府は、外国人労働者の導入規模を縮減しようとした。外国人労働者は雇用の調整弁とも言われるゆえんである。

この調整弁を担う外国人労働者の数は、韓国社会に増え続けている。１９９７年のアジア通貨危機の際には、就業資格を持たない非正規滞留者を含む外国人労働者は約25万人と推定されていたが、２００８年の経済危機の際には、約70万人と3倍近くに増えていた。韓国全体就業者の約3%に達する規模である。このような依存度の高まりの背景には、２００４年における雇用許可制の導入や、２００７年からの外国国籍在外同胞[2]（以下、在外同胞）に対する訪問就業制の実施があるが、いわゆる「単純労働者」の受け入れは、韓国において、もはや構造化されているようである。このことを裏付けるのが、外国人労働者の受け入れを減らそうと、経済危機を受けて公的な抑制策が実施されたにもかかわらず、その数にさしたる変化がみられなかったという事実である。それどころか、経済危機の下でも、農業や中小零細企業は人手不足に喘いでいた。韓国の外国人労働者政策は、今もなお、そのあり方が模索されている。

韓国の事例を取り上げる本稿では、まず第1節において、外国人労働者の受け入れ政策の動向と受け入れ状況をまとめる。第2節では、経済危機のもたらした国内雇用市場への影響および、現在に至るまで存在する外国人労働者への需要について述べる。第3節では、経済危機下での政府の外国人労働者への政策的対応に言及し、その示唆を考察したい。

1 外国人労働者受け入れ政策の展開と受け入れ状況

(1) 政策の展開

かつて外国人労働者の送り出し国であった韓国は、1960年代以降の飛躍的な経済成長と賃金上昇により自国民の海外就業が一段落し、1980年代後半からは、外国人労働者の流入が始まった。しかし当時の韓国政府は、専門職種以外の外国人の就業を原則的に禁止していたために、国内で働いていた外国人労働者のほとんどは、観光または親族訪問の目的で入国し、そのまま滞在し就業している非正規滞留者であった。このような政策不在のなかで、中小製造業や建設業分野の基層労働、いわゆる3K業種を中心に、労働力不足が深刻化するという懸念を抱いた産業界は、外国人労働者の受け入れを要求した。それに応える形で韓国政府は、外国人単純労働者の受け入れを原則的に禁止しながら、1991年11月に「海外投資企業研修制度」、1993年には対象を中小企業まで拡大する「産業技術研修制度」を導入した。その後、研修制度は導入規模や職種を拡大しつつ、2004年「雇用許可制」が導入されるまで外国人単純労働者受け入れに関する唯一の制度として機能した。

しかし研修生は事実上の労働者として活用されながらも、研修生という理由から、労働関係法が適用されず、賃金未払い、労災、暴行・監禁などが続出した。日本の事例と同じく、制度と実態の乖離によるさまざまな問題が露呈したのであった。そこで1990年代半ばから、政府は研修制度の問題点を根本的に解決すべく雇用許可制の導入を試みるが、通商産業部（当時）と中小企業協同組合中央会（以下、中企協）などの反対により実現できなかった。[3]雇用許可制の導入をめぐる議論が膠着する一方で、政府は2000年4月から「研修就業制」を施行した。これは、一定期間研修企業で研修した研修生が所定の試験に合格すると、労働者の身分に切り替えられるという仕組みである。当初の研修就業期間は「研修2年＋就業1年」であったが、後に出入国管理法施行令（2002年4月18日）および施行規則（2002年4月27日）の改正により、「研修1年＋就業2年」に調整されている。研修就業者は1年または2年間の雇用関係のもとで、労働関係法、各種社会関係法の適応を受ける。日本の研修・技能実習制度の韓国版であり、内容としては、雇用許可制に近い。

なお、この時期から在外同胞を国内労働市場へと編入する枠組みが設けられている。研修制度のもとでは、外国人の就業が、中小製造業、建設業、第1次産業に限られていて、サービス業には開かれていなかった。ところが実態としては、多くの在外同胞がサービス業において正規の許可なく就業していた。このような状況のもとで政府は、2002年12月から、サービス分野の人手不足を解決することを目的として「サービス分野外国国籍同胞就業管理制（以下、就業管理制）を導入している。[4]

新しい制度の導入にもかかわらず、人権侵害など外国人労働者をめぐる諸問題の解決をみることはなかった。2003年7月に「外国人勤労者の雇用などに関する法律」が誕生し、翌年8月から雇用許可制が施行されたのは、こうした時代的背景においてであった。在外同胞に訪問同居滞留資格を付与し、国内での就業を認めた前述の就業管理制は、雇用許可制（特例雇用許可制）に吸収統合された。一方、既存の研修制度は2006年まで雇用許可制と並行して実施されたが、2007年1月から雇用許可制に一元化された。雇用許可制とは、国内で十分な数の労働者を充足させることができない企業が、政府の雇用労働部から適正規模の雇用許可を受け、合法的に外国人労働者を雇用できることを認めた制度である。[5]同制度のもとで、外国人労働者は単純労働分野に従事できる非専門就業（E-9）査証の発給を受け、入国前に国内事業主と勤労契約を締結し、300人未満の中小製造業、農畜産業、建設業、サービス業、漁業という分野で、最長3年まで就業できる。[6]なお、雇用許可制による労働者の導入は、政府間交渉をベースとしたもので、2010年6月現在、韓国政府は15カ国とMOU（Memorandum of Understanding、以下MOU）を締結している。[7]

また2007年3月には、それまで出入国や就業などで相対的に疎外されていた中国および旧ソ連地域などに居住する同胞に対しても、彼らの自由な往来と就業機会を拡大するため、外国国籍同胞訪問就業制（以下、「訪問就業制」）を、特例雇用許可制に代わる制度として導入した。この訪問就業制のもとでは、満25歳以上で一定の条件を備えた場合に限って5年有効な複数査証が発給され、一度の入国で3年間継続して滞留・就業が認められる。このように、現在の韓国の外国人労働者の受け入れ制度は、一般外国人労働者を対象とする雇用許可制と在外同胞を対象とする訪問就業制の二本立てである。

(2) 外国人労働者の現況

韓国における滞留外国人[9]の数は、２００７年3月の訪問就業制の施行や国際結婚の増加などにより、急激に増加している。２００７年8月にははじめて１００万人を超え、２０１０年11月末現在は１２５万１６４９人である。経済危機以降も増加し続けていることがわかる。滞留外国人のうち、韓国で働く外国人労働者の数は、以下のとおりである。16歳から60歳の就業資格を持たない非正規滞留者のほとんどは、許可を得ずにして働いているとの前提にもとづき、ここに含めている。１９８７年にわずか６０００人余りだった外国人労働者は、１９９７年末の経済危機の煽りで一時的に減少するものの、以降の経済の回復とともに持続的に増加した。２００９年の数値は、景気低迷により、先述の一般外国人労働者や訪問就業者が減少したこと、また、政府が非正規滞留者への取り締まりを強化したことで、２００８年より若干減少した。

韓国において就業を目的とする外国人にとっての滞留資格は、専門分野（専門労働力）と単純技能分野（単純技能労働力）に分けられる。専門労働力は、専門知識や技術を保有した外国人であり、教授（Ｅ－1）、会話指導（Ｅ－2）、研究（Ｅ－3）、技術指導（Ｅ－4）、専門職業（Ｅ－5）、芸術興行（Ｅ－6）、特定活動（Ｅ－7）がこれに当たる。一方、単純技能労働力は、製造業や建設業など生産現場において、専門知識や技能がなくても遂行できる作業を行う労働力である。そのほとんどに当たるのが、前節に言及した、雇用許可制（Ｅ－9）や訪問就業制（Ｈ－2）を通じて入ってくる労働力である。昨今、世界的に争奪戦が繰り広げられている前者の「人材」については、２００８年4月に開催された国家競争力強化委員会第二次会議において、「グローバル高級労働力の誘致方案」が発表された。このことからもわかるように、政府は人材の受け入れに積極的に乗り出しているが、その増加ぶりは政府が期待しているほどではない。一方、後者の単純技能労働力は、経済危機が発生した2008年まで増加を続けた。また、その影響が本格化した2009年でも、前年比89人減にとどまり、51万人台を維持した。なお、訪問就業制の導入以降、在外同胞の流入が急激に増えたため、表1に示されるように、一般外国人労働者の規模を上回っている。

　雇用許可制一般と特例外国人労働力を雇用している事業所情報と雇用保険データベースを結合してこれらの事業所における外国人労働者の割合の変化を分析した結果によると、外国人労働力の割合は、表2からもわかるように、2004年にはわずか15・5%にすぎなかったが、2009年には27・5%にまで上がっている。業種別にみると、2009年では漁業が48・0%ともっとも高く、経済危機が発生した2008年よりも増えている。農畜産業（47・1%）と飲食業（39・3%）がそれに次いでいる。事業所の規模でみれば、零細企業ほど外国人労働者への依存度が高く、2009年の場合、5人未満の事業所では65・5%、5～9人未満の事業所では51・5%と、外国人労働者が半数を占める。

　先述した昨今の在外同胞の増加は、外国人労働者の就業分布にも反映されている。2004年に9万4912人だった建設業従事者は、2008年5月にはほぼ2倍に膨れ上がった。飲食宿泊業や家事サービス業においても、表3が示すように、約2・5倍の増加である。訪問就業制を通じて入ってきた在外同胞には、許可された職種内[10]での就業選択の自由が与えられており、これらの分野では、自国労働者との雇用競争が憂慮されている。

2 経済危機の雇用市場への影響と外国人労働者への需要

　リーマンブラザースが破産した2008年9月以降の雇用指標の推移をみてみよう。2007年に5・1%だった経済成長率は、2008年に2・2%、2009年には0・2%まで落ち込んだ。雇用市場にも影響し、2009年第1四半期に就業者数が減少した。就業者数は前年同期と比べ14・7万人減少し、失業者は10・7万人増加した。失業率は前年同期比で0・4%増加し、3・8%を記録した。特に青年層の失業率が高く、2009年9月現在、その率は7・6%に達し、失業者の3分の1を占めている。経済活動参加率[11]および雇用率も減少した。

　こうした不況のあおりを真っ先に受けるのが、コリアンドリームを夢見て韓国を訪れた外国人労働者である。そうした姿は、メディアでも頻繁に報道されていた。韓国日報

表１　就業資格滞留外国人の現況（2009.12.31現在。単位：人）

資格別 ＼ 区分			全滞留者	合法滞留者	非正規滞留者（16～60歳）	非正規滞留者（全体）
総計			551,858	503,829	45,683	48,029
専門労働力	小計		40,698	38,497	2,180	2,201
	教授（Ｅ－１）		2,056	2,051	3	5
	会話指導（Ｅ－２）		22,642	22,547	93	95
	研究（Ｅ－３）		2,066	2,056	9	10
	技術指導（Ｅ－４）		197	192	5	5
	専門職業（Ｅ－５）		536	518	13	18
	芸術興行（Ｅ－６）		4,305	2,961	1,341	1,344
	特定活動（Ｅ－７）		8,896	8,172	716	724
単純技能労働力	小計		511,160	465,332	43,503	45,828
	非専門就業	小計	188,363	158,198	28,550	30,165
		合法（Ｅ－９－１）	17,806	12	16,222	17,794
		雇用許可（Ｅ－９－２～７）	169,849	158,183	11,666	11,666
		雇用特例（Ｅ－９－Ａ～Ｋ）	708	3	662	705
		研修就業（Ｅ－８）	11,307	51	11,256	11,256
		船員就業（Ｅ－10）	5,207	4,078	1,129	1,129
		訪問就業（Ｈ－２）	306,283	303,005	2,568	3,278

注：短期就業（C-4）、産業研修（D-3）は含まない。
出典：法務部出入国・外国人政策本部「出入国・外国人政策統計年報」2009。

表２　雇用人員全体に占める外国人労働者の割合（単位：％）

		2004	2005	2006	2007	2008	2009
業種	建設	9.7	14.9	17.8	19.6	23.4	24.0
	農畜産	24.5	33.1	32.2	39.4	47.4	47.1
	漁業		100.0	37.8	41.2	44.9	48.0
	家具製造	20.3	28.8	27.7	30.6	36.8	36.8
	非金属製造	15.4	24.5	21.7	25.8	31.8	31.5
	繊維衣服製造業	16.7	26.8	22.5	25.8	30.4	31.1
	印刷出版	12.5	19.4	17.6	20.3	24.7	23.8
	飲食料品製造	9.9	16.6	16.5	19.4	23.1	23.2
	機械製造	13.1	17.7	15.6	19.3	23.6	23.5
	化学製品製造	17.8	25.3	22.9	26.7	32.1	32.2
	その他の製造	12.6	21.6	21.5	25.4	30.9	30.7
	卸・小売	21.3	15.6	21.8	16.1	13.2	12.3
	社会福祉介護		12.5	33.3	21.2	27.0	15.5
	掃除廃棄物処理	2.9	4.9	4.0	4.1	5.4	4.5
	宿泊業					32.6	24.5
	飲食業	45.7	45.8	46.7	39.6	40.5	39.3
	修理業		11.3	10.4	9.4	10.1	12.1
規模	5人未満	69.6	63.4	67.5	68.4	70.3	65.5
	5～9人	36.0	48.9	53.6	54.2	57.2	51.5
	10～29人	19.6	30.1	31.8	34.0	39.8	36.8
	30～99人	12.9	17.8	17.7	21.7	27.6	24.7
	100～299人	6.3	8.3	8.5	11.3	14.5	12.8
	300人以上	1.4	3.9	4.3	5.0	6.5	4.0
全体		15.5	22.9	20.1	23.2	27.9	27.5

注：延べ人員の基準である。
出典：外国人勤労者DB――外国人雇用事業所勤労者DB連結パネル。イギュヨン、2010「外国人労働力の活用と雇用創出」韓国移民学会月例会発表資料に基づく。

（2009年1月16日）によれば、2007年5月に入国し自動車部品会社に勤めていたインドネシア人労働者が述べたところでは、不景気を理由にして労働者4人を解雇したが、それはすべて外国人であったという。外国人労働者の嘆きは、いたる所で観察できる。同記事には、雇用許可制を通じて入国したスリランカ人労働者が、働いていた会社の倒産により職を失ったという報道もある。彼は、雇用許可制の事業所変更回数の制限[12]を超えたために再就職が出来ず帰国せざるをえない羽目になったが、高いリスクを冒しながらも非正規滞留の道を選んだ。「入国費用で800万ウォンもかかったため、このままでは帰れない。春になるとアルバイトでもしてお金を稼がなければならない」と語った。[13]

　とはいえ、景気変動にもかかわらず、外国人の需要は大きく縮小したわけではなかった。たしかに、次節で言及する経済危機以降の各種規制により、外国人労働者の流入規模は減少したが、経済危機それ自体が、韓国経済の彼らへの依存度を軽減することはなかったのである。人手不足率でみると、300人未満の事業所は2・4%（前年対比マイナス0・8%P）、300人以上の事業所は1・0%（前年対比マイナス0・3%P）、5～9人の事業所の場合は3・3%（前年同月対比マイナス1・0%P）と、規模が小さい企業ほど人手不足を実感している。また、外国人労働者の人手不足はすべての規模の事業所において高く、300人未満の事業所の場合は、4・6%（前年対比マイナス1・2%P）、300人以上の規模の事業所は1・8%（前年対比マイナス0・1%P）、5～9人規模の場合は6・9%（前年同月対比マイナス3・0%P）である。前年に比べるとそれぞれ低いが、外国人労働者への需要は依然として高い。表5が示すように、2009年4月現在の内国人の人手不足率2・0%に対し、外国人の不足率は4・4%であり、経済危機後も、彼らが必要であるという事実に変化はなかったのである。

　実際のところ、経済危機以降の外国人労働者の数には大きな変化が見られない。非正規滞留者を除く外国人労働者の数は、2010年9月末現在で54万6954人であり、2008年6月末の56万6910人に比べてもさほどの差がない。その間の2009年6月末には、57万6227人で若干増えていたが、その後に再び減少した。一方で、そのほとんどが就業していると推定される非正規滞留者は大幅に減少した。2010年9月末非正規滞留者の数は17万1358人であり、2008年6月末の22万2889人に比べ5万人も減少した。なお滞留資格別にみると、専門労働力は2008年6月末の3万4952人から、2009年9月末には4万4412人と、1万人ほど増加した。一

表３　業種別外国人労働力の推移（単位：人）

	全産業	製造業	建設業	飲食宿泊業	家事サービス業	その他
2004.12	438,730	197,245	94,912	41,338	10,648	94,587
2005.6	375,065	171,819	79,970	36,442	9,286	77,548
2005.12	395,708	187,009	79,326	43,484	11,006	74,883
2006.6	464,347	213,336	96,067	57,115	14,797	83,033
2006.12	502,577	232,280	102,646	63,557	16,822	87,272
2007.6	533,277	232,878	112,239	71,001	18,635	98,524
2007.12	612,962	238,025	151,246	87,932	22,905	112,855
2008.5	673,078	247,047	175,017	101,325	26,365	123,324

出典：イギュヨン・パクソンゼ、2008に基づく。

表４　主要雇用指標の推移（単位：％）

		経済成長率	経済活動人口（千人）	参加率	就業者総数（千人）	増加数（千人）	増加率	失業者総数（千人）	失業率	雇用率
2007	1/4	4.0	23,692	60.8	22,841	264	1.2	851	3.6	58.6
	2/4	4.9	24,489	62.6	23,698	289	1.2	791	3.2	60.6
	3/4	5.1	24,367	62.1	23,610	296	1.3	756	3.1	60.2
	4/4	5.7	24,316	61.8	23,582	278	1.2	734	3.0	60.0
2008	1/4	5.5	23,852	60.5	23,051	209	0.9	801	3.4	58.5
	2/4	4.3	24,638	62.3	23,871	173	0.7	767	3.1	60.4
	3/4	3.1	24,503	61.8	23,752	141	0.6	752	3.1	59.9
	4/4	-3.4	24,394	61.3	23,636	54	0.2	757	3.1	59.4
2009	1/4	-4.2	23,812	59.7	22,904	-146	-0.6	908	3.8	57.4
	2/4	-2.2	24,680	61.7	23,737	-134	-0.6	943	3.8	59.3
	3/4	0.9	24,637	61.3	23,751	-1	0.0	886	3.6	59.1
	4/4	6.0	24,448	60.7	23,631	-5	0.0	817	3.3	58.7

注：増加率および増減数は前年同期対比である。
出典：韓国銀行『国民計定』各号。統計庁「経済活動人口調査」各年度。

表５　規模別不足率及び採用計画

規模	人手不足率（'08.4）					人手不足率（'09.4）					
	総員	内国人			外国人	総 員		内国人			外国人
		全体	常用	その他				全体	常用	その他	
５人以上すべて	2.8	2.7	2.7	3.7	5.8	2.1	[-0.7]	2.0	2.0	2.9	4.4
300人未満	3.2	3.1	3.0	4.0	6.0	2.4	[-0.8]	2.3	2.2	3.2	4.6
５～９人	4.3	4.1	3.9	5.0	9.6	3.3	[-1.0]	3.2	3.1	3.5	6.9
10～29人	3.4	3.3	3.2	4.5	5.0	2.3	[-1.1]	2.2	2.2	3.1	4.0
30～99人	2.6	2.6	2.6	2.4	4.9	2.1	[-0.5]	2.1	2.1	3.7	3.8
100～299人	2.4	2.4	2.5	1.1	4.0	1.7	[-0.7]	1.7	1.7	2.1	3.7
300人以上	1.3	1.3	1.3	1.3	1.7	1.0	[-0.3]	1.0	1.0	0.6	1.8

出典：雇用労働部「事業体雇用動向」2009年７月７日。

方、単純技能労働力は２００８年6月末現在50万８０７８人から２００９年6月には52万５２５人に増え、２０１０年9月末には50万２５４２人と減った。産業研修生は制度の変化で２００８年6月末2万１２１０人から２００９年9月現在1万４２８０人へと減少を重ねている。

統計が示すところによれば、外国人労働者の絶対数は経済危機後も減っていないのであるが、彼らが不況に対して脆弱と思われているのは、身分の不安定さによるところが大きい。加えて、外国人労働者の多くが非正規滞留者であるがために、雇用主に従わざるをえない状況におかれている。なお、経済危機の影響と思われるが、零細企業の休・廃業による外国人労働者の事業所移動も、２００８年9月以降増加している。中小企業中央会[14]の集計によると、２００８年12月において、外国人労働者が多く集住する安山・始興地域で休業を申告した製造会社は６０８カ所であった。前年度の上半期の月平均が20カ所であったことに比べると、30倍にも増えたことになる。工場の休業ないしは閉鎖とともに、外国人労働者による事業所変更申請件数も急増した。雇用労働部に申告された事業所変更登録は、２００７年1月には１６８４件であったが、２００８年12月には６７４５件に達し、4倍以上であった（ハンギョレ新聞、２００９年3月6日）。

不況のなかで外国人労働者を苦しめているのは、失業ばかりではない。景気が悪くなると、それまで社会的弱者として認識されてきた外国人労働者に対して否定的な心情が伸張することがある。すなわちゼノフォビア（外国人嫌い）が広まると、外国人労働者は、低所得層の職を奪う存在であり、犯罪の温床でかつ治安の脅威であるかのように、扱われる場合がある。実際、一部の反外国人団体は、主にネット上で、組織的に「反外国人情緒」を助長している。大型ポータルサイト「不法滞留者追放」では、非正規滞留者が大挙逮捕された内容を好意的に報道した。「多文化政策反対」や「外国人労働者対策本部」といったウェブサイトも、ゼノフォビアを扇動する内容で一色である。さらには「不法滞留外国人の取締りの強化と外国人犯罪剔抉凡国民大会」を開くなど、反外国人運動を強化している様子もみえる（ネイル新聞、２００９年1月6日）。この団体らは、外国人労働者の増加による国内労働市場における低賃金の固着化を、最大の問題として挙げた（韓国日報、２００９年9月29日）。これらの動きに対して、移住労働関連団体は、外国人労働者が自国労働者の職を奪うという論理は誇張された側面が強いと主張している。たとえば、イ・サンゼ韓国移住労働者人権センターのチーム長は、「製造業分野は外国人労働者なしでは現実的に働き手を求めにくい状況で、外国人労働者はかえって最近の経済不況で職を失い不法滞留者になる羽目に置かれている」と反論し、食堂などのサービス業分野で中国同胞の進出が目立ち自国労働者の不満と反感が大きい」と分析している（ネイル新聞、２００９年1月6日）。経済不況に乗じて広まるゼノフォビアの拡散が、外国人労働者の外出さえ控えさせているという報道もある（朝鮮日報、２００９年3月25日）。

3 経済危機下の政策的対応

(1) 導入規模の縮小

本節では、経済危機のもとでの外国人労働者の受け入れに関する韓国政府の対応がいかなるものであったかについて、まとめておきたい。１９９７年に発生したアジア金融危機はすでに、単純技能労働者への韓国経済の依存が構造的であることを立証していた。しかし２００８年にグローバル金融危機が生じると、政府は、単純労働分野における雇用調整に乗り出す。２００８年9月25日の第七次国家競争力強化委員会においては、今後5年以内の中小企業の人手不足率を先進国並みに低めるためには最大21万人の追加労働力が必要と展望しながらも、訪問就業を通じて入ってくる同胞に対しては数を縮小する必要性が提起された。訪問就業制の施行以降、なかんずく国内に縁故のある在外同胞は査証発給総量制（クォータ制）の制限を設けなかったため、雪ダルマ式に増えていた。くわえて、韓国に渡航した在外同胞には就業活動に制限がないため、相対的に賃金の高い建設業およびサービス業に従事する傾向があり、自国労働者の就業を侵食しているという問題も提起された[15]。

こうした事情により、政府は縁故のある同胞の呼び寄せ可能な人数を年3人に制限し、今後は縁故のない同胞の入国を拡大していく旨を発表した。２００９年3月に開催された外国人力政策委員会[16]では経済危機を顧慮し、例年の場合外国人労働力新規導入規模の対象から外されていた親戚訪問の性格を持つ訪問就業の同胞まで、外国人労働力の新規導入規模に含むクォータ制を導入し、縁故及び無縁故同胞を合わせて導入規模を1万７０００人にとどめた。この数値は、前年度の3分の1の水準である。また、新規に入国する同胞の建設業への就業を全面的に中断し、すでに韓国に入国している同胞が建設業に就業する場合は、就業登録と教育を経て就業証明証の取得を義務化する「建設業種の就業登録制[17]」を施行した。あわせて２０１０年には、在外同胞の建設業クォータを6万５０００人に縮小し、全国の建設現場で働いている同胞11万５０００人のうち、5万人が就業証明書をもらえなくなった（世界日報、２０１０年

表6　外国人労働力導入計画[18]の推移（単位：人）

	2004年	2005年	2006年	2007年	2008年	2009年	2010年
導入規模	79,000	116,000	105,000	109,600	132,000	34,000	34,000
一般雇用許可制	25,000	38,000	35,250	49,600	72,000	17,000	34,000
特例雇用許可制	16,000	38,000	38,050	60,000	60,000	–	–
産業研修制	38,000	40,000	31,700	–	–	–	–
訪問就業制	–	–	–	–	–	17,000	–

出典：雇用労働部。

1月4日)。このような一連の決定の背景には、外国人建設労働者の低賃金かつ長時間の勤労形態が、国内労働者の勤労条件を低下するうえに、外国人労働者が得る賃金はすべて本国へ送金され内需拡大や景気の活性化にはつながらないという見解がある(文化日報、2009年3月24日)。さらに2010年には、同胞の新規クォータは策定すらされず、現在いる滞留者の規模(30万人)に凍結されている。

訪問就業制とともに、韓国の外国人労働者受け入れ制度の両輪の一つである雇用許可制のもとでの受け入れも、2008年までは増加気味であったが、2009年には1万7000人まで縮小され、2010年は、当初2万4000人を導入する計画であったが、景気回復による中小企業の人手不足解消のために、1万人が追加導入されている。雇用労働部によると、特に農業・畜産業の上半期の割当2000人は、申請開始日のうちに上限に達したという。また、漁業の割当上限である800人は1週間ほどで、製造業の割当上限である1万3500人は1カ月余りで到達した。さらに第3四半期の製造業の割当である3000人に対する申請は、申請期間が始まってからわずか2日後に締め切られた。かかる状況を受け、政府は当初の予定を変更し、新たに1万人の受け入れを決定したのである。このうちの8600人は、労働力不足が最も深刻な製造業に、残りは農業・畜産業（1100人）、そして漁業（300人）に割り当てられた。

前節で言及したように、中小製造業の人手不足は深刻さを増している。たとえば、プリント基板を製造するある企業の関係者は、「最近は外国人労働者が中小企業4〜5カ所を選り好んで就業する状況である」と、また、ある染織会社の社長は「最近輸出注文が増え工場を24時間稼動しなければならないが、人手が足りない」と述べ、外国人の採用規模の拡大を要求した（ネイル新聞、2010年8月3日）。これに対応する形で、政府は製造業などの人手不足を緩和するために、すでに国内に就業している在外同胞を対象に対策を講じた。建設業やサービス業に大多数が就業している在外同胞に対して、製造業や農畜産業などの人手不足が深刻な業種で4年以上働くことで、永住権または国籍を認める機会を提供すると発表したのである。就業業種の誘導のための措置である。

(2) 非正規滞留者の取り締まりの強化

経済危機に応じて、外国人労働者の導入規模の縮小と同時に、政府は、非正規滞留者の取り締まりを強化している。法務部の発表によると、2002年における非正規滞留者は滞留外国人の49%にまで達していたが、2003年の合法化措置により、22・7%へと改善された。2004年から2005年までは、新規流入者の増加や産業技術研修生の離脱などで若干増加気味であったが、李明博政権のもとでは、非正規滞留者への取り締まりは強硬一辺倒へと転じた。就任早々の2008年3月の法務部の業務報告では、「不法滞留労働者を横行させてはいけない」と指示し、以後、連携による大々的な取り締まりに着手した。経済危機以降この動きにさらに勢いが乗り、2009年には15・9%に落ち込むまで減少している。2008年以降、出入国管理法違反により強制退去、出国命令、出国勧告された数は、前年度を大幅に上回っている。

しかし政府の強硬な対応のなかに、人権侵害や決められた手続きを踏まない取り締まりが問題視されている。イヨン外国人移住・労働運動協議会の事務処長は「去る20年あまりの法務部の非正規滞留者の取り締まりは数多くの暴力と人権侵害で点綴されてきた」と、違法な取り締まりを批判している。[19] また、イジョンウォン移住労組教育宣伝次長は、雑誌のインタビューにおいて、以下のように述べている。「取り締まりがくり返されても滞留者が大きく減少した跡がなく、韓国もまた彼らの労働力を必要としているのが現実であるだけに取り締まりから滞留資格付与という積極的な方式へと転換する必要がある」(『ハンギョレ21』2009年5月29日)。

政府の方針も一貫しているわけではない。「製造業とは異なる農村の特性を計らってほしい」という農民からの李明博大統領への建議を受け、「農繁期の不法滞留者の取り締まりの自制」「在中同胞(朝鮮族・高麗人を含む)の永住資格付与期間を10年から5年へと縮小」「外国人労働者の勤務先追加の許容」など、事実上農村地域の非正規滞留者の取り締まりはしないとの方針も出されたのである(ギョンヒャン新聞、2008年12月8日)。

2010年に入ると、11月に行われたG20サミットの安全開催と韓国に滞在する外国人の管理をめぐる秩序確立のため、5月から10月末までの期限付きで、警察や雇用労働部などの政府の連携により、非正規滞留者の出国支援プログラムが実施されていた。この期間中に自らの意思にもとづき出国する非正規滞留外国人には、罰金免除、入国規制猶予、韓国語試験の受験資格といった措置を取り、違法な雇用にある外国人労働者の自主出国に協力した事業主には処罰を免除した。また、雇用許可対象業種に限り、代替労働力の確保を優先的に支援するとしている。

(3) 自国労働者雇用の誘導

前項に言及してきた内容以外にも、自国労働者を優遇する政策は展開されている。内国人優遇を支持する見解としては、たとえば、韓国開発研究院（ＫＤＩ）による報告書がある。同機関の「外国人労働力の代替性と統計問題」は、事業所内の同一職種外国人労働者の増加は自国労働者の失職可能性を高めること、同一職種に従事する外国人と内国人の間には雇用の代替性が存在すると述べている。２００８年の就業者数の急激な下落の主要因は、景気低迷によるものと判断されるが、外国人労働者の急速な流入も、国内雇用を代替する可能性がある有力な要因の一つとして指摘している。先述のとおり、２００７年訪問就業制の導入以降における、建設業やサービス業での国内雇用の代替問題も本格的に取り上げられているなか、このような状況のもとで、政府は自国労働者の雇用拡大のため、外国人労働者を自国労働者に代替する事業所を対象に直接補償を拡大した。また２００８年に労働部（当時）は、中小企業雇用環境改善金の支給規定を改正し、中小製造企業が外国人労働者を自国労働者に代替する場合は、労働者の数が増加したとみなし、５０００万ウォンの限度内で雇用環境改善施設投資金を追加で支給することにした。なお失業の解消と中小企業の支援のための政策として、外国人労働者の雇用を自国労働者に交替した場合は、労働者１人当たり１２０万ウォン（1回）の支援金を支給する方案も打ちだされているが、その効果は疑問視されている。１９９７年の金融危機の際も類似した政策を講じたが、これを利用する企業は数少なかった。

おわりに

今回の経済危機とその後の不況のなかで、韓国政府は、自国労働者の職を保護する方向を明らかにし、外国人労働者への依存を軽減する政策を採用した。しかし皮肉にも、これらの措置は、韓国における外国人労働者への依存が景気循環的ではなく、構造的であることを再認識させることになった。とりわけ、外国人労働者の比重の高い産業での人手不足が、経済危機以降も目立ったのである。とはいえ韓国政府は、外国人労働者の受け入れについて、その態度をいまだに決めかねているようである。

韓国の外国人労働者政策は、かつては日本の模倣であるとも考えられていたが、雇用許可制の導入により、新たな方向へと舵がきられた。また、本稿では取り上げなかったが、近年では「家族移民」の受け入れが活発化し、「多文化家族」に配慮した施策も相次いで打ち出されている。以前は断片的であった政策も、韓国に生活する外国人の処遇をめぐる基本法の制定とともに徐々に体系化され、10年前の状況と比べてさえ、外国人の受け入れをめぐる政策立案の環境は大きく異なる。とはいえ経済危機とその後の不況のなかで、先述したとおり、外国人労働者が韓国社会において担っている不可避的な役割と同時に、彼らが常に政策的排除の対象にもなりえることが、あらためて確認された。排除という言葉が強すぎるとしても、雇用の調整弁としての外国人労働者に対する認識は、払拭されることなく、むしろ強化されてきたといえる。これは、新世紀以降、韓国政府が着々と進めてきた政策の帰結に他ならない。

労働市場が国際的に開かれているかどうか。つまり外国人労働者を受け入れる上で、政府はどれほどの法制度的な準備を行っているのか。企業や地域コミュニティは社会の「多文化」化に対していかなる心構えをもっているのか。仕事をめぐりやがて「競合」するかもしれない自国労働者は、彼らを歓迎することができるのかどうか。経済危機下での外国人労働者をめぐる一連の動向は、ホスト社会の成熟度を試すものであろう。韓国における外国人の受け入れは、近年はとくに目覚ましいその公的制度の整備をもって評価することができる一方、その実態を楽観することはいまだできそうにない。

注

1　近年韓国では「外国人労働者」という用語が国籍区別や差別を含んでいるという指摘があり、国際法に倣って移住労働者（migrant worker）が多く使われている。

2　外交通商部の在外同胞財団によると、２００９年４月現在、世界中に居住している在外同胞は約６８２万に達すると推計されている。地域的には中国と日本などの亜州地域に54・39％でもっとも多く、アメリカ、カナダなどの米州地域が35・65％とそれに次いでいる。国家別には中国（34・25％）、アメリカ（30・81％）、日本（13・38％）、ＣＩＳ地域（7・88％）の順になっている。

3　通商産業部（当時）と中企協は雇用許可制が導入されると人権費の上昇、労使紛争の発生、許可手続きの複雑さなどを理由に雇用許可制の導入に強く反対した。しかし何よりも中企協は産業技術研修制度を独占運営することによって、毎年研修費名目で１００億ウォンの利益をあげるなど既得権を持っていたため、より強く反対したとみられる。即ち、外国人労働者の流入を要求していた中企協が、いざ本格的な外国人労働者の受け入れ制度である雇用許可制の導入には反対するアイロニカルな事態が起こっていたのである。

4　同制度は、韓国系外国人の優先雇用を目的として、国内に8親等以内の血族または4親等以内の婚姻がいるか、大韓民国戸籍に記載されている者およびその直系卑属（2親等以内、養子除く）で40歳以上の者を対象にサービス業の6分野（飲食業・ビル掃除・社会福祉・掃除関連サービス・介護・家事）に3年の範囲内で労働者の身分で就業ができる。

5　２０１０年6月4日、政府組織法の改正（法律第１０３３９号）により「労働部」はその名称を「雇用労働部」に変更した。

6　同制度は、①国内労働市場の補完性の原則、②送出不正および労働力の選定・導入手続きの透明性の原則、③外国人の定住化防止の原則、④内・外国人間均等待遇の原則、⑤産業構造の阻害防止の原則を堅持している。外国人を補完的に活用していくとの基本方針の下で受け入れ規模は国内労働市場の状況や産業別労働需給の現状、内国人の代替可能性などを考慮し、外国人政策委員会が決定する。

7　事業主が就労許可期間（3年間）を過ぎた外国人労働者を再雇用しようとする場合はさらに2年間継続的に雇用できる。

8　以下の15カ国である。フィリピン、モンゴル、スリランカ、ベトナム、タイ、インドネシア、ウズベキスタン、パキスタン、カンボジア、中国、バングラデシュ、キルギス共和国、ネパール、ミャンマー、東ティモール。

9　滞留外国人の数は外国人登録および居所申告をした長期滞留外国人と90日以下滞留する短期滞留外国人を合わせたものである。

10　２０１０年12月現在、農畜産業、漁業、製造業、下水・廃棄物処理、原料再生および環境復元業、建設業、卸および小売業、運輸業、宿泊および飲食店業などの36業種に就業ができる。

11　経済活動人口とは労働市場に労働を供給することで経済生活に寄与できる人口として、生産年齢人口のうち学生、主婦、患者など生産活動をする能力や意思のない人々を除いた人口を指す。なお、経済活動参加率とは経済活動人口（=失業者＋就業者）を生産可能人口（15歳以上の生産活動が可能な人口）で割った数値である。

12　外国人労働者の事業所移動は外国人労働者の滞留許可期間中3回に限り可能である。ただし、休業、廃業、事業主に対する雇用許可の取り消し、傷害などによる理由だけで事業または事業所の変更が3回行われた場合に限り追加1回の移動が許容されている。

13　外国人移住労働協議会などが２００８年調査した「２００８年雇用許可制実態報告」によると、外国人労働者の韓国入国費用がスリランカの場合３０００ＵＳドルで、調査対象9カ国の平均が３３１６ＵＳドルに達している。

14　２００６年8月、中小企業協同組合中央会が中小企業中央会へと名称が変更される。

15　韓国労働研究院の調査結果によると２００４~２００８年の間、建設業の内・外国人就業者の割合は外国人労働者が４・12%増加したのに比べ内国人日雇い職労働者は３・19%減少した。

16　外国人力政策委員会は国務総理室に国務総理実長を委員長とし、企画財政部、外交通商部、法務部、知識経済部、雇用労働部の次官、中小企業庁長および大統領が定める関係中央行政機関の次官など20名以内で構成され、毎年国内の労働力需給動向と連携し、外国人労働者の導入規模および許容業種などを決定し、送出国家などを選定する。

17　毎年建設業就業同胞の適正規模を算定し、その範囲内で就業教育などを経た同胞に限り、就業を許可する制度である。

18　一般外国人労働者（Ｅ－９）は新規雇用許可書の発給件数を、同胞（Ｈ－２）は滞留増加規模を基準に管理されている。

19　「移住労働者の取り締まり現場無法天地」『ウィクーリギョンヒャン』２００９年4月28日。

参考文献

이규용（2007.3）「외국인력정책 변화와 과제」『노동리뷰』한국 노동연구원（イ・ギュヨン「外国人労働力政策の変化と課題」『労働レ

ビュー』韓国労働研究院）
이규용・박성재（2008.9）「외국인력 고용구조와 영향」『노동리뷰』한국 노동연구원（イ・ギュヨン、パク・ソンゼ「外国人労働力の雇用構造と影響」『労働レビュー』韓国労働研究院
임현진•설동훈(2000)「외국인근로자의 고용허가제 도입방안」노동부（イム・ヒョンジン、ソル・ドンフン「外国人勤労者の雇用許可制導入方案」労働部）
한국경제학회（2009）『국가경쟁력을 위한 외국인력유치정책방향』법무부출입국・외국인정책본부（韓国経済学会『国家競争力強化のための外国人労働力誘致政策方向』法務部出入国・外国人政策本部）
한국이민학회（2009）『경기침체와 이민（Recession and Migration）』（韓国移民学会『経済沈滞と移民（Recession and Migration）』）
고용노동부「외국인력정책위원회 결정사항 공고」（보도자료）각 년도（雇用労働部「外国人力政策委員会決定事項公告」（報道資料）各年度）
설동훈（1999）『외국인 노동자와 한국사회』서울대학교출판부（ソル・ドンフン『外国人労働者と韓国社会』ソウル大学出版部）
宣元錫（2006）「韓国における非専門職外国人労働者受け入れ政策の大転換――『雇用許可制』の導入：『研修生』から『労働者』へ」『情報化・サービス化と外国人労働者に関するディスカッションペーパー』No.7、一橋大学大学院社会学研究科総合政策研究室
宣元錫（2010）「移民政策のマネジメント化――保守政権下の韓国の移民政策」『移民政策研究』No.2
한바란、김민희（2009）「금융위기 이후 세계 이주・송금액 동향」대외경제정책연구원（ハン・バラン、キム・ミンヒ「金融危機以降の世界移住・送金額の動向」対外経済政策研究院）
유경준・이규용（2009）「외국인력의 현황과 정책과제」한국개발연구원（ユ・ギョンジュン、イ・ギュヨン『外国労働力の現況と政策課題』韓国開発研究院）
유경준 외（2010）「외국인력의 대체성과 통계문제」한국개발연구원（ユ・ギョンジュン他「外国人労働力の代替性と統計問題」韓国開発研究院）
유길상・이규용（2002）「단순기능외국인력정책의 문제점과 정책방향」한국 노동연구원（ユ・ギルサン、イ・ギュヨン「単純技能外国人労働力政策の問題点と政策方向」韓国労働研究院）
윤정향（2009）『외국인력 수요분석 및 활용방안』한국고용정보원（ユン・ジョンヒャン『外国人労働力の需要分析及び活用方案』韓国雇用情報院）
허재준（2009.6）「경제위기와 고용대책 보완 방향」『노동리뷰』한국노동연구원(ホ・ゼジュン「経済危機と雇用対策補完方向」『労働レビュー』、韓国労働研究院）
황수경 외（2010）「경제위기와 고용」한국 노동연구원（ファン・スギョン他「経済危機と雇用」、韓国労働研究院）
李賢珠（2010）「韓国の外国人労働者受け入れをめぐる政策の展開」『外国人労働者問題をめぐる資料集Ⅱ』笹川平和財団
労働政策研究・研修機構（2007）「アジアにおける外国人労働者受け入れ制度と実態」
노동부、법무부、보건복지가족부、국가경쟁력강화위원회（2008.9.25）「비전문 외국인력 정책 개선방안」（국가경쟁력강화위원회 제7차 회의자료（労働部、法務部、保健福祉家族部、国家競争力強化委員会「非専門外国人労働力政策の改善方案」［国家競争力強化委員会第七次会議資料］）
법무부출입국・외국인정책본부『출입국・외국인정책통계연보』각 년도（法務部出入国・外国人政策本部『出入国・外国人政策統計年報』各年度）

［イ　ヒョンジュ］
筑波大学大学院人文社会科学研究科国際日本研究専攻博士課程在籍。主な著作に「外国人看護師・介護福祉士受け入れをめぐる政治過程――日比EPA交渉過程を中心に」（『日本研究』第14集高麗大学日本研究センター、2010）、『労働鎖国ニッポンの崩壊』（共著、ダイヤモンド社、2011）など。

第8章

経済危機を超えて

変わることのないフィリピンからの国際移住労働

アシス・マルハ・M・B
（今藤綾子訳）

はじめに

過去40年間にわたり、政府支援のもと労働者の海外送り出しを行ってきたフィリピンは、一方で国際労働市場を慎重に模索し、他方でフィリピン人海外労働者（Oversea Filipino Workers：ＯＦＷｓ）を保護していくための実践的なノウハウを獲得してきた。フィリピンはこの「送り出しと保護」のアプローチにより、他の送出国の手本となるような移民管理のモデル国となった。

フィリピンにおける労働者の海外送り出しは、１９７０年代の雇用不足と１９７３年の第一次オイルショックによって悪化した国際収支の赤字問題を受け、一時的措置として開始されたものではあったが、その後もフィリピン人労働者に対する需要が衰えを見せなかったため、徐々に国家の発展戦略の一部になった。移住労働は雇用をもたらし、また海外送金をもたらすことで、フィリピン経済を支えてきたのである。このような経緯のなかで、フィリピンは、渡航前から渡航後、そして帰国後の社会再統合に至るまで、移住労働のあらゆる段階においてそのプロセスを成文化し、労働者やその家族に向けたサービスを充実させるための、法制度的な枠組みを発展させてきたのであった。

海外雇用の問題に直接的に取り組んできた主要政府機関は、労働雇用省（Department of Labor and Employment：ＤＯＬ

Ｅ）と外務省（Department of Foreign Affairs：ＤＦＡ）である。このうち、ＤＯＬＥの下部機関であるフィリピン海外雇用庁（Philippine Overseas Employment Administration：ＰＯＥＡ）が労働者送り出しの監視と規制を、海外労働者福祉庁（Overseas Workers Welfare Administration：ＯＷＷＡ）が労働者とその家族の保護および福利厚生の向上を委任されている。

労働者の保護という点について言えば、フィリピンは、自国労働者に対する保護的措置の制度化を目的とした１９９５年フィリピン人海外労働者および海外在住者法（Migrant Workers and Overseas Filipinos Act of 1995 共和国法［ＲＡ］第８０４２号）を以てこれを立法化したアジアで最初の送出国である。同法は２００６年と２０１０年の二度にわたって、労働者の保護をさらに手厚くする方向に改正されている。フィリピンでは、人身取引禁止（anti trafficking）法や、有資格の海外在住フィリピン人に対し不在者投票権の付与やフィリピン国籍の再交付を行う法律も制定されている。また、国際移住をめぐる国際条約にも加盟し、関連する取り組みに参加してもいる。移住労働者等権利保護条約（すべての移住労働者およびその家族の構成員の権利の保護に関する国際条約［United Nations Convention on the Protection of the Rights of All Migrant Workers and Members of Their Families］）はその一例である。

しかしながら、移住労働における保護メカニズムを強化するための仕組みや手本となる実例の導入といったさまざまな取り組みにもかかわらず、その意図と現実には大きな隔たりが依然として存在している。フィリピン人労働者への権利侵害は、移住労働の負の側面を痛烈に突きつけているのである。一般的に、母国フィリピンにおいて持続可能な成長と発展が見られず、労働者が移住を決意する際に、他の選択肢が存在しないことが彼らの立場を脆弱にしている。過去数十年の間に、フィリピン経済は海外労働移住と海外送金に依存してしまい、この依存状態はフィリピン人の家計戦略にも反映されるようになった。現在、フィリピンにおける移住や開発をめぐる議論は、国際移住に関するより包括的なアプローチを模索するものであり、労働者の送り出しや彼らからの送金といった個別イシューにとどまらず、国家の発展のためのさまざまな示唆を検討するものになっている（e.g., Asis and Baggio, 2008; Asis and Roma, 2010; Baggio, 2010）。

フィリピン経済は、幾年に亘る不安定なパフォーマンスの後、２００５年から２００７年の間は記録的な好転を示していたが、２００８年の最終四半期にアメリカ発の経済危機が訪れたことで、成長コースから外れてしまった。フィリピン政府は１９９７年のアジア危機の際の教訓から、[1]

経済危機の影響を緩和するためのさまざまな方策を導入しており、海外雇用の分野においては、危機に対応し、経済回復に備えるために伝統的なアプローチと新たなアプローチを組み合わせた複合的なアプローチを採用したのであった。

本稿では、（1）労働者送出の傾向と彼らからの送金、（2）フィリピン人労働者の失職や解雇、労働環境や生活環境における各指標、（3）経済危機を受けての政府による政策および施策、といった側面から、国際移住労働に対する世界金融危機の影響を検討したい。本稿では可能な限り政府機関によるデータを用いるが、公的データベース構築の取り組みにもかかわらず、信頼性の高いデータの入手は困難である。よって研究者やメディア、ＮＧＯの調査によってもたらされた情報により、これを補完していきたい。これらの作業にもとづいて、以下では、経済危機がおよぼしたフィリピン人の海外雇用への影響と、この難局に対するフィリピンの各機関の対応について明らかにしていく。

1 海外労働者送出の傾向と彼らからの送金

政府の見解によると、フィリピンは２００９年末までに、経済危機をある程度うまく切り抜けることに成功していた。韓国、タイ、フィリピンの3カ国を対象としたアジア開発銀行（ＡＤＢ）の調査によれば、フィリピンの経済成長と雇用は、他の2カ国に比べ、経済危機の影響を比較的免れていた。その理由として、フィリピン経済が国際金融市場との接点を限定的にしか持たず、送金によって支えられていたことが挙げられている[2]（Jaymalin, 2009）。

フィリピン経済は、２００９年の第１四半期に下降を経験した後、第2四半期までには最悪の時期を切り抜けていた。よってフィリピンは、9月には「オンドイ」と「ペペン」という二つの大型台風により甚大な被害を受けたにもかかわらず、同年の世界不況への突入をなんとか免れることができたのである（Lopez, 2009）。しかしながらアジア開発銀行の報告書は、フィリピンが95万人分の雇用を喪失したことも注記している。

これに対しＤＯＬＥは、経済危機にもかかわらず、およそ94万４０００人分の雇用が創出されたとしてアジア開発銀行の調査結果に異議を唱えているが、創出された雇用数が若年求職者を吸収するために必要な１１４万人分に届かなかったことは認めている。またＤＯＬＥは、フィリピンにおける経済危機の影響の軽減要因として、特に雇用確保と雇用創出に注力した政府の経済回復計画を挙げている。

表1　合法的フィリピン人海外移住労働者送出数　2007年～2009年

	2007	2008	2009
部門別			
陸上労働者	811,070（75.3%）	974,399（78.8%）	1,092,162（76.8%）
海上労働者	266,553（24.7%）	261,614（21.2%）	330,424（23.2%）
合計	1,077,623（100%）	1,236,013（100%）	1,422,586（100%）
ジェンダー別（新規雇用の陸上労働者のみ）			
男性	160,046（52.2%）	174,930（51.7%）	-
女性	146,337（47.8%）	163,336（48.3%）	-
合計	306,383（100%）	338,266（100%）	349,715（100%）
雇用形態別（陸上労働者）			
新規雇用	311,260（38.5%）	376,973（38.6%）	349,715（32.0%）
再雇用	497,810（61.5%）	597,426（61.4%）	742,447（68.0%）
合計	809,070（100%）	974,399（100%）	1,092,162（100.0%）

出典：POEA, OFW Statistics.

労働者の海外送出については、２００８年の送出数は前年比14・７％増の１２３万６０１３人に上った。その後、経済危機が世界的に深刻化したにもかかわらず、フィリピンからの労働者送出数は大きくはないが２００９年も継続して上昇傾向を示している（表1）。この増加は、カナダ、マカオ特別行政区、ニュージーランド、オーストラリア、そしてヨーロッパの一部といった新たな市場での労働者需要増加によるものである。他方、伝統的な市場である湾岸諸国はそれぞれに異なる傾向を見せた。たとえばアラブ首長国連邦はフィリピン人労働者の排斥を行った国の一つであるが、サウジアラビアやカタールにおける高い労働需要はこれを相殺する結果となった。

２００７年に比べ、２００８年には海上労働者の僅かな落ち込みが見られるが、対して陸上労働者の需要は著しく増加している。２００９年になるとこのパターンは変化し、陸上労働者の割合が僅かに落ち込んだ（表1）。また陸上労働者の新規雇用における女性労働者の優勢は、同部門における男性労働者の送出割合が上回った２００７年にいったん止み、２００８年も引き続き止まっている。合法的移住労働者のうち、再雇用者、つまり同一の雇用主との間で契約を更新した労働者は２００７年、２００８年共に過半数（61％）を占めている。再雇用者の割合は２００９年には67・5％に増加していることから、新規雇用需要の減少が示唆される（表1）。

表2のデータは、2007年から2009年にかけて全職種における雇用が増加したことを示している。ここからわかるように、2007年から2009年にかけて製造業そのものは下り坂を記録したものの、同部門のフィリピン人海外労働者数は事実8・7％増加している。労働者の増加率が最も大きいのはサービス部門である。2008年から2009年にかけて新規雇用の陸上労働者は全部門で落ち込みを見せているが、サービス部門だけは例外的に増加を示している。この増加が興味深いのは、サービス部門の大部分を占めるのが家事労働者（ドメスティックワーカー）であり、彼らの送り出し数は、フィリピン人家事労働者の保護強化を目的とする新たな規制（年齢制限23歳以上、最低賃金月給400米ドル、無償での雇用斡旋および言語・文化研修）の施行により2007年および2008年には顕著に減少しているためである。

フィリピン人労働者は世界各地に散在しているが、10人中9人近くの渡航先は上位10カ国に集中しており、その半分は湾岸地域である。表3が示すように、フィリピン人労働者の渡航先としてアジア諸国への集中も見られる。このこともまた、彼らが解雇や失職を免れた要因であった可能性がある。なぜなら一般的に、同地域が経済危機から被った打撃は欧米に比べ軽かったからである。

新たな労働市場を開拓せねばならないという圧力は、それが移住労働者の権利保護を犠牲にする可能性があるとして市民社会グループにとっての懸念材料となっている。2009年の1年間、フィリピン政府はアフガニスタン、イラク、ヨルダン、レバノン、ナイジェリアの5カ国に向けた労働者の送り出しを禁止した。同国における自国労働者の安全や雇用条件が心配されたためである。しかしながら禁止令が出されても、フィリピン人労働者のこれらの危険地域における求職は止まなかった。

2009年の最終四半期には、アラブ首長国連邦におけるフィリピン人労働者の雇用に新たな陰りが見られた。11月に「ドバイ・ワールド」の返済不履行と債務整理にむけた動きが明らかになったのである。しかしながら、マリアニト・ロケ労働次官がバージニア・カルベズ労働担当官の報告書に基づき述べたところによれば、フィリピン人労働者を雇用している「ドバイ・ワールド」の複数の子会社は「ドバイ・ワールド」そのものへの影響を免れるとのことであった。事実、「ドバイ・ワールド」の関連会社で、フィリピン人労働者が解雇されることはなかったという報告がなされている。（DOLE, 2009c）。

表2　フィリピン人海外移住労働者の職業分布　2007～2009（新規雇用陸上労働者）

	2007	2008	2009
専門職・技術職およびそれに準じる職種	43,225	49,649	47,886
経営者・管理職	1,139	1,516	1,290
事務	13,662	18,101	15,403
販売	7,942	11,525	8,348
サービス	107,135	123,332	138,222
農業	952	1,354	1,349
製造業	121,715	132,295	117,609
要再分類	10.613	494	-
合計	306,383	338,266	331,752

出典：POEA, OFW Statistics.

表3　フィリピン人海外移住労働者の渡航先上位10カ国　2007～2009（新規雇用および再雇用）

2007	2008	2009
サウジアラビア 238,419	サウジアラビア 275,933	サウジアラビア 291,419
アラブ首長国連邦 120,657	アラブ首長国連邦 193,810	アラブ首長国連邦 196,815
香港特別行政区 59,169	カタール 84,342	香港特別行政区 100,142
カタール 56,277	香港特別行政区 78,345	カタール 89,290
シンガポール 49,431	シンガポール 41,678	シンガポール 54,421
台湾 37,1236	クウェート 38,903	クウェート 45,900
クウェート 37,080	台湾 38.346	台湾 33,751
イタリア 17,855	イタリア 27,623	イタリア 23,159
ブルネイ 14,467	カナダ 17,399	カナダ 17,344
クウェート 14,265	バーレーン 13,079	バーレーン 15,001
全体に占める割合（%）：83.1	全体に占める割合（%）：88.3	全体に占める割合（%）：79.4

出典：POEA, OFW Statistics.

ＤＯＬＥは２０１０年の展望について、フィリピン人海外移住労働者にとってより有望な雇用機会が得られるだろうとの確信的見通しを持っている。サウジアラビアおよびカタールにおける莫大なインフラ開発計画は継続して進められ、これが労働者需要につながると見られている。また、沖縄の米軍基地移転計画があることから、グアムにおける建設業関連の雇用増加の兆しもある。すでに、グアム基地の担当官とスービック元米海軍基地（フィリピン、ルソン島）の担当官との間ではフィリピン人労働者の求人と訓練に関する協議が開始されているとされる（*Asian Migration News*, September, 2009）。後者は現在、１９９２年まで米海軍施設として利用されていたスービック湾自由港の運営にあたっており、同港では、フィリピン人労働者の訓練に必要な施設を提供することも可能としている。また、かつてスービック基地で働いていた労働者を移転後のグアム基地で雇用する案も検討されている（Sison, 2009）。さらに欧州における高齢化問題もフィリピン人労働者の需要を高めると期待されている（DOLE, 2009c）。

ＤＯＬＥは、２０１０年の経済回復に伴う、新興産業および革新的産業分野での雇用需要増加に応えようとしている。『２０１０年およびそれ以後のフィリピン人海外移住労働者送り出しにおける傾向概観』と題されたＰＯＥＡの報告書は、中東およびアジアにおけるフィリピン人労働者の雇用需要について楽観的な見解を示しており、（アラブ首長国連邦を含む）湾岸諸国において、多くの分野で人材需要が増加すると予測している。たとえば同報告書は、サウジアラビアで12カ所の大規模な産業経済都市を創出する計画があり、この計画のため２０２４年までは労働者需要の増加が続くだろうとしている。アジア地域では台湾において、フィリピン人をはじめとする外国人労働者向けに20万人の雇用が期待できるとしている他、アフリカでは石油およびガス産業の隆盛が見られるリビアが、潜在的に有望な受入国と見られている。そして、引き続き金融危機の影響が見られる、米国、オーストラリア、ニュージーランドおよび多くの欧州諸国の雇用機会については、控えめな見通しを示している（Abella, 2010）。

フィリピン人労働者の解雇や海外送出数の減少に伴い落ち込みが予測されていた海外送金の流入も、その予想を裏切り、景気後退を反映していないことが明らかになっている。２００７年から２００９年にかけて、海外送金は毎年増加を見せており、２００９年末には前年の１６４億ドルから４％増の１７４億ドルに達すると見られているのである（dela Peña, 2010）（表４）。海外送金は、国の外貨貯蓄を増加させるだけでなく、消費を著しく刺激する。ロケ労働次官は、フィリピンの卸売りおよび小売り部門における雇用増加が、海外送金を受け取る労働者の家族の消費や家計消費によってもたらされる需要増によって部分的に説明できるとしている（DOLE, 2009b）。過去に経済危機が起こった際と同様、フィリピン経済は海外送金によって救われてきたといえよう。

2 解雇およびその他のリスク

経済危機が世界的な広がりを見せるとの懸念に伴い、フィリピン人海外労働者の解雇や契約満了前帰国の可能性を不安視する声が高まった。１９９７年にアジア通貨危機が発生したときと同様に、労働者の置かれた状況が容易に予見できなくなったためである。もちろん、移住労働者が置かれている危険な環境について、ＮＧＯ報告書やメディアの報道から多くの情報が寄せられている。これらの情報は、選択が恣意的である、一般化が不可能である、さらには印象論にすぎない等、さまざまな理由から完璧とは言えないかもしれないが、それらを考慮しても、入手そのものが困難な「公的」データに比べれば、状況の理解に役立つものであることは事実であろう。

１９９７年の通貨危機ではそれほど被害を受けなかったシンガポールや台湾、ＵＡＥといった国々も２００８年の経済危機では深刻な影響を受けた[3]。また、多くのフィリピン人労働者を受け入れている香港特別行政区、マカオ特別行政区、マレーシアおよび韓国は、前回の経済危機同様、今回の経済危機によって再び被害を受けることになった。その結果、マカオ特別行政区で見られたように建設プロジェクトが延期、中止されたり、台湾の半導体産業で見られたように輸出産業での物品需要が急落したりといった事態が起こり、工場閉鎖や操業時間の短縮、労働者需要の不安定化等に

表4　フィリピンへの海外送金および送金元上位5カ国　2007年〜2009年（単位：1,000米ドル）

	2007	2008	2009
計	14,449,428	16,426,854	17,348,052
送金元上位5カ国	1．米国 7,564,607	1．米国 7,825,607	1．米国 7,323,661
	2．サウジアラビア 1,141,319	2．サウジアラビア 1,387,120	2．カナダ 1,900,963
	3．英国 684,007	3．カナダ 1,308,692	3．サウジアラビア 1,470,571
	4．イタリア 635,944	4．英国 776,354	4．英国 859,612
	5．カナダ 595,079	5．イタリア 678,539	5．日本 773,561

出典：POEA, OFW Statistics.

つながっていった。

経済危機の間、受入国の環境は移住労働者にとって非常に不安定なものとなる。受入国政府は対応措置に追われ、しばしば、自国労働者の利益を「保護」するために外国人労働者への規制を行う傾向があるからである。これは、外国人労働者の新規雇用凍結、現在雇用している外国人労働者の解雇および人員整理、不法外国人就労者の摘発キャンペーン活発化および（特に不法な）外国人労働者の本国送還を意味している。マレーシアは、外国人労働者を対象としたさまざまな方策を実施した。外国人労働者の雇用を凍結する決定がなされ（後に改正されたが）、2月には自国民の雇用を優先する目的で、外国人労働者を労働市場から追い出す政策がとられた。また韓国では２００９年2月から、経済危機対策の一環として、外国人労働者の受け入れが停止された。

フィリピン人海外移住労働者の解雇に関するデータの大部分は、台湾から送還された労働者についてのものである。２００８年10月から２００９年2月までに、５４０４人のフィリピン人労働者が解雇されたが、その大部分は台湾においてであった（*GMA News*, 2009）。別の報告書では、台湾で同期間に少なくとも４１９７人のフィリピン人労働者が解雇されたとしている（Ruiz, 2010）。さらに最近の報告書では、２００９年9月30日現在で総計６９５７人のフィリピン人労働者が解雇され、うち４４９５人が帰国したとあり、解雇された労働者のうち４４２８人が台湾で解雇され、帰国した労働者の大部分にあたる４２５１人は台湾からの帰国組であったとされている（Opiniano, 2010a）。

後述されるように、解雇されたフィリピン人労働者の最初のグループは、メディアや政府の大きな注目を集めた。その後の帰国労働者のグループはより少人数で、アラブ首長国連邦やその他の湾岸諸国をはじめとする、経済危機の影響を受けた国々からの帰国者であった。その数はＤＯＬＥによる5万人から7万人という当初予測より少数にとどまった（Nieva, 2009）。

複数の報告書によると、解雇の多くは輸出産業や建設業で起こっている。１９９７年の通貨危機の際見られたような、家事労働者の大量解雇を示している報告はなく、家内サービス部門における雇用は比較的、景気後退の影響を免れたとする仮説を裏付けている。しかし家事労働者に関しては、通常の経済状態においてさえ、多くの権利侵害が問題となっていることを考慮する必要がある。経済危機期においては家事労働者に対する虐待が増加するとの推測も可能であろう。福祉センターやＮＧＯがその対処事例をまとめた報告書は、経済危機が家事労働者の環境に及ぼした影響を明らかにしている。同様に、フィリピン人労働者や彼らの家族からの苦情、陳情に関する海外労働者福祉局（Overseas Workers Welfare Administration：ＯＷＷＡ）のデータを分析、検討することにも意義があるだろう。

海上労働部門は、２００７年から２００８年にかけて３％の減少を記録した。女性海上労働者および客船乗務員の送り出し数の減少は、経済危機により休暇旅行者が減少したことを示唆していると言えるかもしれない。また、アデン湾における誘拐問題も海上労働者送り出し減少の理由であろう。

フィリピン人海外労働者の途航先での労働環境や生活環境についてのデータを入手することは、さらに難しい。経済危機の影響が特に深刻だった国々では、フィリピン人労働者を取り巻く環境も悪化したと見られ、それにより労働者達がより危険な環境に押しやられた可能性が危惧される。つまり、解雇された労働者がインフォーマル・セクターに流れたり、許可を得ずして就労に従事したり、より低い賃金や雇用主による酷使や虐待を甘んじて受けいれなくてはならなくなったり、という方向にである。

雇用斡旋料として大金を払わざるをえなかった新規雇用の移住労働者にとって、労働時間の短縮、悪くすれば解雇や本国送還といった事態は、希望が打ち砕かれること、借金漬けになることを意味している。たとえば、外国人労働者は真っ先に解雇されなければならない、といった各国政府による経済危機対応策の表明は、移住労働者の権利保護に対する配慮や責任感とはほど遠いものであった。

受入国のセーフティー・ネットが欠如していたことから、外国人労働者は自国の制度や渡航先の非政府機関に支援を求めた。フィリピン人労働者の場合、その主要受け入れ国に設置されているフィリピン海外労働事務所（Philippine Overseas Labor Office：ＰＯＬＯ）や福祉センターが、特に問題に直面している労働者に対し、幾ばくかの支援を行っている。フィリピン人労働者はまた、教会を拠点とした機関やＮＧＯ等にも支援や援助を求めている。

国際移住労働者の送出国として、経済危機が本国に残る家族にもたらした影響も無視できない。収入減や労働者の本国送還といった、将来の不確定要素や状況悪化を想定して、労働者の家族は消費を抑え、貯蓄にまわしたとされる。ただし、このような節約は一時的な措置であったようだ。２００９年における卸売りや小売業界の成長は、移住労働者家族（および一般国民）が、よりよい展望の兆しが見えた同年後半にはふたたび消費を開始したことを示唆している。

3 政府による政策および施策

2008年の最終四半期から、政府は経済危機への対応策として、二つの取り組みを開始した。一つはフィリピン人海外移住労働者のための新しい労働市場の開拓を積極的に進めることであり、もう一つは本国に送還された帰国者の社会再統合のためのプログラムを強化することである。またここで特筆すべきことに、経済危機の影響を監視するためのデータ収集も試みられた。

2008年10月、経済危機発生のニュースが発表されるや否や、OWWAは、DOLEとの協力のもとニノイ・アキノ国際空港に、解雇されたフィリピン人労働者が受けられるサービスについて情報を提供する総合ヘルプデスクを設置した。DOLEはまた同省の各地区事務所において、解雇されたフィリピン人労働者の状況を調査し、必要に応じて対応を行う「緊急対策チーム」も設置した。

OWWAは、解雇されたフィリピン人労働者に帰国とその後の社会再統合に関するサービスを提供する主要機関である。帰国した労働者にOWWAからの生活支援パッケージが支給されたというニュースは少なからぬ議論を巻き起こした。このとき労働者に与えられた支援パッケージの性質について誤解が生じたためである。支援パッケージに含まれていた5万ペソの小切手は、労働者個人の財政支援を意図したものではなかった。小切手はDOLE認定パートナーである技術資源センターやフィリピン人海外労働者の生活支援を行う民間団体である「ドリーム」に手渡されることになっており、それによってこれらの機関が労働者に対し起業研修や職業訓練等を行うことになっていたのである。新規に事業や生活を立ち上げようとするフィリピン人労働者は、フィリピン人国外在住生計支援資金（FELSF）スキームのもと、好条件で融資を得ることができた。

OWWAは経済危機によって解雇されたフィリピン人労働者に対し、特別にFELSFを紹介した。FELSFは2009年1月にアロヨ大統領主導のもと、[4]「包括的生計および緊急雇用プログラム」の一環として設立された資本金1億ペソの融資パッケージスキームである。経済危機の影響によって2008年10月15日以降に解雇されたフィリピン人労働者は、5万ペソを上限にFELSFの融資を受けることが可能となった。同融資は担保不要、利率5%、返済期間2年間、融資受け取りの90日後から返済開始というものである。申請者はまた、3日間の起業研修に出席することが義務づけられ、OWWAは事業計画作成に関する助言も行った。

２００９年12月時点では、４４６４人が融資を受け、融資額は2億４５８万９３１６ペソに上ったとされる（Opiniano, 2010b）。

世界経済危機の際の国際移住労働者に対するフィリピン政府の対応の特徴を表しているのは、アロヨ大統領によって２００８年12月4日に署名された行政令第２４７号および２４８号である。

行政令第２４７号は、ＰＯＥＡに対し、「建設労働者市場の動向に左右されない積極的な雇用戦略を立てる」ことを命じている。アロヨ大統領は7項にわたり、そのための具体的な行動（アクション）を命じているが、うち三つの項目が労働市場開拓に関するものである。

第1項

ＰＯＥＡは同庁の中心的役割を、フィリピン人海外移住労働に関する規制から、全力を挙げての市場開発、新規の大規模雇用市場の開拓に転換するという規範転換を実施する。

第2項

今後数週間のうちに、ＰＯＥＡは大統領に対し、世界の雇用マップを提出すること。その際、積極的に外国人労働者の雇用を行っている国々、つまりフィリピン人海外移住労働者にとっての従来の雇用地域である、いわゆる「コード・グリーン」地域に重点を置くこと。

第4項

ＰＯＥＡは各国の連絡先、国際的な雇用仲介業者、斡旋業者、ヘッドハンター等のリストの範囲を広げ、改訂すること。

行政令第２４７号のうち二つの項目は労働者の研修に関するものである。

第6項

技術教育技能開発局（The Technical Education and Skills Development Authority : ＴＥＳＤＡ）は、ＰＯＥＡによる積極的な労働市場開拓のラインに沿って、その活動の優先順位を再検討すること。

第7項

ＴＥＳＤＡは技術再訓練および技術向上プログラムを強化すること。

また行政令第248号では、フィリピン人国際移住労働者の「英雄的努力」を認め、経済危機の期間は、その影響を受けたフィリピン人労働者達に対して政府が「報いる時」としている。国・政府と労働者の互恵的関係にもとづき、労働者への恩返しを担う機関として、DOLEとOWWAが指定されている。

第3項

互恵プログラムの第1の内容は、フィリピン人海外労働者向けの生活支援基金を設立することである。基金額は2億5000万ペソで、政府系金融機関の支援を受け、OWWAによって拠出される。失業した海外労働者はこの基金から受ける援助を、事業の立ち上げ資金としたり、さらなる調査や研修に充てたり、その他の適切な経済活動の軍資金とすることができる。

第5項

互恵プログラムの第2の内容は、帰国した海外労働者が収入を伴う職につくための政府による全面的支援である。

当初ニノイ・アキノ国際空港に設置されていたヘルプデスクの設置範囲は拡大されることとなった。第7項では、「DOLEとOWWAは、帰国したフィリピン人労働者の経験や技術を地元の雇用とマッチングさせるヘルプデスクを、労働者がこのサービスが受けやすいよう全県に設置すること」としている。

興味深いことに行政令第248号は、その第9項において「帰国した海外労働者で、元々の渡航先以外の外国での就労を望み、そのための技術や能力を必要としている者のために、POEAは市場拡大の努力を行うこと」としており、積極的な労働者送り出しの側面も含むものとなっている。

DOLEはまた、経済危機の影響を受けたフィリピン人移住労働者を現地で支援すべく、雇用や福祉の専門家5名からなる二つの派遣団を2009年1月の第三週に台湾とアラブ首長国連邦（特にドバイ）にそれぞれ派遣した。彼らの任務は、解雇されたフィリピン人労働者についての情報を整理し、代替雇用や再雇用の確保を支援することであった。他の渡航先にこのような専門家を派遣したと言及している報告書はなく、またこれら二つの派遣団の成果についての公開された報告書もない。

この他のグッドプラクティスの例としては、韓国の外国人労働者短期受け入れ制度における求人枠に対し、失業したフィリピン人労働者の優先順位を上げるため、同国への労働担当官が労働省の代理として働きかけたことが挙げられる。

移住労働者は、彼らのためになされた個々の具体的な方策に加え、政府が経済危機に対応する中で策定した、より包括的な政策枠組みの対象にもなった。フィリピン中期開発計画(Medium Term Philippine Development Plan 以下MTPDP)2004~2010の改訂過程において、政府は経済危機の負の影響に対応するため、経済回復計画(Economic Resiliency Plan 以下ERP)を立ち上げた。ERPはその目標の一つとして雇用創出と雇用確保を掲げていた。改訂されたMTPDP(NEDA 2009)では海外におけるフィリピン人の脆弱性が指摘されており、「経済危機にあって特に脆弱なのは解雇される商業輸出部門の労働者と在外フィリピン人である。DOLEはこれらの部門で労働者を支援するための施策を行ってきている」としている。

2009年1月、DOLEは懸念事項に対する特定の措置や行動について協議する3者会合を開催した。この会合に続き、2月9日には「職に関する多部門首脳会議(The Multi-Sectoral Jobs Summit)」と「経済危機に際し手を携えて(Joining Hands Against the Crisis)」が開催された。これを一つのインプットとして受けてアロヨ大統領により2009年2月10日および13日にそれぞれ署名された、大統領令第782号(世界経済危機の影響を受けた労働者を支援する方策の制度化、空席となっている公務員ポストの一時的雇用策)および第783号(ERPの一環としての雇用創出および雇用確保を目的とする雇用介入)は、フィリピン人海外労働者にも適用されるものであった。

また、海外雇用は、経済危機の影響を軽減するための政府の一つの戦略である、農村サービス看護師派遣計画(Nurses Assigned in Rural Service:NARS)とも関連づけられた。NARSは、無給のボランティア・ナースの増加につながる未経験看護師の供給過多問題に対応し、同時にフィリピンの最貧地域における医療労働者の不足を埋め合わせることを目的とした計画である。同計画では、同じ県に居住している5000人の看護師が雇用され、彼らは農村地域での業務に6カ月従事することとされている。この間彼らには月々8000ペソの給料が付与される。6カ月の業務経験を積むことは、国内であれ海外であれ、今後彼らが次の仕事に応募するときに役に立つとみなされた。

総じて、経済危機に対する政府の対応は非常に多様であった。しかしながら、多くの施策は2008年10月から2009年3月の間になされたように思える。2009年3月以降は、経済危機の影響に対する懸念や、それを軽減するための方策が、あまり話題に上らなくなった。

海外雇用の制度化の現段階においては、経済危機の深刻さをはかる複数の取り組みが行われている。たとえば、主要受入国にPOLOが存在していることにより、政府はフィリピン人海外労働者が経済危機の影響をどのように受けているかについて迅速な評価を下すことができた。韓国においてPOLOが積極的に展開したように、POLOは経済危機の影響を受けた労働者達の環境改善や機会拡大において重要な役割を果たすことができるのである。POLOが行った、ドバイのフィリピン人海外労働者の状況評価からも、次にとるべき方策を考える際の情報の重要性は明らかである。

また、ヘルプデスクを設置することによって、雇用期間終了以前に帰国を余儀なくされたフィリピン人労働者について、彼らの受入国での環境や、どのような支援／サービスが必要とされているかといった重要な情報の収集が可能になったはずである。しかしながら、ヘルプデスクがどのように機能し、どのようなデータを収集できたかといったことに言及した報告書は見当たらない。

OWWA、POEAおよびTESDAといったさまざまな政府機関のデータから選び集めたデータを元に考えると、失業した労働者のうち1万2117人が、融資や雇用斡旋、研修等の形で政府からの支援を受けたと見られる（Opiniano, 2010c）。しかしながら今日に至るまで、ヘルプデスクに何件の問い合わせが寄せられたか、支援や援助を受けるための紹介を得た労働者は何人いたのか、実際に援助を受けられた労働者は何人いたのか、といった事実を明らかにしている報告書は存在しない。

4 結論

2000年代に入り、フィリピン政府が、毎年100万人の自国労働者を海外へ送り出すという目標を掲げ始めたとき、海外労働市場の開拓はフィリピンにとって自明の取り組みとなった。今回の世界経済危機が示したように、経済危機が訪れた際も、たとえそれが国家規模のものであれ、地域規模のものであれ、世界規模のものであれ、この政策課題は非常に優先順位の高いものとして位置づけられていた。

フィリピンからの労働者海外送り出し水準の推移は、同国からの労働移住が経済危機によって減速しなかったことを示唆している。同様に、海外からの送金も引き続きフィリピン経済を支えており、労働者の海外送出や海外からの送金は2008年、2009年とむしろ逆に増加している。解雇の規模もそれほど大きくはなく、主に台湾やアラブ首長国連邦に限られていた。

しかしながら、これらの指標によってすべてが表されるわけではない。労働者の海外送出水準が変わらず高いことはわかっても、経済危機の際の雇用の質や労働者の境遇まではわからない。解雇や本国への帰国はそれほど大規模でないかもしれないが、それだけでは、移住労働者が帰国を自由に決められなくなっている状況を見落としてしまう。海外送金も衰えを見せていないが、労働者が母国の家族を支えるために払っている犠牲がなくなったわけではない。

帰国を余儀なくされた労働者には通常、次のような道が示される。起業か、地元での再雇用である（Sabater, 2009）。帰国した海外労働者に対し、起業や地元での雇用を支援する基金が存在し、限られた数の人々に対して研修や起業資金が付与される。しかしながら地元での再雇用を選んだ労働者の人数や、彼らがどのような職に就いたかといったことはまったく明らかになっていない。

もし、母国に帰国せざるをえない海外労働者の数がもっと多かったなら、果たして政府はどこまで効果的に対応できただろうか。これは、解雇され脆弱な環境に置かれた労働者に対し再統合の取り組みが不十分であることを再度質す問いかけである。それを評価するには、開業資金や研修を受けた人々に対する追跡調査が有益であろう。開業のためローンを組んだ労働者の多くが、返済できずにいると示唆している報告もあり（Opiniano, 2010a）、失業した海外労働者に起業を促すという方向性には再考の余地がある。経済危機の間に解雇された移住労働者にとって、起業は必ずしも実のある代替案ではないかもしれない。

フィリピン政府は、国際空港や地域事務所や各州におけるヘルプデスクの設置や、フィリピン人労働者受入国のなかでも選ばれた国々にある41カ所のPOLOの報告を通じて、経済危機とそのフィリピン人海外労働者への影響をはかることを目的としデータを収集するための重要な一歩を踏み出している。これらの機関から集められたデータや、台湾、アラブ首長国連邦に派遣されている担当官から寄せられたデータは、政策立案に必要な情報をより体系立てて収集するうえでの指針を作成するため吟味され、処理され、分析されることになる。

2010年半ばまでのフィリピンにおける重要な出来事は国政選挙であった。これによりベニグノ・アキノ三世が同国第15代大統領として選出された。新内閣はグッドガバナンスの実現という公約を果たすべく高い期待をもって迎えられた。今後も、フィリピンからの移住労働は続いて行くだろう。願わくば、新しい指導者達が越境労働に対するより総合的なまなざしを持ち、それがいかに全国民の持続的発展に寄与できるかというテーマに自覚的であってほしいものである。

注

1 The *Asian and Pacific Migration Journal* vol.7, No.2/3は、１９９７年のアジア通貨危機が特定の移民送出国および受入国に及ぼした影響を評価する特集号となっている。

2 フィリピン開発研究所のジョセフ・ヤップによれば、フィリピンはその経済が持つ二層性によって経済危機の影響を免れたという。つまり、多くの貧困世帯が主流経済の影響を受けずにすんだためである。経済が停滞している時も好調な時も、貧困世帯が占める割合はほとんど変わらなかった。実際のところ、２００５年から２００７年にかけフィリピン経済がかつてない成長を見せた時期に、貧困家庭割合は微増して28・9％を占めていた（Lopez, 2009）。

3 タイの経済は１９９７年、２００８年の経済危機によって大打撃を受けたが、フィリピン人労働者の主要受入国ではない。

4 行政令第２４８号第３項（内容については本文参照）。

参考文献

Abella, Jerrie, (2010), "MidEast Top Destination for OFWs in 2010 ? Govt," *GMA News.TV*, 10 January, http://www.gmanews.tv/story/181227/mideast-top-destinat ion-for-ofws-in-2010-govt#, accessed on 16 January 2010.

Asian Migration News, (2009), September 2009, http://www.smc.org. ph/amn

Asis, Maruja MB and Fabio Baggio, eds., 2008, *Moving Out, Back and Up: International Migration and Development Prospects in the Philippines.* Quezon City: Scalabrini Migration Center in the Philippines.

Asis, Maruja MB and Golda Myra Roma, (2010), "Eyes on the Prize: Towards a Migration and Development Agenda in the Philippines." In *Brick by Brick: Building Cooperation between the Philippines and Migrants' Associations in Italy and Spain.* Edited by Fabio Baggio. Quezon City: Scalabrini Migration Center.

Baggio, Fabio, ed., (2010), *Brick by Brick: Building Cooperation between the Philippines and Migrants' Associations in Italy and Spain.* Quezon City: Scalabrini Migration Center.

Dela Pena, Gerry, (2010), "Remittances Sent by OFWs Reached US$17 Billion by End-2009 ? Arroyo," *BusinessWorld*, 5 January, http://www. bworldonline. com/main/content.php?id=4068, accessed on 6 January 2010.

Department of Labor and Employment (DOLE), (2009a), "DOLE Teams Formed to Assist OFWs in Taiwan and Dubai Amidst Global Financial Crisis," 24 January 2009, http://www.dole.gov.ph/news/details.asp?id=N000002277, accessed on 11 November 2009.

Department of Labor and Employment (DOLE), (2009b), "Despite Global Financial Crunch Growth in Employment, Boosts Economy, Over-all Welfare of Filipinos," 31 December, http://www.dole.gov.ph/secondpage.php?id=1127, accessed on 31 December 2009.

Department of Labor and Employment (DOLE), (2009c), "Debt Crisis Not Affecting Dubai Economy; Has Little Impact on OFWs," 19 December, http://www.dole.gov.ph/secondpage.php?id=1027, accessed on 29 December 2009.

GMA News, (2009), "Displaced OFWs from Mindanao Get P2.7M Gift from Arroyo," *GMA News*, 27 February 2009.

Jaymalin, Mayen, (2009), "Almost 1 Million Filipinos Lost Jobs at Height of Crisis-ADB," *PhilStar*, 12 November, http://www.philstar. com/Article.aspx?articleId=522463&publicationSubCategoryId=66, accessed on 29 December 2009.

Lopez, Edu, (2009), "Resilient RP Economy Avoids Recession in '09," *Manila Bulletin*, 27 December, http://www.mb.com. ph/node/2358 51/re, accessed on 29 December 2009.

National Economic Development Authority (NEDA), (2009), *Updated Medi-*

um-Term Philippine Development Plan 2004-2010, p.4. Available at http://www.undp.org.ph/Downloads/MTPDP%202004%2 0to%202010.pdf

Nieva, Ma. Aleta,(2009),"Uncertainty for OFWs in 2009," *ABS-CBN News.Com*, 7 January 2009.

Office of the President（OP),（2008a）, Administrative Order No.247, http://www.ops.gov.ph/records/issuances-ao/AO 247.pdf, accessed on 5 January 2009.

Office of the President（OP),（2008b), Administrative Order No.248, http://www.ops.gov.ph/records/issuances-ao/AO 248.pdf, accessed on 5 January 2009.

Opiniano, Jeremaiah,（2010a), "Crisis-hit Taiwan, UAE Post High OFW Displacement," OFW Journalism Consortium, Vol.9, No.4, pp.10-11, 31 March.

Opiniano, Jeremaiah,（2010b), "OFWs Default on Crisis-Support Loans," OFW Journalism Consortium, Vol.9, No.4, pp.3-4, 31 March.

Opiniano, Jeremaiah,（2010c), "Many Displaced OFWs Come from RP's Top Migration Regions-Report," OFW Journalism Consortium, Vol.9, No. 4, pp.5-9, 31 March.

Philippine Overseas Employment Administration,（2008), Annual Report 2008, http://www.poea.gov.ph/ar/ar2008.pdf.

———, OFW Statistics, http:/www.poea.gov.ph/ph/stats/statistics.html（a）Compendium of OFW Statistics,（2009）, http://www. poea.gov.ph/stats/2009_OFW%20Statistics.pdf

———, OFW Statistics, http:/www.poea.gov.ph/ph/stats/statistics.html（b）, Compendium of OFW Statistics,（2008）, http://www. poea.gov.ph/html/statistics.html.

Philippine Star,（2010), "OFW Deployment Up 11.7%," *Philippine Star*, 18 December, http://www.abs-cbnnews.com/print/82435, accessed on 6 January 2010.

Ruiz, JC Bello,（2010), "Saudi Arabia: Top OFW Destination in 2010," *Manila Bulletin*, 10 January, http://www.mb.com. ph/articles/2364 81/saudi-arabia-top-ofw-destination-2009, accessed on 13 January 2010.

Sabater, Madel,（2009), "RP Maintains Strong Migrant Presence Abroad," *Manila Bulletin*, 30 December,, http://www. mb.com.ph/articles/23 6324/rp-maintains-strong-migrant-presence-abroad, accessed on 5 January 2010.

Sison, Bebot Jr.., (2009), "Former Subic Base Workers Get Priority in Guam Jobs," Philstar, 27 March, http://www.phils tar.com/Article.aspx?articleid=452285, accessed on 25 January 2010.

＊本稿の草稿は、アジアの国際移住労働に関するプロジェクト、「アジアにおける移住情報システム（Migration Information System in Asia：ＭＩＳＡ）の一環として書かれたものであり、２０１０年５月６日にマニラでＩＬＯとスカラブリニ・マイグレーション・センター（ＳＭＣ）との共催により開催された、アジアにおける国際経済危機の移民への影響についての国際会議で報告されたものである。本稿執筆にあたりイザベル・ボークラークおよびキャサリン・ブエノ＝トリビオの助力を得た。ここに謝辞を記す。

アシス・マルハ・M・B
スカラブリニ移民研究所（フィリピン）研究出版部長。博士：社会学（Bowling Green State University）。専門はアジアにおける海外労働移住。特に移住労働者とその家族、女性労働者、非正規労働者に関する研究を行っている。現在の研究テーマはフィリピンに取り残された労働者子弟の保健福祉問題、移住労働者団体の能力強化等。アジアの海外移住労働者の包括的なデータシステム構築にも携わっている。*Asian and Pacific Migration Journal* および *Asian Migration News* 共同編集者。フィリピン大学社会学部准教授を経て現職。

［こんどう　あやこ］（訳者）
二松学舎大学非常勤講師。筑波大学大学院人文社会科学研究科国際政治経済学専攻博士課程単位取得退学。修士：国際政治経済学。専門はインドからの出移民問題、及び、パンチャーヤット制度。主な著作に「インド人ディアスポラ──海外移民全般」（『東南・南アジアのディアスポラ』（首藤もと子編著・駒井洋監修、明石書店、2010)。

◎第9章

中国の労働者送り出し政策

出稼ぎ市場の転換と政府の選択

岡室美恵子

はじめに

金融危機以降の中国から海外への労働者について、海外への労働者派遣企業をとりまとめる「中国承包工程商会」は、「中国から海外への出稼ぎはヨーロッパを中心に冷え込み、また需給のアンバランスから生じた契約詐欺や給与未払などの労使紛争が絶えない」と分析した上で、日本への送り出し状況については小幅な減少はあったが全体的に堅調であるとして、日本市場の拡大に期待を寄せていた。[1]

ところが、中国商務部[2]の発表によると、2009年末の各種在外労働者は77・8万人、08年に比べ、3・8万人増加した。2010年末は84万7000人で、前年比6万9000人増となり、金融危機後も増加の一途にある。また、世界銀行の推計によると、2010年の中国への国際送金額は510億ドルとなった。[3] この数字は、世界第2位となった同国GDPの0・9%にも満たないが、世界シェアではインドの550億ドルに次ぐ2位を占めている。

世界一の人口大国である中国からの越境労働は、今後とも各国の労働力市場にさまざまな影響を及ぼす可能性がある。本稿では、今日に至るまで拡大基調が続いている中国の海外労働力送り出し政策を取り上げる。とりわけ、金融危機後の出稼ぎをめぐる状況の変化と自国労働者の海外派遣に関する制度整備の展開について考察する。

1 金融危機と中国の海外労働力送り出し政策

(1) 金融危機後の労働力送り出し状況

中国が政策として進める海外への労働者の送り出しは「対外工事請負における外派派遣（工事請負派遣）」「対外労務協力」の2種類がある。前者は、「資格を持つ企業またはその他組織が、国外で契約し実施する請負工事に各種労働者を派遣する経済活動」で、労働者の雇用主は中国国内の企業である。一方、後者は「送り出し企業[4]と海外の雇用主との間で契約を結び、労務サービスを提供し管理する経済活動」として定められている。

図1をみると2010年の売上額は、対外労務協力は若干の減少が見られる一方、対外工事請負は18%の伸びを示している。金融危機前の状況が主に反映されている08年と比べても62・9%増となっている。10年8月に米誌エンジニアリング・ニュース・レコード（ENR）が発表した09年の国際請負業者トップ225社のうち、中国企業が54社を占め（最高位は中国交通建設株式有限公司の13位。同社は前年17位から上昇）、国際業務の売上高は前年比41・7%増の505億9100万ドルとなり、国別の企業数、売上高の両方で世界第1位となった。海外工事請負事業の拡大により、労働者の派遣も増加している。海外への労務輸出拡大が提示された第10次五カ年計画（以下「十・五計画」のように記載）が始まった01年当時の在外労働者は47万5176人で、その内訳は工事請負派遣5万9968人、労務協力41万4658人、設計コンサルタント550人で、労務派遣が87%を占めていた。[5]ところが09年の各種派遣39万4833人のうち、工事請負下での派遣は21万4208人で54・25%を占め、前年08年と比べても1万4142人増となっている。[6]

表1は2009年請負工事の相手国別の実績を示しているが、中東、アフリカ、アジアが10位までのほとんどを占めている。新契約額第2位となったベネズエラは、中国中鉄株式公司がベネズエラの高速鉄道建設の請負を獲得したことによる。契約金額は75億ドルで、ベネズエラにとっては石油部門以外で、中国にとっては国際建設市場で最大の契約額となった。このように、アフリカ、中東、アジアに南米も加わり、中国企業による世界各地域のインフラ建設事業が進んでいる。

これらの状況は労働力の送り出し状況の変化にも影響している。中国対外工事請負商会が発表した『対外労務協力発展報告2009～2010』によると、2009年、欧州向けの派遣は大幅に減少し、特にロシアによる受入れ制

図1　対外工事請負、対外労務協力売上額の推移

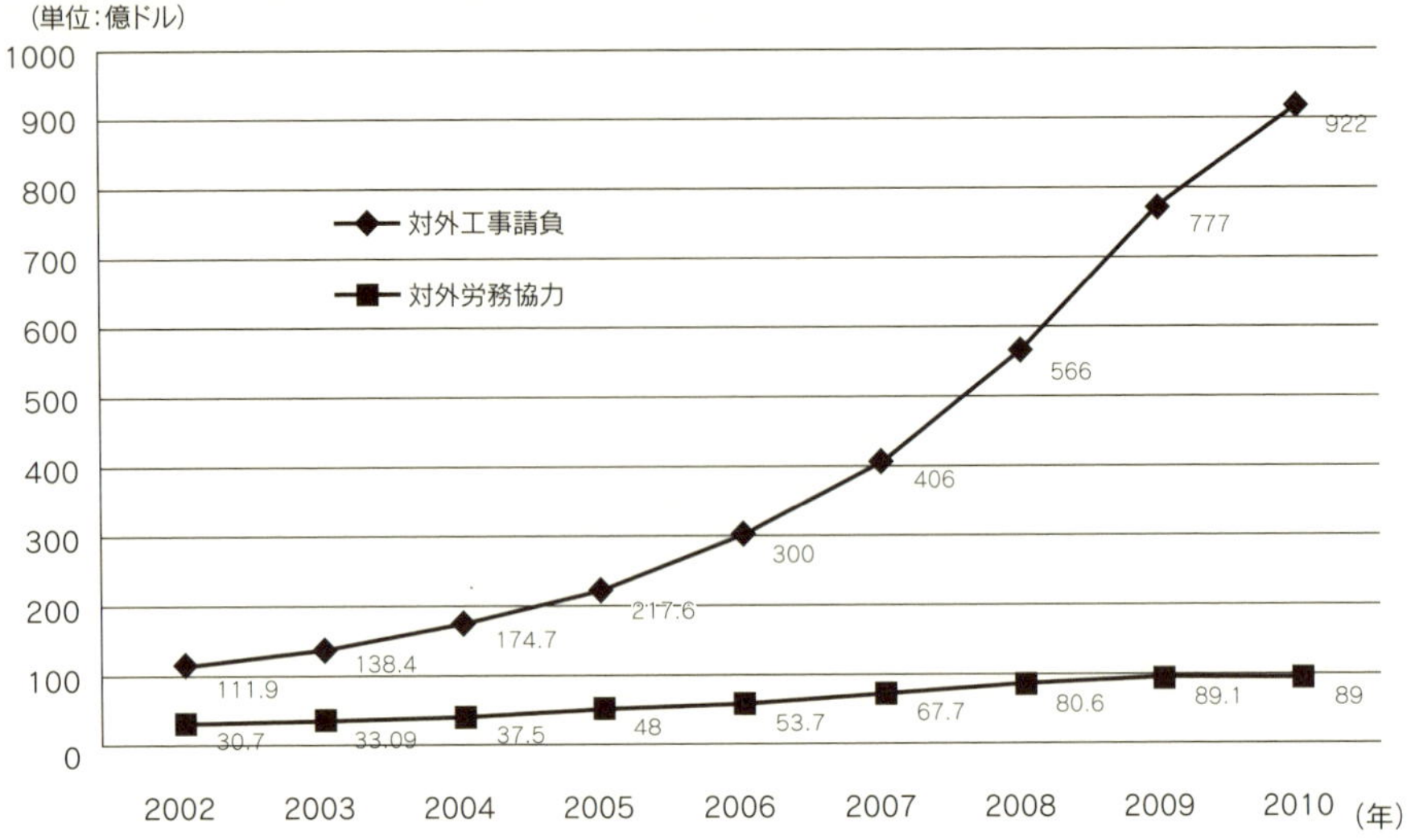

出典：商務部「対外承包工程業務、対外労務合作業務簡明統計」（2002〜2010）より作成。

表1　国別海外工事請負の新規契約額と売上額　2009年（単位：万ドル）

順位	国家（地区）	契約額	国家（地区）	営業額
1	イラン	1,147,436	アルジェリア	587,726
2	ベネズエラ	964,523	インド	579,396
3	インド	695,124	アンゴラ	486,189
4	サウジアラビア	590,926	サウジアラビア	359,158
5	リビア	583,992	UAE	354,167
6	ベトナム	448,557	インドネシア	264,688
7	スーダン	443,422	ベトナム	237,106
8	アルジェリア	399,568	イラン	210,376
9	ナイジェリア	394,527	スーダン	207,843
10	アンゴラ	372,250	ナイジェリア	200,352

出典：中国対外・承包工程商会『国際工程与労務』2010年第2期。

限強化の影響は大きく、取引額は、3・8億ドルから1・2億ドルへと、69・8％減少した。また、米国は前年比23％減、カナダは前年比16・9％減少であった。一方、活況なのがアフリカ市場で、前年比37・93％増となった。金融危機の影響が少なかったこと、また中国が受注した大型プロジェクトが増加していることが主な要因である。工事請負派遣の増加は、省別派遣状況にも顕著に表れている。表2は省別派遣数の推移を示したものであるが、陝西省は、09年、前年08年の16位から23

位へと順位を下げ派遣数は08年の35％にまで減少した。10年は大幅に回復し、10年の派遣状況は、08年比14・8％増となったが、延べ派遣数7638人のうち、4981人（全体の65・2％）は工事請負派遣で前年比3606人増であった。[7] 雲南省の2010年の派遣数は、1万1275人で前年比3262人増、省別順位は13位へと上昇したが、うち9762人は工事請負派遣だった。[8] 派遣数第1位の山東省は、対外労務協力を中心とした日本、韓国、シンガポールの伝統的な市場が回復し、この3国で、2万6000人を派遣した。その一方で、工事請負派遣の規模も1万6000人と大きく、前年比1・6％の伸びとなっている。[9]

中国商務部では、工事請負に伴う派遣をより奨励している。対外労務協力よりも利益幅が大きく、また、雇用主が中国国内企業となるため、相対的に管理がしやすいからだという。しかしながら、現地の雇用創出数以上に、中国国内から大量の労働者を派遣することから、中国バッシングも大きく、また、金銭的に豊かな中国人が事件に巻き込まれることもしばしばある。[10] 2008年8月、陝西省出身の2人の工事監督者が、パキスタン北部アップディールでタリバンに拉致された。同年10月、2人のうち1人が脱出、09年2月に残る1人が解放された。帰国後、期間満了を理由に解雇されたため、契約の不当解除として、未払い賃金、治療費、慰謝料など合計274万元の請求を求め、2人は工事施工者である大手通信メーカーの「中興通訊」と、その下請け企業で、派遣前に契約社員となった「江博公司」の2社を提訴した。

(2) 金融危機の影響と海外労務派遣環境の整備

中国から海外への労働力派遣は、新中国建国後、アフリカを中心とした発展途上国への対外援助事業として始まった。その経緯から、対外経済貿易部門（現商務部）が業務の管理を行っていた。その一方で、在外就業者の権利保護と管理を担っていた旧労働部（現「人的資源・社会保障部」）が業務範囲を拡大し派遣業務に参入したことから、2つの行政部門による二頭管理体制が続いていた。2008年、労働・社会保障部は人事部と合併し、人的資源・社会保障部へと改編され、対外労務協力業務は商務部による一括管理となり、それまで、二頭管理のなかで混沌と拡大してきた労働力派遣市場の「整理・整頓」[11]が始まった。さらに「対外工事請負、労務協力と設計コンサルタント業務統計制度の通知」に基づき、労働者派遣に関する統計データの包括的な整備が始まった。一方、対外工事請負に関しては「対外承包工程管理条例」が08年7月に公布された。

秩序形成のプロセスは予期せぬ必然性から加速した。金

表2　省、自治区、直轄市各種対外労働者派遣（単位：人）

2008年順位	2009年順位	2010年順位	省、自治区、直轄市	2008年派遣数	2009年派遣数	2010年派遣数	前年比増減数（09年）	前年比増減数（10年）	対08年伸び率（09年、%）	対08年伸び率（10年、%）
2	1	1	山東省	45,274	46,098	47,300	824	1,202	1.82	4.47
			うち青島市	7,387	7,730	6,393	343	▲1,337	4.64	▲1346
1	2	2	江蘇省	46,996	35,500	34,576	▲11,496	▲924	▲24.46	▲26.43
6	3	3	河南省	22,983	23,019	32,435	36	9.416	0.16	41.13
5	10	4	広東省	25,948	13,307	24,788	▲12,641	11,481	▲48.72	▲4.47
12	6	5	湖北省	12,453	15,911	22,372	3,458	6,461	27.77	79.65
3	5	6	福建省	27,842	17,945	19,182	▲9,897	1,237	▲35.55	▲31.10
			うち厦門市	4,675	5,199	5,803	524	604	11.21	24.13
4	4	7	遼寧省	27,041	20,123	18,291	▲6,918	▲1.832	▲25.58	▲32.36
			うち大連市	16,846	12,677	11,784	▲4,169	▲893	▲24.75	▲30,05
7	7	8	吉林省	19,163	15,707	15,972	▲3,456	265	▲18.03	▲16.65
9	9	9	上海市	16,173	14,028	15,910	▲2,145	1,882	▲13.26	▲1.63
8	16	10	浙江省	17,134	8,851	13,446	▲8,283	4,595	▲48.34	▲21.52
			うち寧波市	1,006	1,800	1,664	794	▲136	78.93	65.41
21	17	11	安徽省	12,749	14,620	12,631	1,871	▲1.989	14.68	▲0.93
	11	12	北京市	6,034	10,496	11,770	4,462	1,274	73.95	95.06
21	17	13	雲南省	5,032	8,013	11,275	2,981	3,262	59.24	124.07
18	13	14	湖南省	6,352	10,190	9,727	3,838	▲463	60.42	53.13
13	12	15	河北省	7,660	10,295	8,761	2,635	▲1,534	34.40	14.37
16	23	16	陝西省	6,648	2,335	7,638	▲4,313	5,303	▲64.88	14.89
23	15	17	天津市	4,550	9,941	7,066	5,391	▲2,875	11848	55.30
10	14	18	四川省	13,027	10,076	5,876	▲2,951	▲42,00	▲22.65	▲54.89
20	20	19	新疆ウイグル自治区	5,126	5,336	5,122	210	▲214	4.10	▲0.08
22	21	20	広西チワン族自治区	4,923	4,660	4,723	▲263	63	▲5.34	▲4.06
17	19	21	江西省	6,508	6,307	4,694	▲201	▲1,613	▲3.09	▲27.87
24	22	22	新疆生産建設兵団	3,422	3,126	3,813	▲296	687	▲8.65	11.43
15	18	23	黒竜江省	7,174	7,489	3,166	315	▲4,323	4.39	▲55.87
27	25	24	重慶市	660	1,639	1,790	979	151	148.33	171.21
25	24	25	山西省	2,662	2,022	1,224	▲640	▲798	▲24.04	▲54.02
26	26	26	貴州省	738	1,350	977	612	▲373	82.93	32.38
14	27	27	内蒙古モンゴル自治区	7,443	522	931	▲6,921	409	▲92.99	▲87.49
28	28	28	甘粛省	530	494	922	▲36	428	▲6.79	73.96
29	29	29	寧夏回族自治区	247	347	453	100	106	40.49	83.40
		30	青海省			57	0	57		
30	30	31	海南省	41	8	0	▲33	▲8	▲80	▲100.00
			総数	392,447	347,161	372,532	▲45,286	25,371	▲11.54	▲5.07

出典：中国商務部「対外労務派出人数排序表（市省）」2008～2010年より作成。

融危機後、東欧を中心にリストラ、収入悪化、仲介業者による詐欺行為などが原因で派遣先での労働紛争が後をたたず、特にルーマニアでは、中国人労働者が助けを求め、09年2月には同国への労働者派遣が全面禁止となった。また、北京では、「小小鳥」[12]「在行動」[13]など、国内の出稼ぎ労働者達が自ら設立した相互支援組織に、金融危機後、シンガポールなどからの帰国者から、給与未払いや不当解雇などに関する相談が寄せられるようになった。労使紛争の多発したルーマニア、ウクライナ、シンガポール、経済状況の悪化で外国人労働者を制限したロシア、韓国などへの派遣の比率が高い、または組織的な派遣を実施していた地域（吉林省、遼寧省、陝西省、内モンゴル自治区、山西省など）では派遣数が大幅に減少した（表2参照）。

前述のように、09年6月に、タリバンに拉致され帰国後解雇された元工事監督者2名が派遣元企業を提訴した。この直後に商務部と外交部が発布した「海外労務事件の予防と処置に関する規定」は、①在外大使館が所在地政府とコミュニケーションをとり、在外就業者の要求に傾聴し、定期的に巡回を行い、適時に労働者の動向を把握し、兆候があれば迅速に対応する、②「送り出した者の責任」原則に基づき契約を行った企業の責任の明確化とその企業を管轄する行政部門の監督管理を強化する、③「属地主義」の原則に基づき企業の登記地政府が責任を負い、事に及んだ場合は労働者の戸籍地及び関係した企業の所在地政府とも責任を分担することを定めている。また「外派労務市場秩序の整理・整頓を推進する特別行動計画に関する通知」により、労務輸出企業、在外就業仲介企業の非合法経営を取り締まる3カ月の特別キャンペーンが実施された。

２００９年5月、中国国務院が発表した「２００９年経済体制改革工作に関する意見」は、21世紀に入ってはじめての経済社会発展の困難な年となることを前置きとした上で各部門の重点課題を示した。その一つに対外労務協力管理対策を推進し関連立法にむけ作業を加速させることが記され、商務部は海外労働者派遣に関するはじめての包括的な行政法規となる「対外労務協力管理条例」の草案[14]作りに着手した。草案には客観的な雇用情報の提供、契約に記載する必要事項の徹底、出国前研修の確実な実施、海外雇用主とのコミュニケーション、海外傷害保険の加入、準備金の積立、労使紛争・突発事件応急マニュアル作成などの企業責任が含まれている。また、企業が労働者から契約担保金を徴収することをを禁じる代わりに、企業は労働者に対し契約履行保険への加入を要求できることを明確に規定した。組織的な派遣により賭博、風俗産業に関連する労務に従事させた場合、最高100万元の罰金と、5年以内の派遣業務禁止を科す条項も含まれている。

2009年は中華人民共和国建国60周年にあたり、北京では治安維持が最優先された年でもある。祝賀式典を翌月に控えた9月、商務部、外交部、信訪局（陳情局）が連名で「海外派遣労働者の陳情対応に関する緊急書簡」を発布し、既出「海外労務事件の予防と処置に関する規定」の徹底により、出稼ぎ帰国者の陳情行為を回避することを通達した。

海外における労働者の権利と安全を守ることは、中国政府にとって、国外での集団行為を牽制し、国内の治安維持とも直結する課題となっている。また、工事請負に伴う大型の組織型派遣が増えるに従い、中国人労働者をターゲットにした賭博や風俗産業なども現れ、出稼ぎ労働者のHIV感染も増えている。このため、不適切な行動の抑制と労働者の安全や安堵感の確保の両面から、共産党組織による各種サービスの提供や管理ネットワークの構築などの活動を通じた「党建工作[15]」も展開されている。

2 国内労働市場の新たな潮流

(1) 金融危機後の中国の労働力市場

金融危機の影響は、派遣先や派遣方式の変化を促進させる要因となっている一方、国内労働力市場にも影響を与えている。

中国には、「戸口（フーコウ）」と呼ばれる戸籍の制度がある。この制度は計画経済下で人口分布を厳格に管理するために作られ、農村戸籍と都市戸籍に分けられてきた。移動は難しく、また「戸口」がなければ、子供の就学や医療サービス、保険など居住地での福利厚生を受けることができない。ところが、1978年に始まった「改革・開放」政策が進展すると、年を追うごとに沿海都市部と内陸農村部の格差が拡大し、仕事を求め貧困地域の農村部から沿海都市部へ農民が流入する「民工潮」という現象が発生した。「農民工（略称：民工）」とは、農村戸籍を持ちながら、故郷を離れ遠地へ出稼ぎする、または地元に残っていても非農業の仕事に従事する農民のことである。

2008年秋に始まった金融危機が世界各地に影響を及ぼし始めると、沿海部の経済状況の悪化により農民工の就職難「民工慌（慌はパニックの意味）」が深刻化し、翌09年

2月、中央農村工作指導グループ弁公室は2000万人を超える農民工が帰郷したと発表した。[16]

ところが、中国国家統計局「2009年度農民工監測調査報告（以下、「09農民工報告」）」によると、09年末の農民工総数は2億2978万人、そのうち故郷を離れた農民工は1億4533万人で、08年末と比べ3・5％増加している。さらに、10年2月には、温家宝首相が出稼ぎ労働者不足を示す「民工荒（荒は不足の意）」現象に言及し、翌月開催された中国の国会にあたる「両会（全国人民代表大会と全国政治協商会議）」の議論では、「民工荒」は経済のV字回復や「1人っ子政策」論争につながる労働力不足のバロメーターとして登場した。

(2) 中国労働力市場の構造的変化

国内労働力移動の変化――選び始めた就業場所

「民工荒」は、2009年4月頃から沿海部で顕著となり全国的に広がっている。広州や深圳を中心とした珠江デルタ周辺は特に深刻化し、10年初めに200万人を超える労働者が不足したといわれている。これについて「ルイスの転換点」を通過した、つまり農村の余剰労働力の枯渇を示す現象との見方もあるが、珠江デルタ周辺の労働者不足がとくに深刻化した原因は二つ考えられる。まず、東部沿海部から内陸部への労働力の移動である。従来、大量の出稼ぎ農民が流れる先は、珠江デルタや上海、蘇州を中心とした長江デルタ地帯などの東部沿海部に集中していた。ところが、その出稼ぎ先に変化が生じている。図2は農民工の就業地域の分布比率の変化を示したものである。08年と09年を比べると、東部の占める割合が減少し重慶や成都などの中西部地域が増加している。農民工の平均月収をみると、中西部の増加率が東部に比べ大きく賃金格差が縮小している。これは近年、内陸部へのインフラ投資が奨励され、労働力の吸収率が高まったことが影響している。沿海部へ移動するための交通費の負担や高い生活物価などのコストを考慮し、実質収入増となる中西部へ移動する農民工が増えたと考えられる。

次に、農民工が減少している長江デルタと珠江デルタの状況をみると、長江デルタのほうが減少率は低い。これについては、2009年の法定最低賃金を比較すると、長江デルタの主要都市のほうが珠江デルタよりも高かったことが影響していると考えられる。10年春、沿海各地域は労働力の吸引力を高めるため軒並み最低賃金を引き上げた。広東省は月額1030元とし、一方、浙江省は全国最高額となる1100元を提示した。さらに、浙江省は全国ではじめて「両金一卡」という2つの給与保証金制度（給与支払保障金

図2　農民工の就業地域分布比率の変化

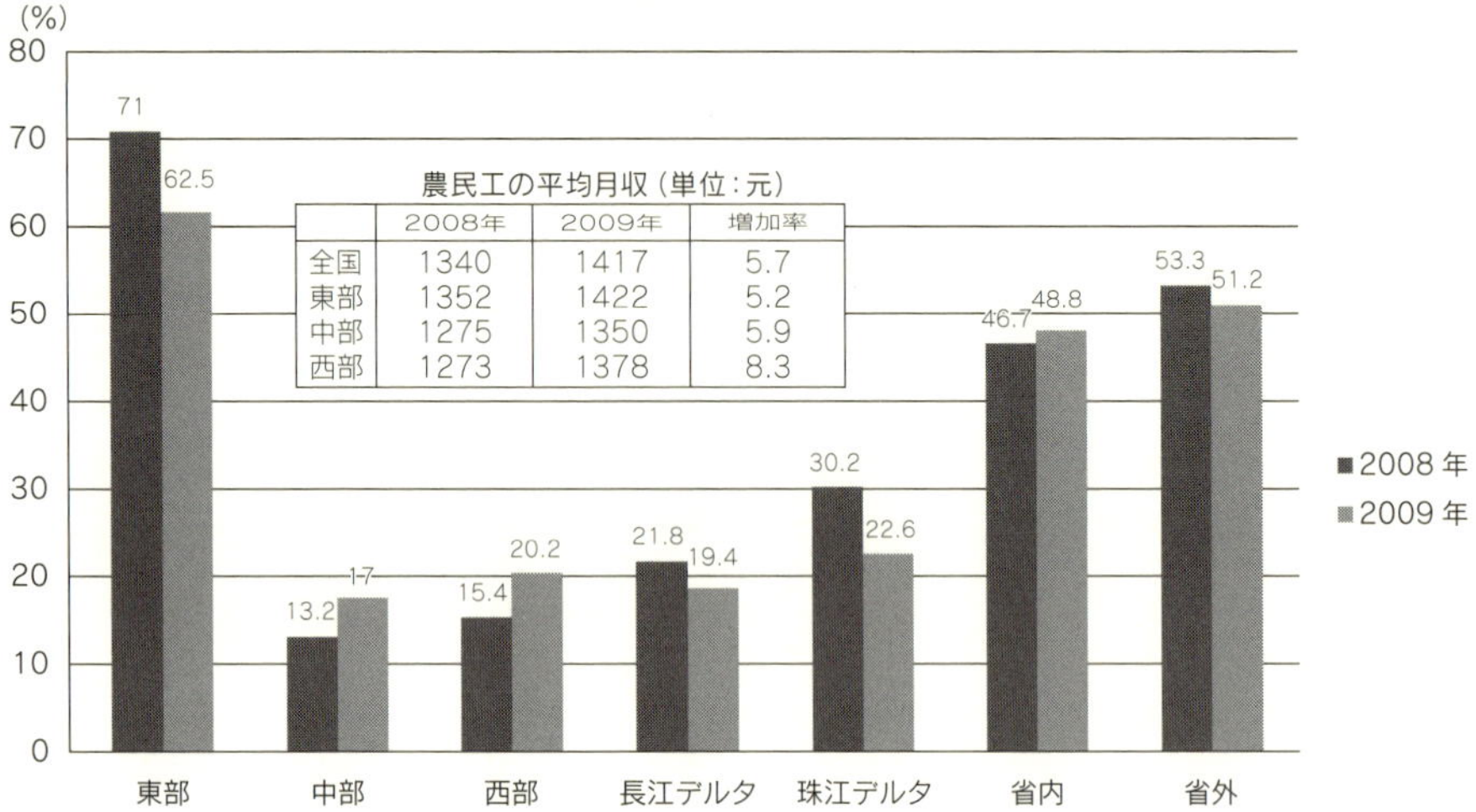

出典：『2009年農民工監測調査報告』より作成。

と給与不払緊急手当金）を導入し社会保障面でも先行していた。東部を中心とした賃金引上げ競争はその後も続き、11年4月現在、浙江省、広東省の最低賃金はそれぞれ1310元、1300元となり上海の1280元を超えている。

このような状況は海外への出稼ぎ傾向にも影響を及ぼしている。浙江省から海外への労働者派遣状況をみると、受け入れ国側が金融危機後の経済状況の悪化で外国人労働者の受け入れを制限する一方、人民元高により海外出稼ぎと省内出稼ぎによる収入格差が大幅に狭まったため、期限前帰国者が増加し、出国希望者は減少した（表2参照）。

「09農民工報告」の結果では、外地の出稼ぎ先が変化しているだけでなく、同じ省内など近場への出稼ぎも増えており、農民工は、賃金、コスト、保障を総合的に検討し、より合理的な選択と移動を始めたといえよう。

労働力構成の変化——仕事と職場と生活を選ぶ若い世代

では、なぜそのような選択をし始めたのか。「09農民工報告」によると、農民工の約6割を16歳から30歳の若者が占めている。このような80年代90年代に生まれた若い農民工は「新世代農民工」と呼ばれ、大半は、出稼ぎに来た親とともに都市部で生活してきたか、地元で「留守児童」として育ち、修学後すぐに都市部で民工として働き始め、農業、農村、土地や農民などについてあまり知らない。[17] 26%が高卒以上で、年齢が低くなるほど平均学歴が高い。彼らは、教育水準、職業期待感、物質・精神的欲求は高いが、忍耐性が低い「三高一低」の特徴を持つと言われ、中国政府が最も注意を払っている集団層の一つである。

2010年春、賃上げを求め若い工員が次々と飛び降り自殺した台湾系の「富士康」や、日中間の賃金格差がやり玉にあがった「広州ホンダ」など外資系企業の中国人労働者による「罷工潮(ストライキブーム)」が国際社会を震撼させた。その中心的存在となったのが「新世代農民工」である。彼らの親たちである農民工第一世代とは違い、ただ働いて収入があるだけでは満足せず正当な待遇に対する関心が強い。それを勝ち取るためには、通信ツールを活用し情報収集をかかさず、法的な権利意識に基づく行動に出やすい。日本企業が募集する研修生は40歳くらいまでで、新世代農民工の年代とじょじょに重なりつつあるが、昨今「研修・技能実習制度」における待遇や条件に関する訴訟が増えている。これは、弁護士会などのサポートが広がっていることもさることながら、中国人研修生に関しては、研修生本人の権利意識が強くなっていることが影響していると考えられる。[18]

『広州消費青書2009』によると、第一世代の80~90%は仕送りをしているが、新世代農民工の65~70%は自分のために使い、仕送りはしないという。約7割が携帯電話またはモバイルツールを所持し、生活費に占める通信費の割合が15~25%程度と高い。第一世代が食べたいと思わないファストフードも好んで食べ、トレーニングなど自己投資欲が強く、起業に対する関心も高い。給与はもちろん高いほうを選ぶ。しかし給与だけでは満足しない。また、現在働いている都市で「市民」としての権利を強く希望している。この点について、『中国青年報』が2010年3月に都市在住の青年を対象にネット経由で実施した調査では、新世代農民工の41・4%が現在就業している都市での定住を希望すると答えている。[19]

毎年、共産党中央委員会の最初の発信文書(一号文書)はその年の最重要課題に関する文書となっているが、2004年以降、農業、農村と農民のいわゆる「三農問題」を取り上げている。10年には「新世代農民工」問題の解決がはじめて記された。現行第12次五カ年計画(「十二・五計画」)は、就業、居住、保険のほか子女の教育についても言及している。80年代生まれの農民工は、すでに子女を持つ年齢となりつつある。新世代を中心とした出稼ぎ労働者達が、金融危機をきっかけに、職業、勤務地、生き方の選択を志向し始めている。

3 金融危機後の労働力市場への対処

(1) 労働力移動の規制緩和

人手不足解消の障碍の一つと考えられる戸籍制度については、すでに、13省市で農村戸籍と都市戸籍の区別撤廃が開始されているが、沿海部の大都市では依然として高いハードルである。２００９年、広東省は中山市で農民工の都市戸籍転入を試験的に導入した。翌10年6月、省政府が「農民工ポイント制都市戸籍転入に関する指導意見（試行）」を公布し、大規模な戸籍の開放がスタートした。この文書に基づき、12年までに１８０万人前後の農民戸籍者の都市戸籍への転入を奨励するという。具体的には表3のような基準で加点し、合計点が60点を超える農民工は都市戸籍への転入を申請できる。11年2月末現在10万４０００人の農民工がすでに都市戸籍を取得している。[20]

都市戸籍を取得するには、一つの都市で長く就業するほうが有利である。この政策により、広東省内で就業するインセンティブが高まる可能性は高い。80~90万人の労働者不足が存在するという深圳市では、これまでも「招調工」という制度で必要な技術工に対し一定数の戸籍転換を認めてきた。人材確保を急務とする同市は、新規定と現制度を合わせた合理的な施策を次々と打ち出している。２０１１年、身分証番号と社会保険番号で個人の現ポイント数を査定するＷＥＢ申請システムを公開した。

(2) 送り出し政策の新たな進展——対外労務協力改革

商務部は「２０１０年対外投資協力工作の指導要点」の一つに対外労務体制改革の深化を掲げ、組織化され管理体制の整った対外労務協力の展開、保障と規範の強化、行政部門・地方政府・企業の責任の明確化による労働者の合法的権利の維持、政府部門による公共サービスの強化、国内外の労働力市場の総合的な按配による発展、「派遣した者の責任」「属地主義」の原則の貫徹により国家のイメージと名声を維持し、第11次五カ年計画（「十一・五計画」）を完遂することを示した。

この内容に基づき、２０１０年6月、商務部は「対外労務協力企業信用不良記録の試行規則」を定め、国内の企業・仲介組織、在外の雇用主・仲介組織・自然人による違法行為、労働者の合法的な権利の侵害事例や、違法労働者の情報を収集・整理し、同部のホームページに公開することとなった。8月、遼寧省の多数の企業がスウェーデンに派遣した３００名のブルーベリー摘み要員が、不作により期待収入を得られず、航空チケット、住食などの費用が払

表3　広東省都市戸籍転入申請のためのポイント表

学　歴	中卒5点、高校、中専、中職20点、大専60点、大学卒以上80点。
職業技術	初級工10点、中級工30点、高級工50点、技師60点。
社会保険	養老、都市医療、失業、労災など、各保険加入1年につき1点（上限50点）。
社会活動	5年以内の社会活動（例：献血1回につき2点）。ボランティア（50時間ごとに2点）。

出典：広東省人民政府「農民工ポイント制都市戸籍転入に関する指導意見（試行）」。

えず生活難に陥った。同月、商務部と外交部は連合で、省級[21]政府宛てに「対外労務協力工作の遂行に関する緊急通知」を通達した。この通達は、対外労務協力改革工作の完遂と、労働者の合法的権利の保護のため、地方政府による管理監督の強化、仲介方式による責任不在の厳禁、対外投資協力在外人員登記記録制度の構築、季節性労働者派遣の禁止、プラットフォームの建設などを示している。さらに、商務部と外交部など7行政部門が合同で「在外中国資本企業の人員安全管理規定」を発布した。このような対策により、10年末現在、労使紛争と突発事件は09年に比べ72%減少したと商務部は報告している。

海外へ労働力を送出する、または送出する可能性のある地域の政策として、これまで「外派労務基地」の建設が行われてきた。四川省政府は、早くも2000年に「外派労務基地建設強化に関する意見」「四川省外派派遣基地管理暫定規則」を発表し、外派派遣基地建設に関する指針を示している。外派労務基地とは「県級以上の人的資源の豊富な地区に設置し、組織的な対外出稼ぎ労働者の募集、トレーニング、管理、監督とサービス提供を主要任務として、対外労務協力企業と協力し、地域の対外労務協力業務を発展させるための基地」である。商務部傘下の「対外工事請負商会」が基地の建設と指導、認定基準の設定を行い、基地に設置されるサービスセンターは、政府の公共サービス機構である。

(3) 対外労務協力サービスプラットフォームの建設

2010年7月、商務部、外交部、公安部、工商総局が「対外労務協力サービスプラットフォームの建設試行規則」を発表した。「対外労務協力プラットフォーム建設」とは、外派労務基地政策を拡充、深化させた政策であり、地方政府自ら、対外労務協力企業に労働者を提供する唯一のプラットフォームを設置する政策である。その目的として①対外労務協力管理体制改革の推進、②海外および国内の労働市場のトータルな調整③政府部門によるサービスの強化、④正規ルートによる出国の引導、⑤労働者の合法的権利の保護を掲げている。労働者派遣数が1000人を超える県級以上の行政区域は、早期にプラットフォームを建設し、各省級商務部門は各地のプラットフォーム建設の状況を商務部に適時報告し、商務部は定期的にリストを公開することになっている。具体的には以下の業務を行う。

・労働者・派遣企業の無料のマッチング情報の提供。
・労働者の応募窓口の設置。情報、統計管理システムの確立。
・信頼できる募集情報の広告。外派企業への労働者の推薦、組織的募集。
・契約、労働保障の監督。
・政策情報の提供、コンサルティング。就業指導、認証、身体検査、保険。出国前研修。
・労働者への宣伝、教育。出国後フォローアップ。在外労働者の動態掌握。
・労使紛争の調停と法的なサービス。
・帰国者の就業、企業支援。
・その他必要なサービス。

また、違法な募集ルートを厳しく監督するため、企業の経営資格・プロジェクトの詳細、募集派遣状況、募集情報の信ぴょう性、契約の合法性、労働者の権利と義務の公正性、手数料基準、生活条件などの確認、派遣業務の規範化の推進などの責任を負うことも定められている。

政府のマクロコントロール化と権限の移譲をすすめる中国政府は、２０１０年9月、第5期１８４項目の行政審査の廃止と下部行政への権限移譲を決定し、対外労働力送り出し企業の経営資格の審査を省級商務部門が担うことになった[22]。

「送り出した者の責任」「属地主義」の原則を規範化し、地方政府主導で労働力の送り出しを運営するための実践が進展するなかで、注目したいのは、国内労働市場と海外への送り出しの包括的な調整機能を送り出し元の現地政府が担う点である。これにより、地域間での多角的な労働力の調整が進むことが予想される。湖南省商務庁対外合作処が山東省青島市の対外経済業務を視察調査した際の報告で「山東省は日本とシンガポールに2万５０００人程度派遣しているが、山東省が招集できる労働者は9割程度で、残り２５００人の不足を他の省市から募集しており、青島は派遣する労働者の不足解消のため、河南、重慶と協議書を結んでいる。湖南省も協定を結び日本・シンガポール向けの派遣を拡大させるべきだ」と提言している[23]。このような「借船出海（船を借り海へ出る）」方式は、沿海部の工事請負企業や派遣企業のブランドを利用し内陸部から労働者を送出する方式として、以前から実施されているが、地方政府主導のプラットフォーム体制により地域間での調整がより効率化され、大規模に行われる可能性がある。一方、中部地区経済の台頭や西部地区の大開発戦略の実施などの原因で「用工荒（労働者不足）」の状況が、沿海部のみならず中西部でも蔓延していることについて「人的資源・社会保障部」が言及し[24]、北京市は、対処策として近隣の河北省などの現地政府と共同で労務基地を設置し、労働力情報ネットワークを構築していくことを明らかにしている[25]。

(4) 第12次五カ年計画と労働力の海外送出

中国は5年ごとに国家戦略の根幹となる「五カ年計画」を定めているが、この計画を時系列に追うことにより、特定政策の変遷過程を探ることができる。国内就業問題の解決策としての海外への労働力送出に関する記載に着眼すると、第8次五カ年計画（「八・五計画」、1991〜1995年）では、当時「待業」と呼んでいた失業問題の解消策に労働力輸出が登場する。前年1990年に出された「労働就業工作に関する国務院の通知」には「地域の事情、ニーズにあった社会サービス性の事業へ待業人員を動員、配置する。十分に中国の労働力資源の優勢を発揮し、対外労務輸出を拡大する」と記されている。十・五計画（2001〜2005年）では「下崗（レイオフ）」労働者の就業問題が五カ年計画にはじめて登場した。社会主義体制における就業概念の転換を示唆し、02年中国共産党中央と国務院が発布した「下崗（レイオフ）・失業人員の再就業工作を遂行することに関する通知」においては、就業チャネル拡大の一方策として「域外労務協力と対外労務輸出の促進」が明示されている。

十一・五計画（2006〜2010年）では、主に農村部の貧困対策としての労働者送り出しが記されている。国務院扶貧弁公室は、同時期の貧困扶助政策の目標の一つに農村世帯1戸ごとに1人以上に対し、出稼ぎのため、または農業技術のためのトレーニングを受けられることを挙げた。また、湖南省では、農村開発のためのマイクロファイナンスを出稼ぎ費用に適用する政策が06年にスタートした。

十二・五計画（2011〜2015年）ではどうなるのか。中国共産党中央委員会が2010年秋に発表した「国民経済と社会発展第12次五カ年計画の建議（提言）」では「海外での工事請負を発展させ、農業の国際協力を拡大し、国際エネルギー資源の互恵的協力、現地の民生の改善に役立つプロジェクトの積極的に実施する」という経済大国としての対外協力戦略の積極的な展開が示された一方、労務協力に関する記述はなかった。ところが11年3月、全国人民代表大会で最終的に通過した「国民経済と社会発展第12次五カ年計画綱要」では「海外での工事請負と労務協力を発展させる」という記述に変更された。

では、送り出す労働力の主力である農村労働力については どうか。十二・五計画に日本の経験を参考とした所得倍増計画を記載するか否かが焦点の一つになっていたが、最終的に「GDP成長年率7％、都市部の就業人口4500万人、登録失業率5％以内」として都市部の可処分所得、農村部の純収入の増加率を年7％以上とする目標が盛り込まれた。この目標値を達成するために「第6章農民増収チャネルの拡大」が設定され、①農業経営・農業関連収入の確実な上昇、②賃金収入増加の努力、③健全な補助金、保険制度の3項目が記された。②については「技能トレーニングと就業情報サービスの強化、労働力送出マッチングの展開、余剰労働力に対する秩序ある出稼ぎの引導、都市と農村労働者の就業の平等、農民工の賃金水準の引き上げ、近場での非農業就業の促進、起業支援」を挙げ、十一・五計画で貧困対策の一つとなった海外への労働力送出に関する具体的な言及はない。その代わりに、国内労働市場に重点を置いた「救済援助の代わりに仕事を与え、農民の労務収入を増やす努力」が謳われている。一方、「第31章就業優先戦略の実施」においては、学部卒を中心とした高学歴失業者、農村からの移転労働力、都市部就業困難者の就業を促進するために、労働力密集型産業、サービス業、ベンチャー企業の大幅な発展などあらゆる方法を講じ就業起業の規模を拡大させることが記されている。その具体的な方策として掲げられているのが、就業支援政策の整備、公益性職種の開発、対外労務協力の奨励である。既述のとおり、対外労務協力の奨励は、共産党中央の提出した「建議」には入っていなかった。しかしながら、十二・五計画は「就業促進を経済発展の優先的課題とする」ことを中心的な指針の一つに掲げている。GDP成長目標率が十一・五計画の7・5％から7％へと下降された状況下で、失業者対策増強のための多様な就業チャネルの選択枝として対外労務協力が再浮上したと考えられる。

おわりに

これまで述べてきたように、中国の労働者は、合理的で有利な選択を始めている。海外への出稼ぎはこれまでのような絶対的優位とはならない。金融危機はその転機の一つとなった。しかしながら就業促進策の一選択として十二・五計画に再浮上し、また、短期間で名目国民所得を増大させるには効率的な手段と考えられているため、他の選択肢と比較して経済合理的に優位となるうちは、継続的に展開され、特にこれまで労働力派遣にあまり縁のなかった内陸の農村部で積極的な送り出し政策がしばらく続くだろう。

雲南省商務庁によると、雲南の人々は、伝統的に〝家郷宝（冒険より郷がいちばん）〟の観念が強く、出稼ぎ志向が弱いという。２００７年、省初の外派労務基地を楚雄彝族自治区に建設した。その年に海外へ派遣した労働者は１０００人余りであったが、既出表2のとおり、毎年３０００人程度増加し、10年には1万人を超えた。外派労務基地は21地域に設置されている。「沿海部では、経済発展により、派遣先国の給与水準ではもはや吸引力がない。派遣会社は照準を中西部に合わせている。一方で、雲南省が進める積極的なプロモーションの効果である」と省商務庁は説明する。[26]また、高度技術工派遣産業への転換をめざす一方、低賃金ゆえに空白となっているハードルの低い労働集約型産業への派遣を、却って戦略的に進める地域もある。

海外への労働者派遣政策は、中央政府による管理監督から地方政府の選択へと転換しつつある。それは「対外労務派遣サービスプラットフォーム」建設の目的の一つに、国内外の出稼ぎ労働市場のトータルな調整が挙げられているように、農民の増収を目的とした、地域経済と労働力配置の包括的なデザインが、権限と責任を下放された現地政府主導による調整のなかで、実施されていくことを意味する。

注

1　中国承包工程商会『中国対外労務合作発展報告２００９－２０１０』。
2　貿易と経済を管轄する中央行政機関。「部」は日本の「省」に相当する。
3　The World Bank, *Migration and Remittance Factbook 2011*.
4　11年6月現在、認可されている企業は、対外労務協力企業１０３9社、境外就業経営企業32社、対外工事請負企業３０２２社（商務部ＨＰより）。
5　『中国対外経済貿易年鑑２００２』中国社会出版社。
6　同脚注1。
7　陝西省商務庁「陝西省対外承包工程、対外労務合作和境外投資業務簡明快報」２０１０年1－12月。
8　雲南省対外労務合作「２０１０年雲南対外投資合作業務簡況」。
9　人民網天津視窓「山東２０１０年外派労務人数全国第一」２０１1年1月22日。
10　２００７年4月「オガデン民族解放戦線」の武装集団とエチオピア東部ソマリ州の中国企業の油田開発現場を警備していた兵士１００人が交戦し、中国人9人とエチオピア人65人が殺害された。08年10月には、ペトロ・チャイナ（中国石油天然ガス集団公司）から派遣された労働者9人がスーダン、アビエイ近郊で、スーダン人運転手に誘拐され、5人が殺害された。また南アフリカでは銃をもたず、現金取引が中心の中国人を狙う強盗殺人も多発している。
11　組織、作風、やり方などを徹底して整理し、秩序ある形にすること。
12　99年、河南省の出稼ぎ青年魏偉により設立。労使紛争の仲裁と就職情報の提供を主な活動とし、年間1万人近い賃金未払者のサポートを行っている。

13　06年、山東省の出稼ぎ青年馬陽らにより設立。年間1万人を超える無料就職案内のほか、法律、文化、健康、教育面での相談サービスを提供し、出稼ぎ労働者が都市生活に溶け込み、スムーズな労使関係が構築できることを目的としている。

14　国務院法制弁公室「関於『対外労務合作管理条例（征求意見稿）』公開征求意見的通知」により2010年にパブリックヒアリングを実施し、2011年6月現在、草案作成の最終段階に入っている。

15　共産党への入党と、党組織の設置を推進すること。

16　2009年2月2日、国務院新聞弁公室主催記者会見において中央財経領導グループ弁公室副主任、中央農村工作領導グループ弁公室主任陳錫文が発表した。

17　深圳市総工会、深圳大学労働法と社会保障研究所が2010年に実施した「深圳新世代農民工生存状況調査（有効サンプル数5000）」では農業経験者の割合はわずか14・6％であった。

18　最近の事例として、外国人研修・技能実習制度で来日した中国人女性4名が、受け入れ先の天草市の縫製会社で早朝から深夜まで時給約250円で働かされていたことに対し、縫製会社、事業協同組合プラスパアパレル（一次受け入れ機関）、JITCOに対し未払い賃金や慰謝料を求めた。2010年1月29日、熊本地裁は未払い賃金のほか、パスポートや預金通帳の取り上げなどについて「人格権を侵害するもの」と認定し、一次受け入れ機関の責任をはじめて認める判決となった。

19　「41・4％的〝新世代農民工〟希望定居目前工作都市」『中国青年報』2010年3月10日。

20　2011年2月28日「広東省農村工作会議」の席上で広東省長黄華華が明らかにした。

21　中国の行政区分：省級（直轄市・省・自治区・特別行政区）、地級（市・地区・自治州・盟）、県級（市轄区・県級市・県・自治県）、郷級（鎮・郷・街道）。

22　商務部「対外労務協力経営資格許可に関する関連事項の通知」。

23　湖南省商務庁「湖南省商務庁対外経済合作処赴山東、青島外経工作調研報告」2010年5月12日。

24　「人社部：用工荒有向中西部蔓延趨勢（実録全文）」『人民網』2011年3月8日。www.people.com.cn

25　「北京将与労務輸出大省〝結親家〟」『京華時報』2011年2月23日。

26　雲南省商務庁「1－7月我省対外労務合作情況簡析」2009年9月10日。

参考文献

笹川平和財団（2010）『外国人労働者問題をめぐる資料集Ⅱ』
岡室美恵子（2011）「中国の経済成長と高齢化がもたらす、アジアの労働力争奪」安里和晃編著『労働鎖国ニッポンの崩壊』ダイヤモンド社
蔡昉、王美艶（2007）「農村労働力余及其相関事実的重新考察——一個反設事実法的応用」『中国農村経済』社会科学院農村発展研究所、vol.10
馬欣欣（2010）「人口、労働市場の構造変化——ルイスの転換点と『民工荒』」『経済セミナー』日本評論社 No.8/9

［おかむろ　みえこ］
笹川平和財団主任研究員。東京大学大学院総合文化研究科博士課程単位取得退学。非営利組織論、現代中国論、少子・高齢化社会の社会政策が専門。著作に『中国のNPO』（共著、第一書林、2002）、「現代中国における国家＝市民社会関係の考察」（『国際開発研究』7、2008）、『世界の介護保障』（共著、法律文化社、2008）、『労働鎖国ニッポンの崩壊』（共著、ダイヤモンド社、2011）。

◎第10章

潜在的脅威から潜在的市民へ？

「移民問題」がアメリカへ提起する問題

大井由紀

はじめに

2010年5月1日のメーデー。この日アメリカでは、70を超える都市で大規模な抗議運動が展開されていた。なかには、「人種主義にノーと言おう。われわれは皆人間だ」「夢を見るのに国境線は関係ない」と書かれたプラカードを掲げた参加者たち、あるいは「わたしたちがいるから、アメリカは機能している」「不法な人間などいない」とプリントされたTシャツを着た参加者もいる。警察発表と主催者側の発表で数に開きがみられるものの、ダラスで2～2・5万人、シカゴで8000～2万人、ヒューストンで7000人、アトランタでは5000人が抗議した。メーデーのデモとして2006年以来最大規模のものとなったロサンゼルスでは、カトリック枢機卿のロジャー・マホーニー（Roger Mahony）やキューバ系歌手のグロリア・エステファン（Gloria Estefan）らも含む4～6万人の人から、スペイン語で“Si, se puede”というシュプレヒコールが飛んだ。これは英語で“Yes, we can”、言うまでもなく、オバマ大統領が大統領選挙戦中に頻繁に訴えたフレーズである。[1]

これに先立つこと約1週間前の4月23日、アリゾナ州のフェニックスでも2000人規模のデモが起きた。「私たちには権利がある」、こうした主張が書かれたプラカードを手に集まった人々が抗議したのは、同日にアリゾナ州知事（Janice Brewer 共和党）が署名した移民法案（Support Our Law Enforcement and Safe Neighborhoods Act）であった。そもそも、連邦法により移民は政府に登録し、常に身分証明書を携帯することが求められている（Immigration and Naturalization Act, Section 264）。本法案の要点は、不携帯を「犯罪」とし、逮捕の対象とすることである。連邦政府が発行した身分証明書により法的な身分が確認されるまで、拘束される。そのため地元警察には、「不法滞在が疑われる人物」であれば誰でも呼び止めて尋問し、逮捕できる権限が与えられた。

アリゾナ州としては、州内で増え続ける非登録移民（密入国ないしオーバーステイによる）――２００９年で推計46万人、大多数がヒスパニックで、とくにメキシコ系が多い――から生じる問題（後述）を解決するための方策であった。しかし、州人口の約3分の1を占めるヒスパニック系の人々は、「不法滞在が疑われる」根拠に人種・エスニシティが用いられる（racial profiling）可能性を指摘、人種主義的法だとして抗議した。フェニックス市市長（Phil Gordon）も「われわれを分裂させる」法であると非難した。また、ロサンゼルスやサンフランシスコの市議会はアリゾナに対するボイコットを承認、ヒスパニック系を支持層にもつオバマ大統領も、「誤った方向へ導くもの」と批判した。司法省も、移民法は本来連邦政府の管轄であることを理由に、連邦裁判所に新法の差し止めを求めた。そして施行予定日の前日である２０１０年7月28日、警察による尋問を含む主要部分については仮差し止め命令が下された（United States of America vs. Arizona, United States District Court for the District of Arizona）。これを受け、アリゾナ州は上訴した。

しかし、この上訴から推測できるように、新法への支持は続いている。複数の世論調査によれば、賛成派の方が多いという結果が出ている。[2] また、さらに厳しい移民法制定をめざす声もある。知事に近い政治家が、次のステップとして「妊娠中の外国人が、われわれの国でテロリストの子どもを出産するために国境線を越えてくるのを阻止しなければならない」と述べたという報道もあった。[3]

こうした新法が提案された背景の一つに、２００８年の経済危機があることは否めないだろう。アリゾナでは、２００７年1月には3・9%だった失業率は、翌年1月4・5%、２００９年1月8・0%、２０１０年には9・2%と、経済危機を挟んで倍増した（US Department of Labor, Bureau of Statistics）。国全体では、２００７年秋から２００９年春までに約６００万の失業者が生まれた。外国籍労働者は２４００万人いるといわれているが、非登録移民はその3分の1を占める（Martin, 2009, p.676）。経済状況が悪化するなかで、もともとアメリカ人から低賃金職を奪う脅威として非難されてきた移民に対し（Crain & Matheny, 2001）、規制が厳格化されるのは奇異なことではないだろう。[4] 移民政策は、従来連邦政府が責任を負ってきたものの、州が独自のものを打ち出したり、移民法の厳格化が求められるようになってきているのは、アリゾナに限ったことではない。アリゾナのケースは「もっとも厳しい移民法」として報道され、[5] 耳目を集めたが、２０１０年11月10日時点では、ペンシルベニア、イリノイ、ロードアイランド、ミシガン、ミネソタ、サウスカロライナ各州でも同様の法案が提出されている。[6]

しかし、経済危機の影響を受けて非登録移民の増加は止まり、本国への送金も減少している。それにもかかわらず、追い打ちをかけるような新法が成立、支持が反対を上回る状況は、大恐慌以来といわれるほど深刻な経済危機という例外状態ゆえだろうか。本章では、非登録移民を中心とする「移民問題」を出発点とし、この問いにこたえるなかで、かれらが経済・労働の領域に加えてさまざまな「問題」――市民権、国の安全保障――を重層的に構成していることを論じ、また、その存在がアメリカにどのような問いを提起しているのか考察する。

1 経済危機の影響

経済危機以降、非登録移民数の増加は止まった。[7] 経済状況の悪化に加え、国境警備が強化されたこともあり、密入国も減少している。[8] その結果、２００７年には推計１２００万人でピークを迎えた非登録移民数（２０００年には、国土安全保障省が非登録移民の3分の1がオーバーステイと報告 Segal, 2010, p.33）は、２００９年には１１１０万まで落ちた。[9] 非登録移民の内訳は、メキシコ出身者が約60％を占める。それ以外の国の割合はいずれも1ケタ台で、2番目に多いエルサルバドルが5％、3番手のグアテマラは4％、これらに次ぐホンジュラスは3％となっている（US Department of Homeland and Security, 2010, p.4）。

一方、全国的な失業率は、２００７年から２００９年にかけて4・6％から9・3％へと倍増した。白人の場合は4・0％から8・5％、黒人は8・3％から14・8％、ヒスパニックは5・6％から12・1％に上がった（US Department of Labor, Bureau of Statistics, 2010, p.34）。ヒスパニックの高い上昇率には、不況で大打撃を受けた産業――建設・製造・レジャーなど――でメキシコ系が多く雇用されていたことが反映されている。[10] 非登録移民が集中している分野は、

2008年現在、農業（25％）、用地管理・メンテナンス（19％）、建設（17％）、食品調理・サービス（12％）、製造（10％）、交通（7％）である（Pew Hispanic Center, 2009b, p.iv）。

右記の失業者の中に、どれだけの非登録移民が含まれているのかは明らかになっていないが（Pew Hispanic Center 2009a, p.2）、出身国の親族への送金が1995年以来はじめて激減したことから、失業率の上昇ないし賃金の引き下げが起きたことは推測できる。移民からの送金は、メキシコでは石油に次ぐ第二の外貨獲得源であり、4家族のうち1組は海外送金を受け取っているとされている。米州開発銀行によれば、2008年度のラテンアメリカへの送金は前年度より5000億ドル分（1・7％）減少した。開発銀行が2000年に調査を開始して以来、はじめての減少となった。また、世界銀行による調査でも、2008年第3四半期以降送金が減り、2009年はさらなる減少が予測された[11]。

2 構造としての非登録移民

そもそも非登録移民はいつ頃から、なぜ、増加したのか？ 最大集団であるメキシコ出身者の場合、1942～1964年に米墨両政府の協定のもと実施されたゲストワーカー・プログラム（ブラセロ計画）が背景にある。これを通して、実に460万人のメキシコ人が季節労働者としてアメリカの農業を支えた。雇用者側からすれば、彼らは柔軟かつ脆弱な――低賃金で雇うことができ、労働者として立場が弱い――、つまり使い勝手のいい労働力であった。労働許可が下りるのを待ち切れず、密入国して農場で働く「非登録移民」も急増し、1950年代の取り締まり（Operation Wetback）では100万人以上が強制送還された。農業での需要が高かったにもかかわらず廃止されたのは、契約労働者・非登録移民と雇用者の間の非対称的関係が全体的な賃金水準を引き下げたことと、劣悪な労働環境への批判が高まったためである（小井土 2003, p.39）。かといって、アメリカの農業における低賃労働の需要が減るわけではなく、また一方では、プログラムを通して、越境移動のルートやネットワーク、アメリカでの労働・生活環境に関する知識がメキシコ人の間で蓄積されたため、「非登録」という形での越境が後を絶たなくなった。つまり、米墨双方の経済構造のなかで発生したことになる。

こうして増加し始めた非登録移民に対しては、さまざまな批判がなされてきた。経済的脅威として、つまり、アメリカ人から雇用を奪うというだけでなく、「不法滞在」ゆえの雇用者との非対象的立場から、アメリカ人の賃金水準を引き下げているという非難。そのほかには、税金の未払い、社会的サービスのフリーライダー、出生率が高いための急激な人口増加、都市でのスプロール現象、人身売買や麻薬――米墨国境線で差し押さえられる麻薬の半分は、アリゾナ州で没収されている[12]――といった犯罪が指摘されてきた（Warner, 2009b, p.890）。

　こうした「非登録移民問題」解決のために、国境線の警備強化、ゲストワーカー・プログラムの創設、非登録移民を雇用した者への罰則、条件付きでの市民権付与（アムネスティ）などが政治家から提案されてきた。じっさいに、こうした方策は1986年に移民改革統制法（Immigration Reform and Control Act：ＩＲＣＡ）に組み込まれた。国境線警備は、1990年代のクリントン政権時にも、メキシコからの最大の密入国ルート――サンディエゴとエルパソ――で強化された（Operation Hold the Line, 1993: Operation Gatekeeper, 1994）。しかしこの結果、2カ所に代わってアリゾナが主要なルートになった。その後も「非登録移民問題」が解決することはなく、連邦政府が有効な手段を出せないまま、数は増加した。

3 岐路に立つ出生地主義

非登録移民流入を抑制するために、連邦議会で議論されているある方策がある。非登録移民の子どもに対し、出生地主義に基づく市民権付与を制限することだ。その背景には、出産をめぐる3つの問題――出産費用、非登録移民である親の市民権、忠誠心――が指摘されている。

　第一に、非登録移民の出産費用――1人当たり1500～1800ドル――の未払いが膨大な額に上り、国境線沿いの州と病院の財政が圧迫されている。ある病院（Star County Memorial Hospital）では、医療費の未払いが360万ドル（2005年）まで膨らみ（すべてが非登録移民の出産費用ではない）、郡は税率引き上げを提案した。また、テキサスのある2つの病院（Ben Taub General Hospital, Lyndon B. Johnson General Hospital）では、新生児の70～80％が非登録移民の子どもと推計されている。出産費用の未払いに対して連邦政府から補助金は出るが、まったく不足している。全国的には、新生児の8％が非登録移民の親から誕生している（Warner, 2009a, p.51; Pew Hispanic Center, 2010, p.1）。

　このような状況の背景には、1986年に制定された緊急的診療・分娩法（ＥＭＴＡＬＡ）がある。この法は、支払い能力・非登録移民か否かにかかわらず、緊急を要する妊婦・患者にケアを施すことを医療機関に求めており、拒否した場合には最高5万ドルの罰金が科せられる。カリフォルニア州では、1993～2003年に60にものぼる病院が、医療費未払いのため――非登録移民が占める割合は明らかにされていないが――に閉鎖した（Blondell, 2008, p.330）。

　第二に、こうして生まれた子ども――「アンカー・ベイビー（anchor baby）」という蔑称もある――は、非登録移民である親のアメリカでの長期滞在を助長する。発見されれば強制送還される立場ではあるが、実際には、子どもへの人道的配慮から見逃される場合も多い。こうした「混合家族（mixed family）」――子どもはアメリカ市民、親は非登録移民――は増えてきているが、子は21歳になると親の市民権取得の保証人になることができる。このように子どもは、親をアメリカへつなぎとめる錨のような役割を果たしうるため、「アンカー・ベイビー」と呼ばれている（以上の出産費用とアンカー・ベイビーに関してはWarner, 2009aを参照）。

　第三に、忠誠心の問題がある。イギリスから引き継いだ出生地主義が憲法に明文化されたのは修正第14条（1868年）であるが、アメリカでの出生を事実上唯一の条件としたこの原則は、「憲法起草者たちがもしアメリカへの人の流入のその後の展開を予測していたならば、アメリカ市民でもなければ法的な永住者でもない親に生まれた子どもに市民権を付与するほど、市民権条項を拡大しなかっただろう」と評されるほど包括的である（Guendelsberger, 1992, p.381）。「血統」ではなく「土地」を介在した紐帯から醸成された出生地主義は、古くはクレヴクール神話に看取できる「誰でも同化できる」というアメリカ的信条（Castles & Miller, 2009, pp.248, 249）に基づくものである。

　とはいえ、制定当時から出生地主義に対する批判が皆無だったわけではない。第一に、アメリカ政府は白人によって形作られてきたため、政治共同体の統治への参加者は「白人」に限定されるべきだという意見が出た。第二に、非「白人」以外にまで市民権付与を拡大することで、メンバーシップの価値が損なわれ、政治的共同体の弱体化を招くのではないか、という懸念もあった[13]（Pingrey, 1888）。実際に、出生地主義を否定する事件が19世紀末に起きている。その対象となったのは、清からの移民がアメリカで出産した子ども――清からの移民は、エスニシティを基準とした連邦政府による初の移民排斥法の対象（排華法）――だった（United States v. Wong Kim Ark, 169 U.S. 649, 1898）。拒否の根拠は、修正第14条の、「合衆国において出生し、またこれに帰化し、その管轄権に服する者は、合衆国およびその居住する州の市民である」という文言である。清からの移民及び子どもは皇帝に忠誠を誓っているがゆえに、管轄権に服していない、したがって、出生によって市民権は得られないと判断されたためだった[14]。

そして現在、修正第14条の見直しが論じられる中で注目されているのも、この文言である。つまり、「管轄権に服する」を忠誠心の有無と解し、労働目的で来ているだけでアメリカへの忠誠心を持たない者の子どもに市民権を与えるべきでない、ということだ。この議論にさらに説得力を与えているのは、2001年米国同時多発テロ事件に端を発したタリバーンとの戦闘で、アメリカ軍の捕虜になったタリバーン側の兵士がアメリカ市民権を所有していたことである。この兵士はルイジアナ州でサウジアラビア国籍の両親のもとに生まれ、アメリカ市民権が与えられた。しかしほどなくサウジアラビアに戻ったため、アメリカで過ごした期間はごく短い。「アメリカ市民」が自国を攻撃する「テロリスト」になったことで、移民の子どもへの自動的な市民権付与が問われることとなった。

しかし一方では、生得の市民権は根強く支持されてもいる。出生地主義が「移民の国」というアメリカの自己アイデンティティと深く関わるものであるからだ。また、付与を制限することは、特定の人々が社会参加できない仕組みをつくることであり、民主主義の原則から外れているとの主張もある。世論調査（Rasmussen Poll）によれば、廃止と支持はそれぞれ47%と41%で拮抗している（以上、生得の市民権への賛否両論に関してはWarner, 2009a参照）。このように非登録移民は、経済的領域のみならず、民主主義、アメリカのアイデンティティにまで及ぶ重層的な問題を提起している。

4 「脅威」として構成される移民

この重層性は、2001年米国同時多発テロ事件以降さらに複雑になった。本土を外国人によって攻撃されたことから、移民や越境行為が国の安全保障と結び付けられた（セキュリタイゼーション）からである（Chebel d'Appollonia & Reich, 2009, chap.1）。そして、アメリカ人から職を奪うという労働上の脅威としてだけでなく、安全保障上の脅威という点からも越境移動に関するさまざまな政策が出され（the PATRIOT Act, the Homeland Security Act, the Enhanced Border Security and Visa Entry Reform Act, the Intelligence Reform and Terrorism Prevention Act, the REAL ID Act）、非登録移民を含め移民は、潜在的テロリストとして、安全保障の問題へとりこまれた[15]。

移民への風当たりの強さは、深刻な経済危機やテロ事件という例外状態に置かれているからだろうか。その答えはノーである。移民がアメリカ人から仕事を奪っているという言説は、古くはネイティビズムで知られるノーナッシング党（Know-Nothing Parry）の主張でもあった。また、1930年代の大恐慌でも移民への反発が高まり、メキシコ人のみならずアメリカ生まれのメキシコ系までもが送還された（Warner, 2009c, pp.239, 240）。近年では、1990年代に湾岸危機を契機として経済が停滞したさい、非登録移民の増加が伴ったこともあり、反移民感情が高まった。そして、社会サービスのフリーライダーになるために越境していると批判され、カリフォルニアでは提案187（医療・公教育などの非登録移民による利用を禁止）が出された（1994年）。また、非登録移民の子どもに生得の市民権を認めないという提案も知事（Pete Wilson）より提出された（Barnes,1993、小井土 2003, p.52）。

さらに、アリゾナ州の新法は、「もっとも厳しい移民法」と報道されたが、類似の連邦法はすでに1世紀以上前に成立していた（1892年のGeary Act）。排華法（1882年）の10年延長を決めたこの法は、清からの移民に居住証明書の常時携帯を義務付け、不携帯が発見された場合は原則強制送還という罰則を定めた。その目的は、清からの密入国者の取り締まりと排斥であり、移民からは人種主義だとして抗議運動が起きた。しかし、かれらはアメリカの「経済的・政治的・社会的脅威」になるため、主権国家として国の安全を守らなければならない、という論理によって排斥は正当化された。こうした文脈で現在を考えると、テロや経済危機以後に非登録移民を含む越境者が置かれた状況は、決して例外的なものではない。

むすびに

では、今後の非登録移民を含む移民の状況は、単なる歴史のくり返しになるのだろうか？　潜在的な脅威――労働上であれ、安全保障上であれ――としての位置づけは変わらないのだろうか。

変化の兆しは、連邦や州の移民政策というよりは、移民自身に見出されるのではないだろうか。すなわち、アメリカの人口構成の変化である。ヒスパニック系の急増、非登録移民の子どもが「アメリカ市民」になること、そして混合家族の増加は、「潜在的脅威」がアメリカ社会の構成に埋め込まれることであると同時に、内側から変わる契機ともなりうるのではないだろうか。もちろん、脅威が埋め込まれることで、監視が厳しくなる場合もある。しかし、たとえば、アメリカ最大の労働組合であるＡＦＬ－ＣＩＯ（米国労働総同盟・産業別組合会議）は、もともと、労働をアメリカ人から奪う存在として登録・非登録移民に反対しており、ＩＲＣＡの雇用者罰則を支持していたが、組織率低下（１９５０年代初頭には約35％だったのが、20世紀末には14％）と移民流入による労働者の多様化という実情を鑑み、方向を転換した、という例もある。１９９９年の全国大会では雇用者罰則の撤廃を求め、２０００年の評議会では、非登録移民への市民権付与を支持する決議を全会一致で採択した（Bacon, 2000; Clawson & Clawson, 1999; Crain& Matheny, 2001）。

また、国境線警備も意図せざる帰結を招いている。経済危機以降の傾向として述べたとおり、警備強化ゆえに非登録移民は帰国という再越境のリスクを避け、アメリカに予定より長く滞在する傾向にある。非登録移民の減少を目的とした政策の結果、非登録移民が長期滞在するという逆説がもたらされている。

本章冒頭で、２０１０年メーデーのデモは２００６年以来最大規模と述べた。２００６年のデモは１９６０～１９７０年代の公民権運動やベトナム反運動以来最大と評され、３１０～５１０万が参加したと見積もられている（Norris, 2009）。この運動は、連邦下院議会で２００５年に通過した法案（H.R. 4437: Border Protection, Antiterrorism, and Illegal Immigration Control Act）に抗議するためのものだった。上院で可決されなかったこの法案は、非登録移民に対する取り締まり強化をめざし、「非登録」の状態を「犯罪」とするものだった。これに対し移民側は、アメリカ経済が自分たち抜きでは成り立たないことを指摘し、「違法な人間など誰もいない」「われわれは労働者で、犯罪者ではない」など、２０１０年のデモと同様のスローガンを掲げて抗議した。

移民――どのようなルートで来た者であれ――の存在なしに、アメリカ経済は成り立つのだろうか？　かれらの代わりにだれが働くのだろうか。相互依存は、移民が占める割合が高い産業だけの問題ではない。多国籍企業や専門職で働く人々の環境――私的領域での家事労働・ケア労働から、公的領域ではオフィスが入るビルのメンテナンス・警備まで――を支えているのも移民である（Sassen, 2001）。貧しい低賃金労働者が経済的・政治的権力を獲得することは困難である。しかし、深い相互依存関係のなかで、じつは、キャスティング・ボートを握っているのは、かれらなのかもしれない。

注

1　以上の抗議運動に関する情報は多数ある。たとえばCBS News, "Arizona Immigration Law Fight far from over" 26 April 2010; CBC News, "Arizona Immigration Law Sparks Huge Rallies", 1 May 2010; *New York*

Times, “Immigration Advocates Rally for Change”, 1 May 2010; *Los Angeles Times*, “Protesters nationwide Call for Immigration Overhaul”, 2 May 2010; *San Francisco Chronicle*, “Big S. F. protest of Arizona Immigration Law”, 2 May 2010; *Huffington Post*, “Tens of Thousands Protest Arizona Immigration Law, Demand National Reform”, 2 May 2010; *Chicago Tribune*, “L.A.'s May Day Rally Draws Nation's Largest Crowd” 3 May 2010.（以上すべてオンライン記事）など。

2　Rasmussen Reportsの全国調査では、賛成59％、31％反対（http://www.rasmussenreports.com/index.php/public_content/poli tics/current_events/immigration/59_support_arizona_law_53_trust _states_more_than_feds_to_enforce_immigration_law）、Gallup Pollでは賛成51％、反対39％（http://www.gallup.com/poll/12 7598/americans-favor-oppose-arizona-immigration-law.aspx）と出た。

3　*New York Times*, “Border News [Editorial]”, 5 September 2010.

4　２００６、07年に実施された複数の世論調査では、およそ3分の1の回答者が非登録移民はアメリカ人の職を奪うと回答した。アメリカにおいて非登録移民が切迫した「問題」とされてきていることは、他の世論調査からも看取できる。たとえば、「『合法（legal）』移民より『不法（illegal）移民』のほうが大きな問題であるか」という問いに対し、60％が「はい」（Pew Research Center/Pew Hispanic Center２００６年実施）、「『不法』移民はアメリカにとってひじょうに深刻な問題であるか」という問いには、59％が「はい」（*New York Times*/CBS News ２００６年実施）、「『不法』移民は選挙で最大の争点であるか」に対しては17％が「はい」（ＮＰＲ、２００６年実施）、「『不法』移民は回答者自身にとって『ひじょうに重要』な問題であるか」には31％が「はい」（*Los Angeles Times*/Bloomberg ２００７年実施）、「『不法』移民問題は、アメリカが直面している最重要課題の一つであるか」には37％が「はい」と回答している（*USA Today*/Gallup ２００７年実施）（以上の世論調査についてはIlias et al., 2008, pp.744, 758-760を参照されたい）。

5　たとえば、*New York Times*, “Welcome to Arizona, Outpost of Contradictions”, 28April 2010.

6　National Conference of State Legislaturesの調査による（“Analysis of Arizona's immigration law”, 10 November 2010（http://www.ncsl.org/?tabid=20263）。たとえばペンシルバニア州では、非登録移民の取り締まり強化のために警察権限を拡大する法案が下院で提出され、法案は“Support our Law Enforcement and Safe Neighborhoods Act”というアリゾナ州のものと同名で紹介されている（House Bill 2479, [http://www.legis.state. pa.us/cfdocs/billinfo/billinfo. cfm?syear=2009&sind=0&body=H&type=B&BN=2479]; *Pittsburg Post-Gazette*, “Pennsylvania legislators hope to mirror Arizona's Immigration Bill”, 5 May 2010）。また、アイダホ州は法廷助言人としてアリゾナ支持を表明した（*Targeted News Service*, “Idaho Supports Arizona Appeal on Illegal Immigrant Law”, 3 September 2010）。

7　移民統計局（国土安全保障省）の統計によれば、合法的に入国する短期滞在者（旅行・労働を含む）についても、２００７年から２００８年にかけては増加したが、２００９年には減少した。永住を目的としない労働者・研修生は、米国多発テロ事件（２００１年）の翌年減少したのち、２００３年以降連続して増加傾向にあったが、２００８、２００９年と連続して減った。

8　非登録移民の減少――とはいえ大幅な減少ではない（Martin, 2009）――は、メキシコ以外のラテンアメリカ諸国出身者がアメリカを去ったことが主要因と推測されている（*New York Times*, “Study Finds the Number of Illegal Immigrants has Fallen to 11.1 Million”, 2 September 2010; *The Economist*, “The Border Closes”, 20 December 2008; *Wall Street Journal*, “With Jobs in U.S. Scarce, Illegal Immigration Slides”, 2 September 2010）。メキシコ系の場合、国境線警備が強化される中で帰国という再越境のリスクを選ぶより、職を探してアメリカ国内を移動していると、移民政策研究所（Migration Policy Institute）の所長（Demetrios G. Papademetriou）は分析している（*New York Times*, “No Evidence of Return Migration is Found”, 15 January 2009）。

9 メキシコのトゥンカス（Tunkas）というユカタン半島に位置する先住民の村では、1990年代にアメリカへの出稼ぎが増加し、2000〜2007年にかけて村人口の約15％がアメリカに居住している（Cornelius et al., 2010, p.4）。この村の詳細な調査によれば、2006年と2009年では、この先12カ月の間にアメリカへの出稼ぎを予定していると回答した者は、30％から11％へ減少したと報告されている（Borger & Muse-Orlinoff, 2010, p.95）。

10 *Washington Report on Hemisphere*, "The Recession's Impact on Mexican Migration", 11 March 2009.

11 *The Economist*, "Felipe Calderon and Barack Obama meet", 13 January 2009; *Washington Report on the Hemisphere*, "The Recession's Impact on Mexican Migration", 11 March 2009; Wilson, 2009.

12 *New York Times*, "Welcome to Arizona, Outpost of Contradictions", 28 April 2010.

13 57th Congress Globe, 39th Cong., 1st sess., January 31, 1866。帰化に関しては、「白人」と「黒人」のみに認められるようになったため、両者に明確に分類されなかったアジア系の移民は、「白人」としての公式な認定を求めて裁判に訴えた（1878年Ah Yup［清］裁判、1922年小澤孝雄［日本］裁判、1923年Bhagat Singh Thind［インド］裁判など）。

14 この事件についての詳細は大井（2009）を参照されたい。

15 本論ですでに引用した「妊娠中の外国人が、われわれの国でテロリストの子どもを出産するために国境線を越えてくるのを阻止しなければならない」というアリゾナの州の政治家の発言は、労働問題だけでなく、移民のセキュリティタイゼーションという文脈にも位置づけられる（*New York Times*, "Border News [Editorial]", 5 September 2010）。

参考文献

大井由紀（2009）「『黄金の扉』は再び開かれたのか――19世紀末中国系移民への生得の市民権付与をめぐる一考察」佐藤成基編『ナショナリズムとトランスナショナリズム』法政大学出版局

小井土彰宏（2003）「岐路に立つアメリカ合衆国の移民政策――増大する移民と規制レジームの多重的再編過程」小井土彰宏編著・駒井洋監修『移民政策の国際比較』明石書店

Bacon, David,（1999）, "Which Side Are You On?", *Working USA*, 3（5）, Immigrant workers ask labor.

Barnes, Fred,（1993）, "No entry.", *The New Republic*, November 8.

Berg, Justin Allen,（2009）, "Attitude toward Undocumented Immigrant", In Judith Ann Warner（Ed.）, *Battleground*, Westport: Greenwood Press.

Blondell, Jerome,（2008）, "Adverse impacts of massive and illegal immigration in the United States", *Journal of Social, Political, and Economic Studies*, 33（3）.

Borger, Scott & Leah Muse-Orlinoff,（2010）, "Economic Crisis vs. Border Enforcement: What Matters Most to Prospective Migrants?", In Cornelius（et al ds.）, *Mexican Migration and the U.S. Economic Crisis*,（2010）.

Castles, Stephen & Mark J. Miller,（2009）, *The Age of Migration: International Population Movements in the Modern World*, 4th edition, New York: Palgrave.（関根政美・関根薫監訳（2011）『国際移民の時代』名古屋大学出版会）

Chebel d'Appollonia, A. & Simon Reich（Eds.）,（2008）, *Immigration, Integration, and Security: America and Europe in Comparative Perspective*, Pittsburgh: University of Pittsburgh Press.

Clawson, Dan & Mary Ann Clawson,（1999）, "What happened to the US labor movement? Union decline and renewal", *Annual Review of Sociology*, 25.

Cornelius, Wayne, A., Davide Fitzgerald, Pedro Lewin Fischer（et al. eds.）,（2010）, *Mexican Migration and the U.S. Economic Crisis: A Transnational Perspective*, San Diego: Center for Comparative Immigration Studies, University of California.

Crain, Marion & Ken Matheny, (2001), "Labor's identity crisis", *California Law Review*, 89 (6).

Guendelsberger, John W., (1992), "Access to citizenship for children born within the State to foreign parents", *American Journal of Comparative Law*, 40 (2).

Ilias, Shayerah, Katherine Fennelly & Christopher M. Federico, (2008), "American Attitudes toward Guest Worker Policies", *International Migration Review*, 42 (4).

Jasso, Guillermina, Douglas S. Massay, Mark R. Rosenzweig & James P. Smith, (2008), "From illegal to legal: Estimating previous illegal experience among new legal immigrants to the United States", *International Migration Review*, 42 (4).

Martin, Philip, (2009), "Recession and migration: A new era for labor migration?", *International Migration Review*, 43 (3).

Norris, James A., (2009), "Voting and Political Activism", In Judith Ann Warner (Ed.), *Battleground*, Westport: Greenwood Press.

Pew Hispanic Center, (2009a), "Report: Unemployment Rises Sharply among Latino Immigrants in 2008", February 12.

Pew Hispanic Center, (2009b), "Report: A Portrait of Unauthorized Immigrants in the United States", April 14.

Pew Hispanic Center, (2010), "Report: Unauthorized Immigrants and their U.S.-born Children", August 11.

Pingrey, Darius Hrlan, (1888), "Citizens, their rights and immunities", *American Law Register*, September.

Sassen, Saskia, (2001), *The Global City*, 2nd edition. Princeton: Princeton University Press. (伊豫谷登士翁監訳、大井由紀・高橋華生子訳(2008)『グローバル・シティ』筑摩書房)。

Segal, Uma A., (2010), "United States: The Changing Face of the United States of America", In U.A. Segal, D. Elliott & N.S. Mayadas (Eds.), *Immigration Worldwide*. Oxford: Oxford University Press.

United States Department of Homeland and Security, (2010), "Estimates of the Unauthorized Immigrant Population Residing in the United States", by Michael Hoeffer, Nancy Rytina & Bryan C. Baker.

United States Department of Labor, U.S. Bureau of Statistics ,(2010), *Labor Force Charecteristics by Race and Ethnicity, 2009.*

Warner, Judith Ann, (2009a), "Birthright Citizenship", In Judith Ann Warner (Ed.), *Battleground*, Westport: Greenwood Press.

Warner, Judith Ann, (2009b), "Undocumented Immigration Policy", In Judith Ann Warner (Ed.), *Battleground*. Westport: Greenwood Press.

Warner, Judith Ann, (2009c), "Economy", In Judith Ann Warner (Ed.), *Battleground*, Westport: Greenwood Press.

Wilson, Tamar Diana, (2009), "Economic crisis and the decline of remittances to Mexico", *Anthropological Quarterly*, 82 (2).

【おおい　ゆき】
南山大学外国語学部専任講師。一橋大学大学院社会学研究科修了。2005～2009年日本学術振興会特別研究員。博士：社会学。著作に「トランスナショナリズムにおける移民と国家」(『社会学評論』57(1), 2006)、「黄金の扉は開かれたのか？——19世紀末中国系移民への生得の市民権付与をめぐる一考察」(『ナショナリズムとトランスナショナリズム』(佐藤成基編著、法政大学出版局、2009)。

書評

BOOK REVIEW

明石純一 著
『入国管理政策』
ナカニシヤ出版、2010年

鈴木江理子 著
『日本で働く非正規滞在者』
明石書店、2009年

駒井洋

本シリーズでは、日本語で刊行された移民・ディアスポラ関連の重要な単行本を紹介をかねて書評することとした。今号では、編者でもある明石純一氏と編集委員でもある鈴木江理子氏の単著を書評の対象とする。

明石純一 著
『入国管理政策——「1990年体制」の成立と展開』
ナカニシヤ出版、2010年

本書のねらい

本書は日本の入国管理政策（以下「入管政策」と略）の全体像をあきらかにすることを目的として執筆された。その中心におかれるのは、著者が「1990年体制」とよぶ1889年に改定、1990年から施行された「出入国管理および難民認定法」において法制化された政策と1990年以降のその変遷である。本書では、政策の内容はいうまでもなく、それを規定するさまざまな要因の体系的な整理がこころみられている。

本書は、著者によれば、「第一部と第二部により構成される。第一部では、本テーマに関わる研究動向（第1章）と1980年代後半までの入国管理の歴史的変遷（第2章）に言及し、最後の第3章において、「1990年体制」の形成・成立過程を検討する。第二部では「1990年体制」のもとでの入管政策の展開を、異なる政策対象ごとに、第4章から第6章それぞれにおいて論じていく。第7章は、第4章から第6章のなかで考察しきれない内容を拾い上げるとともに、とりわけ新世紀以降の政策動向を論じている」(p.15)。

このように、本書は日本の1990年代以降の入管政策を包括的に検討している点で他に例をみない。これについて著者は、既存の入管政策批判が入管政策の存在を自明視してきたために、現実的影響力をもつ実体としての入管政策そのものの検討がなおざりにされてきたと考えている(p.51)。本書がこのような問題意識にこたえていることはたしかであり、書評の対象書としてとりあげる価値がある。

「1990年体制」の成立と展開

本書は、「1990年体制」の前史として、「1952年体制」と「1982年体制」を分析している(第2章)。「1952年体制」は主に在日朝鮮人を対象とする管理体制であるとともに、朝鮮半島からの入国規制の厳格化という特徴をもっていた(p.68)。1960年代後半になると、労働力不足の傾向が顕著となったが、いわゆる単純労働者の受け入れをみとめないとする政府の方針が確立され、入管政策もそれにしたがった。

「1982年体制」のきっかけは、インドシナ難民の流出である。政府は1981年に難民条約に加盟し、その結果「出入国管理及び難民認定法」が1982年から施行された。またこの条約が要求する難民の内国民待遇により、社会保障関係の法令から国籍条項が削除された。ただし、入管当局はインドシナ難民以外のいわゆる条約難民の認定にはきわめて消極的であった。なお、この法は「研修」の在留資格をはじめて設けた。

第3章で検討される「1990年体制」とは、いわゆる単純労働者を公的にはみとめないという基本軸の保持のうえに、研修制度の拡充および日系人の受け入れによって、外国人労働者を招きいれるルートが開拓されたことにより成立した。研修制度は、いわゆる「開国派」の介入により、1990年における研修生受け入れ条件の緩和、1991年の国際研修協力機構の設立、1992年の実務研修期間の比率の変更、1993年の技能実習制度の創設などにより、外国人労働者を非公式に受け入れる仕組みへと変質した。また日系人については、「定住者」の在留資格の創設により増大した。このように「1990年体制」とは、外国人労働者の存在を前提とする政策の不在にほかならず、外国人労働者の権利保障や社会的な底辺化・周縁化をめぐる課題の解決の立ち遅れをまねいた(p.126)。

「1990年体制」のもとで、世紀の境目以降新たな政策課題として登場したものが著者のいう高度人材としての「知識労働者」の受け入れである（第4章）。この政策課題は1990年代後半のIT人材への着目から企業のグローバル化をになう人材の確保へと拡大した。知識労働者の主要な供給源は中国人であるが、入管政策による誘致効果が高かったとはみなしがたい（p.163）。高度人材の重要な供給源としての留学生については（第5章）、1983年に政府による留学生の「10万人計画」が始動するが、これまでの受け入れには発展と停滞の二つのサイクルが存在し、2008年の政府による「30万人計画」から拡大路線へと復帰しつつある。著者によれば、入管政策は留学生の受け入れに部分的には寄与してきたとしても、本来的な効果を発揮してきたとはいえないとする（p.191）。これらの「歓迎すべき」越境者に対して、著者が「歓迎されざる」越境者（第6章）とよぶ「不法」残留者はいちじるしく減少した。これには、退去強制とともに在留特別許可も相当に寄与している（p.234）。この減少について、著者は入管政策の模索の痕跡が現れているとする（p.228）。

第7章は、新世紀以降の入管政策の動向を、「国策化」と「国際化」というキーワードをかかげて検討している。「国策化」とは、望ましい外国人の受け入れを促進し、そうではない者を抑制するという選別機能が新たに重要視される事態をさす。また「国際化」は、2002年の脱北者による「駆け込み事件」の影響としての難民認定における参与員制度の導入につづき、日本を第三国定住先とする近年の難民の受け入れの実現という事例にみられる。さらに経済外交の一環として看護・介護分野における受け入れの模索や、密航や人身取引などの国際犯罪への対応の要請も「国際化」のあらわれである。

第7章の最終部分は、「「移民政策」へ？」と題されている。「1990年体制」が外国人をもっぱら一時的に滞在するものと想定していたにもかかわらず、この体制のもとで外国人の「住民化」「生活者化」がすすんだ。このような事態に対応するかのように、外国人を将来の日本人としようとする「移民受け入れ構想」が、自民党の議員を中心に推進されている（p.268-269）。著者は、このような動きが「1990年体制」にかわる移民政策の構築を核とする入管政策の創生を予見させると結論している。

「脱1990年体制」の展望

以上本書の内容を概観してきた。以下では「1990年体制」にかわるべき体制を仮に「脱1990年体制」とよぶことにして、この体制の可能性を評者なりに考察することにしたい。

　移民政策を核とする「脱１９９０年体制」の構築の中心にすえられるべき理念は、人類に共有される普遍性に立脚しなければならない。「１９５２年体制」「１９８２年体制」「１９９０年体制」を比較すると、さまざまな外在的・内在的な偶発的要因に触発されながらも、入管当局によるきわめて恣意的な意思決定が次第に明示された基準やルールによるそれへと移行してきたことは否定できない。その典型例として、在留特別許可の付与基準の明確化があげられる。それとともに、グローバル・スタンダードとしての人権の重視が入管当局の管理的体質に風穴をあけてきたことも否めない。難民の受け入れの進展や人身取引の防止への関与などは、その例である。

　ただし、このような政策の普遍性への接近があったとしても、「脱１９９０年体制」の確立を阻害する条件としては、つぎのような要因が考えられる。①従来からの意思決定方式を踏襲しようとするいわば慣性からの脱却のむずかしさ。②「１９５２年体制」における管理至上主義をこえる普遍主義的理念の不在による一貫性を欠如した場当たり的対応の継続。③入管当局の権限を固守しようとするセクショナリズム。④本書でも強調されている点であるが、政策の効果にかんする分析の不十分さ（p.50）。

　まず①については、入国管理収容施設における驚くべき人権侵害の存続、難民認定の恣意性（たとえば出身地別認定の不均衡）、すでに制度疲労をおこしている技能実習制度への固執などを例としてあげることができる。②については、普遍主義的理念がないかぎり、治安悪化・犯罪増加を主たる論拠とする鎖国派と高度人材やいわゆる単純労働者の確保をめざす開国派は、これからも経済状況に即応しながら入管政策を左右しつづけるであろう。③については、労働を所管する厚労省との主導権の争奪は歴史的なものであり、文科省とのあいだにも留学生をめぐって似たような経緯がある。④については、とくに政策効果についての事前の費用便益分析が必要であろうが、これについてはこれまでの歴史からみておそらく入管当局の力量をこえる課題であるとおもわれる。このようにみてくると、「脱１９９０年体制」の確立のための必須の条件は入管当局そのものの「開国」であることがあきらかとなる。

結論

　以上みてきたように、本書は日本の入管政策の全体像を把握するという課題に十分こたえるに足る内容をもっている。それを裏づけているのは、ウェブサイトをふくむ資料の豊富さである。大量の多種多様な資料は分析対象を網羅しており、収集にかけられた労力がなみならないものであったことを確信させる。

ただ欲をいえば、中国人や中国系日本人のなかで相当のウェイトをもち、これからの移民の先駆でもある中国帰国者二世三世の流入についても、入管政策の帰結としてふれてほしかった。この人々はラテンアメリカ日系人とは状況がかなり異なっているが、中国残留孤児・婦人につながる日系人として日本社会でさまざまな問題に直面しており、検討が必要である。

また、「脱1990年体制」の確立の必須条件としての入管当局の「開国」のためには、政策形成主体としての入管当局そのものの権力構造の歴史的検討が必要であろう。本書においては、たとえばすでに述べた「移民受け入れ政策」の提唱者として東京入管局長であった坂中英徳に注目している（p.269）ように、断片的には検討されているが体系的とはいえない。評者も参加した1999年の在留特別許可をもとめる一斉出頭行動については、入管当局の内部では当初は不許可が多数派であったが、最終的には条件付き許可という結果となったと仄聞している。入管当局の意思決定プロセスがどのようなものであるかを知ることができれば、これからの入管政策の普遍化に寄与する重要な足がかりとなろう。

鈴木江理子著『日本で働く非正規滞在者――彼らは「好ましくない外国人労働者」なのか？』明石書店、2009年

本書のねらい

本書の執筆の動機は、非正規滞在者を減らそうとする入管政策の取り組み自体はまちがったものではないものの、その方法に問題があるというところにあるとみられる。長期滞在単身者は、日本人や永住者との結婚、日本で育った一定年齢以上の子どもの存在、難民性などの根拠がないため在留特別許可が与えられず、一方的な摘発・送還がおこなわれている。これは、いわゆる単純労働者は受け入れないという入管政策のタテマエにより、非正規滞在者が「好ましくない外国人」とされてしまったことに由来する。著者は、長期滞在単身者も日本の産業の一端を担ってきたことから、在留特別許可による合法化が必要であると考えている（p.4-5, p.516）。

このような動機に基づいて、本書の問題意識は、今後の外国人政策の問いなおしや、ホスト住民の意識と理解のために、非正規労働者のこの20年の経験を総括し、客観的に分析・検討することにおかれることになる（p.5）。そのために本書は二つの仮説を提示す

る。仮説1は、「男性長期非正規滞在者は、たとえ来日当初は、特段の技能や技術を必要としない労働に従事する安価な労働者であっても、国籍にかかわらず、長期にわたる日本での就労や生活のなかで職場や労働市場における評価を高めている」（p.417）であり、仮説2は、「日本社会という同じ社会構造のもとにおかれ、かつ社会構造の通時的な変動を同様に経験しており、彼らの就労行動には、日本社会の社会構造の変動に応じて、国籍にかかわらず共通した変化が起こっている」である（p.479）。

本書の構成

本書の主要部分は、序章、「外国人政策における非正規滞在者」と題される第1章、「非正規滞在者を取り巻く社会経済環境」と題される第2章、「男性長期非正規滞在者の就労実態」と題される第3章、「社会構造と男性非正規滞在者の就労行動」と題される第4章から構成されている。序章は先行理論や先行研究の検討であり、第1章と第2章は統計資料や先行研究などに基づく概括的研究であり、第3章と第4章は男性長期非正規滞在者28人に対する聞き取りの結果に基づく分析である。

第3章以外の各章は、三つの時期区分により横断的に構成されている。第1の時期は「バブル景気の人手不足期」であり、第二の時期は89年改定入管法以降の「バブル崩壊後の景気後退期」であり、第三の時期は２００１年の9・11事件以後の「移民選別時代」である。第一の時期には、人手不足とそれによる好意的なまなざしにより非正規の外国人労働者が流入・定着していった。第二の時期には、非正規滞在者への黙認・放置があり、生活圏が確立していった。第三の時期にはいると、徹底的な排除により生活圏はせばめられ日本社会との関係性も切断されていったとされる。

本書の主要な貢献は、男性長期非正規滞在者に対する２００６～２００７年にかけておこなわれた聞き取り結果の分析にあるので、ここで聞き取りの方法を紹介する。男性に限定した理由は、女性のばあいにはジェンダー問題として扱われることが多いことと、労務作業に従事する労働者を対象とすることとがあげられている（p.30）。また長期滞在者に限定した理由としては、就労実態の通時的な把握により、「不法」就労ゆえの労働市場の底辺への滞留という静態的な見方を打破できるからとされる（p.59）。

まず聞き取り対象者28人の属性であるが、初来日の時期は１９８１年から１９９３年までであり、23人は89年改定入管法の施行以前に来日している。国籍別ではバングラデシュ10人、フィリピン7人、パキスタン2人、韓国5

人、イラン1人、中国1人、ビルマ1人、ネパール1人となる。「不法」残留者数が最多の30万人近くにたっした1993年の内訳は、フィリピン、韓国、中国、マレーシア、イランが2万人以上でありこの順で多く、バングラデシュとパキスタンは1万人に満たなかった（表3－1－5）。したがって、実数とくらべて本書の対象者にはバングラデシュがきわめて多く、イランと中国がきわめて少ない。2007年時点での年齢は平均44・9歳で、37歳から57歳にまたがっている。またバングラデシュの8人は退去強制により帰国したバングラデシュで聞き取りがなされた。

聞き取り結果の分析に基づいて、著者は先述した二つの仮説を検証しようとする。

まず仮説1については、以下の事項が検討される。①賃金――日本での滞在が長期化するなかで、日本社会についての情報を獲得し、日本語や技能・技術を習得することによって、確実に上昇させている。②入職経路――当初は同国人からの紹介で就職することが多かったが、日本社会との関係性を形成・拡大することによって、日本人からの紹介、社長・親方からの誘いや飛び込みで仕事をみつけるなど、多様化している。③転職行動――滞在が長期化するにつれて、より賃金の高い事業所への転職は減少した。これにはやりがいや職場内での人間関係などの賃金以外の価値の重視が反映されている。転職は、独立やその準備のためや、呼び寄せた妻と一緒にすごすためになされているケースがある。以上から、仮説1は検証された（p.417-419）。

つぎに仮説2については、公的空間、市場空間、生活空間という3つについて、行為主体と社会構造の関係が検討される。①「バブル崩壊後の景気後退期」――黙認・放置のもとでの安定化がみられた。②「移民選別時代」――公的空間における取り締まり強化によって、労働市場だけでなく生活圏も縮小しつつある。以上から、仮説2も検証された（p. 479-482）。

20年前後の長期滞在者は非正規滞在者を代表しているか

「不法」残留者の実数は、ピークであった1993年の30万人弱から2008年の15万人弱まで減少した（図3－1－1）。減少の主な原因は、非正規滞在者の本国送還、2004年以降の出国命令制度（任意出頭者に対する身柄拘束をともなわない簡易手続き）による出国、在留特別許可であり、本国送還数は各年2万人台から5万人、出国命令制度による出国数は2005年以降1万人前後、在留特別許可者数は2004年の1万3000人強をトップに1996年以降数千人から1万人以上となっている。その結果、前年よりいる「不法」残留者の減少数は１９９４年以降各年４万人弱から5万人台にのぼっており、２００７年までの合計は70万人近くにたっする。このような減少にもかかわらず依然として「不法」残留者が存在しているのは新規の流入者がいるためである。各年の新規の「不法」残留者数は１９９５年以降数万人台にのぼり、２００７年までの合計は50万人強にたっしている（表１－３－７）。

　したがって、新規流入者が減少する残留者を相当程度補充してはいるが、総体としては着実な減少傾向がみられることになる。この問題について、さらに退去強制者に対する入管による就労期間の２００７年の全数調査をみると、５年をこえる者は31・5％である（図序－２）。すなわち5年をこえて滞在してきた者は退去強制者のうちおよそ3分の１しかいないことになる。以上から、本書の対象者である20年前後の長期の非正規滞在者が実数としてはごく少数であることが推測できる。

結論

　この推測から、本書の発見を「日本で働く非正規滞在者」全般に適用することには相当の無理があるようにおもわれる。20年前後もの長期間にわたり日本に滞在して就労し生活してきたという事実は、本書の対象者が幸運や個人的資質、雇い主や仕事にめぐまれた成功者であることを示している。それに対して、非正規滞在者のマジョリティは来日後の滞在期間が短く、取り締まり体制の強化のもとで、本書の対象者の初来日の時期の経験を上回る過酷な日々をおくり、ほどなく帰国を余儀なくさせられることになるとおもわれる。

　ただし、このような長期単身滞在者にも在留特別許可を拡大すべきであるという著者の主張に、評者も全面的に賛成する。本書がそのための有力な論拠を提供していることは疑いない。

　付言すれば、本書では就労する場所に注目して、「工場」「現場」「飲食店」というオリジナルな職種の分類を提案しており興味深い。「工場」には、プレス・金属加工、溶接、メッキ、食品加工などが、「現場」には、塗装・型枠・内装・解体、配管、土木、港湾などが、「飲食店」には居酒屋などがふくまれる。このほかに「自営」がある（p.350）。

　最後に、非正規滞在者についての研究は１９９０年前後には相当規模の蓄積がなされたが、１９９０年代後半の調査はなく、２０００年以降の調査も数えるほどであると著者は指摘する（p.487）。この点でも、本書のもつ価値がおおきいことを確認しておきたい。

編者後記

本書を編集している最中の2011年3月、マグニチュード9の激震が日本を襲った。東日本大震災による被害はあまりに大きく、あまりに多くの尊い命が失われてしまった。残されたご家族の傷の深さ、その痛みと悲しみを、筆者には想像することすらかなわない。ここに謹んで哀悼の意を表し、亡くなられた方々のご冥福を深く祈るとともに、被災を受けたすべてのみなさまに、お見舞い申し上げます。

地震発生当時、わたしは勤務先の筑波大学のとあるオフィスの一角にて会議書類をまとめていた。地鳴りのような音とともに強い揺れが始まってまもなく、本棚の類はすべて倒壊し、天井の一部は剝げ落ち、窓は割れ落ちた。オフィスの四隅には今も亀裂が残っており、その後しばらくは余震のたびに粉塵を吹き出し、復旧作業を滞らせた。茨城県南部に位置する筑波大学のこの地震による被害は約70億円と推計されており、筆者がこの編者後記を綴っている2011年8月末現在、見渡せる周囲に限っても、現況は全面復旧にほど遠いことが見てとれる。

この震災のなかで、日本に住む「移民」はどのようにふるまったのか。本書の監修を担当された駒井洋先生が「刊行開始にあたって」で言及しているように、右の問いに対しては、本書から始まる「移民・ディアスポラ研究」シリーズにおいてすでに取り組んでおり、その成果をまとめつつある。ただし関連するところで、わたしの身の回りで起きたことをさらに若干書き連ねれば、震災直後に母国へと帰国した留学生は多かったが、そのうちの大半はすでに大学に戻り、以前と変わらぬ熱意をもって勉学に勤しんでいる。わたしのゼミやクラスの受講生には、日本社会の復興のための仕事がしたい、と語る留学生もいる。滞在年数が長い留学生やわたしが日頃から懇意にしている外国出身者には、感嘆をもって報道された震災後の日本人の冷静な振る舞いにさしたる驚きを覚えず、むしろ日本の被災状況を伝える母国の報道や家族の反応が「おおげさ」であり「過剰」であると感じる、と話すものもいた。そのような態度や言葉を見聞きするたびに、本当かどうかは別として、異国に移住したもの特有の心性の変化を察した気にもなる。

　震災を受けてあらためて考えざるをえなかったのは、社会の「構成員性」についてである。そして、多国籍からなる住民が日本社会に暮らし働いているという、当たり前の事実についてである。ご記憶の読者も少なくないと思う。津波に襲われたかの土地の水産会社の役員が、身を賭して、自社に勤める中国人研修生の命を救ったという出来事が報道された。別に思いつくところを述べれば、一帯が瓦礫の山と化している被災地で難民がボランティア活動に従事しているシーンが、テレビ番組にて放映された。こうした話に、筆者は無条件に感激させられた。ただしこの種の「美談」をわたしにとってより特別な美談たらしめている何かがあるならば、それはおそらく、自身に内面化されている、社会構成員としての日本人とそうではない外国人という固定的で二分法的な見方なのかもしれない。そうであるからこそ、先述のふたつの「美談」の後者をあげれば、難民への支援ではなく難民による支援を、主客が逆転した見慣れない風景としてそこに観てしまった。うがった自己省察に過ぎるだろうか。

　本書のなかで例証しかつ反証しようとしたのも、突きつめれば、とかく移民研究のなかでこれまで繰り返し批判を受けながらも、領域主権国家システムに生きるわたしたちの多くが宿命さながらに踏襲し続ける、右に述べた「われわれ国民」と「彼ら外国人」という二分法の妥当性である。それを問う時代的背景が、本書に取り上げているとおり、２００８年秋に発生した金融危機とその後今日にまで至る長期不況であった。移住労働者は、本質的に脆弱であり、不景気のなかでは恵まれない境遇を甘んじるしかないのか。一時的に滞在している労働者であるがゆえに仕事を失えば母国に戻ると想定される移住労働者は、ホスト国の正規メンバーとして迎え入れられることはないのか。そのようなステレオタイプはしかし、どこまで経験的に有効なのか。

本書では、こうした問いを念頭に置き、日本および海外の事例を取り上げ、経済危機下の越境労働の実態および移民・外国人の雇用に関する制度上の問題点を考察した。さらに、その存在に否応なく付きまとう政治性にまで言い及んでいる。そして3・11以後も、本書において考察を加えた移住労働をめぐる政策上の課題は構造的になんら変わっておらず、近い将来において変わる気配もない。すなわち移住労働を理解するうえで、経済危機はその時事性を今も失っていない。

なお、2008年秋の金融危機は、過剰な投機が生み出したおよそ人災といえるものであり、それから3年を待たずに発生した東日本大震災は、その原因だけをとれば天災であった。被災の対象も内容もまったく異なる。このようにみれば同列に並べるべくもない「危機」ではあるが、ともに「未曾有」という形容をもって短期間に日本社会を直撃したこのふたつの災いは、先に述べたように、日本に住まう外国人のメンバーシップのあり方を再考する契機であるという点において、共通項がないわけではない。本書の試みが十分にその目的を果たせているかどうか、読者からは忌憚なき意見と批判を仰ぎたい。

最後になるが、本書を刊行する機会を与えてくださった明石書店の石井昭男社長に深謝申し上げる。現代社会における移住労働の実相を常に更新される「現在」の文脈で検証し直すことに普遍的な意義を認めてもらえることを、本当にありがたく思う。本書の編集作業においては、同じく明石書店の赤瀬智彦氏と松本徹二氏に多大な労力を費やして頂いた。執筆者を代表し、この場を借りて、感謝の意を表したい。

2011年8月末日

移民ディアスポラ研究1　編者　明石純一

【執筆者】（執筆順）
鈴木江理子
国士舘大学文学部准教授。

鳥井一平
全統一労働組合書記長。

青木元
筑波大学大学院人文社会科学研究科国際日本研究専攻博士課程在籍。

ウラノ・エジソン
筑波大学大学院人文社会科学研究科准教授。

高畑 幸
静岡県立大学国際関係学部准教授。

小林真生
国立民族学博物館共同研究員。

下平好博
明星大学人文学部人間社会学科教授。

山本薫子
首都大学東京都市環境科学研究科准教授。

李 賢珠
筑波大学大学院人文社会科学研究科国際日本研究専攻博士課程在籍。

アシス・マルハ・M・B
スカラブリニ移民研究所（フィリピン）研究出版部長。

今藤綾子（訳者）
二松学舎大学非常勤講師。

岡室美恵子
笹川平和財団主任研究員。

大井由紀
南山大学外国語学部専任講師。

［連絡先：小林真生（ma716@ybb.ne.jp）］

【監修】
駒井 洋
筑波大学名誉教授。東京大学大学院社会学研究科博士課程修了。近著に『グローバル化時代の日本型多文化共生社会』（単著、明石書店、2006）、『ヨーロッパ・ロシア・アメリカのディアスポラ』（共編著・監修、明石書店、2009）、『貪欲に抗する社会の構築―― 近代合理主義をこえる仏教の叡知』（単著、明石書店、2010）、『ブラック・ディアスポラ』（共編著・監修、明石書店、2011）。

【編著】
明石純一
筑波大学大学院人文社会科学研究科助教。筑波大学大学院国際政治経済学研究科修了。博士：国際政治経済学。主な著作に『入国管理政策――「1990年体制」の成立と展開』（単著、ナカニシヤ出版、2010）。『国際移動の比較政治学』（共著、日本比較政治学会編、ミネルヴァ書房、2009）、『労働再審2―― 越境する労働と〈移民〉』（共著、五十嵐泰正編著、大月書店、2010）、『東南・南アジアのディアスポラ』（共著、首藤もと子編著・駒井洋監修、明石書店、2010）など。

移民・ディアスポラ研究 1
移住労働と世界的経済危機

2011年9月30日　初版第1刷発行

監修　駒井　洋
編著　明石純一
発行者　石井昭男
発行所　株式会社 明石書店
〒101-0021 東京都千代田区外神田 6-9-5
電話 03（5818）1171
FAX 03（5818）1174
振替 00100-7-24505
http://www.akashi.co.jp/

装丁　明石書店デザイン室
印刷　モリモト印刷株式会社
製本　協栄製本株式会社

（定価はカバーに表示してあります）　ISBN978-4-7503-3460-8

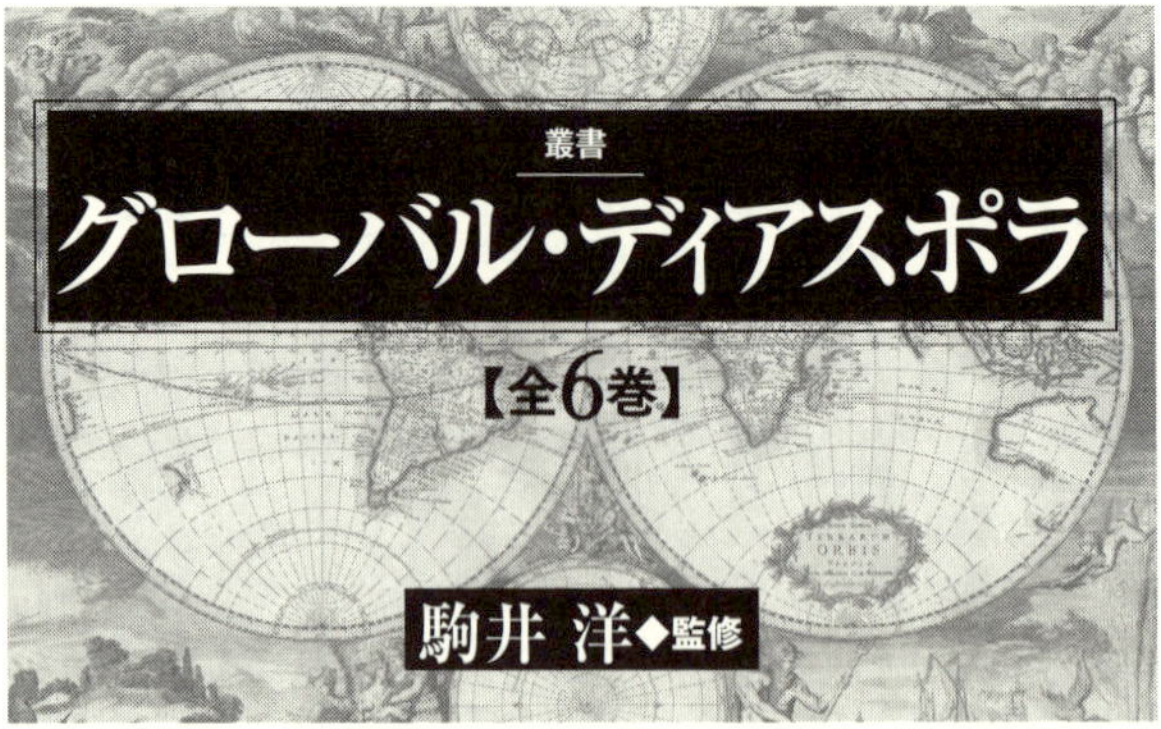

15世紀以降、近代世界システムの形成とともに始まった大規模な人の移動を「ディアスポラ」をキーワードにして問い直す——

1 東アジアのディアスポラ
陳天璽+小林知子 編著（近刊）

2 東南・南アジアのディアスポラ
首藤もと子 編著（第4回配本）

3 中東・北アフリカのディアスポラ
宮治美江子 編著（第3回配本）

4 ヨーロッパ・ロシア・アメリカのディアスポラ
駒井洋+江成幸 編著（第1回配本）

5 ブラック・ディアスポラ
小倉充夫+駒井洋 編著（第5回配本）

6 ラテンアメリカン・ディアスポラ
中川文雄+田島久歳+山脇千賀子 編著（第2回配本）

〈タイトルは変更することがあります〉

A5判／上製　◎各5000円

〈価格は本体価格です〉